河南大学马克思主义学院出版基金资助

2012 年国家社科基金项目"从赞普到土司：唃厮啰家族发展嬗变研究"（12CZS060）阶段性成果

2012 年教育部青年基金项目"从赞普到土司：唃厮啰家族研究"（12YJC770044）阶段性成果

2014 年河南省"省属高校基本科研业务费专项资金"项目之"优秀青年科研人才培育基金"阶段性成果

黄河文明传承与现代文明建设河南省协同创新中心 2015 年成果

《宋史·吐蕃传》笺证

齐德舜 著

中国社会科学出版社

图书在版编目（CIP）数据

《宋史·吐蕃传》笺证/齐德舜著.—北京：中国社会科学
出版社，2015.7
ISBN 978 – 7 – 5161 – 6310 – 8

Ⅰ.①宋… Ⅱ.①齐… Ⅲ.①吐蕃—民族历史—研究—
中国—宋代 Ⅳ.①K289

中国版本图书馆 CIP 数据核字（2015）第 131087 号

出 版 人　赵剑英
责任编辑　王　琪
特约编辑　马　明
责任校对　邓雨婷
责任印制　王　超

出　　版　中国社会科学出版社
社　　址　北京鼓楼西大街甲 158 号
邮　　编　邮编100720
网　　址　http://www.csspw.cn
发 行 部　010 – 84083685
门 市 部　010 – 84029450
经　　销　新华书店及其他书店

印刷装订　三河市君旺印务有限公司
版　　次　2015 年 7 月第 1 版
印　　次　2015 年 7 月第 1 次印刷

开　　本　710×1000　1/16
印　　张　17
插　　页　2
字　　数　271 千字
定　　价　63.00 元

序　一

对于宋史研究而言，496 卷的《宋史》是座资料丰富的宝藏，卷帙浩繁，叙事详尽，基本保存了宋朝国史的原貌，作为篇幅最庞大的一部官修史书，占二十四史中 3243 卷的 15.3%。但是，从史学史角度而言，《宋史》则是一部非常糟糕的史书。元末仓促成书，且出自多人之手，在材料剪裁、史实考订等方面均存在不少问题，可谓东拼西凑，错误百出。给后代带来极大麻烦，以至于修订《宋史》成为一项持续不断的常规工作。

《吐蕃传》在《宋史》中占了 1 卷，较为系统的记载了宋代西北吐蕃的变迁历史，实为研究者必不可少的第一手资料，弥足珍贵。同样，问题也是很多，诸如年代颠倒、漏载失载、史实不清、语焉不详等，造成了很多以讹传讹的错误，有些已经阻碍了进一步研究。近年来随着对宋代西北吐蕃研究的深入，这些问题变得越发突出，几成瓶颈，解决这些问题的任务迫在眉睫。作为既成的正史，《宋史》不可取代，原文不可更改，要纠正其错误，梳理其条理，补充其简略，主要方法就是笺证。这需要专家来承担。

通常以为整理古籍是件吃力不讨好的事情，积极主动地来为《吐蕃传》作笺证，无疑是一种有责任心的担当。担当者齐德舜博士，是兰州大学西北少数民族研究中心毕业的民族学博士，后来又在河南大学历史文化学院成为历史学博士后，现为河南大学民族研究所副教授、硕士生导师。近年来，他先后在《中国边疆史地研究》《中国藏学》《西藏研究》《甘肃社会科学》等期刊发表论文 40 余篇，出版专著 1 部，主持国家社科基金项目"从赞普到土司：唃厮啰家族发展嬗变研究"，参与教育部重大课题"黄河上游藏区现代化转型问题研究"和国家"十二五"重点规划项目《吐蕃通史》等多项课题。做这些介绍，应该可以证明齐德舜博士是位有才干的研究吐蕃史的青年专家。唯专家，才懂得孰轻孰重；唯青年，才有精力投入；唯有担当，才愿做基础工作。

本书以《宋史·吐蕃传》为研究对象，通过疏理编排其他藏汉文献中的史料对其进行逐句研究，或正其讹误，或考证其事，或增补其阙，用笺证这种传统体裁对《宋史·吐蕃传》进行全面的研究和系统地疏理。具体按照《宋史》中的顺序分为《〈宋史·吐蕃传〉笺证》《〈宋史·吐蕃传附唃厮啰传〉笺证》《〈宋史·吐蕃传附董毡传〉笺证》《〈宋史·吐蕃传阿里骨传附〉笺证》《〈宋史·吐蕃传附瞎征传〉笺证》《〈宋史·吐蕃传附赵思忠传〉笺证》六个部分。作为核心学术内容的笺证，颇多精湛。试举一例：

《宋史》原文："钦毡迎溪巴温入青唐，立木征之子陇拶为主。"

德舜的笺证指出："《宋史·瞎征传》说陇拶为木征之子，这是一个明显的错误，陇拶应为溪巴温之子。在《宋史》中明确记载木征有二子，这是非常明确的，'长子邦辟勿丁呕曰怀义，次盖呕曰秉义。'在其他文献记载中木征还有三子：巴鄂多尔济（赵忠）、巴勒蒙诺木（赵毅）、续本洛，并不见有陇拶的记载。在其他的一些资料中均没有对陇拶乃木征之子的记载，陇拶其实是溪巴温之子。"然后引用了诸多可靠史籍论证。如引《曾公遗录》卷八元符二年八月丁酉："既而孙路令瞻归河州，邰闻心牟钦毡与契丹、夏国公主已遣马二匹，一载虎皮（蕃语谓之虫虎）锦袍、彩服，一载闹装、鞍辔往迎溪巴温、陇拶父子入青唐。"《皇宋十朝纲要》卷十四元符二年八月："是月，瞎征既来降，其首领篯罗结与心牟钦毡迎立董毡疏族溪巴温子陇拶为主，入居青唐城。"《东都事略》卷一二九附录七《西蕃》："朝廷命王瞻招纳，瞎征遂削发为僧，出降。而溪巴温之子陇拶乘间入青唐，称王子。"从而得出结论："《宋史》关于陇拶为木征之子的说法很可能是不成立的。陇拶应为溪巴温之子。"证据确凿，结论可靠，亦见治学严谨，功力扎实。

窃以为将《宋史·吐蕃传》作为整体进行研究，有着重要的意义。

首先，有利于全方位、多角度、多层次地了解宋代西北吐蕃的历史。《宋史·吐蕃传》内容涉及宋代西北吐蕃的政治、经济、军事、宗教、文化、民族关系等方方面面，对《宋史·吐蕃传》研究可以拓展宋史、民族史、藏学等学科的研究领域，具有重要的学术意义。其次，有利于对历代正史中少数民族史料进行研究的延续与发展。本书利用近年发掘的宋代汉文文献和藏文文献，综合运用传统的笺证和集注两种研究方式，具有一定的理论意义。此外，在每部分的人物笺证结束之后以编年的形式列出每一位人物的生平事迹以及部分人物的后裔寻踪，是本书的一个创新之处。可贵的是作者懂藏语，书后附录有《〈宋史·吐蕃传〉人名同名异译对照表》，还有《六谷蕃部六谷联盟世袭表》《唃厮啰家族世系表》《宋代西北吐蕃大事记》等，都给读者和研究者带来极大便利。

齐德舜博士在河南大学做博士后研究时，民生恰为合作导师，而本书就是在其出站报告基础上完善而成的，因而有缘结识作者和加强对宋代西北吐蕃的了解。德舜是山东人，又长期在西北求学，秉承了两地质朴、诚恳、勤奋的品格，这都是非常适合做学问的素质，故而能在繁重的教学任务之外，将9063字的原文笺证充实成近20万字专著。这是对《宋史》研究的贡献，是对宋代吐蕃研究的贡献，实在是可喜可贺！听闻即将付梓，益为欢欣，因以为序，并期望德舜博士以此为新契机，将青藏高原上的史迹进一步光大于世！

程民生

2014 年 11 月 7 日于汴

序　二

　　2004—2010 年，我和齐德舜有着长达六年的师生之谊。他在兰州大学攻读硕士和博士学位时，作为他的硕士和博士导师，我对他非常了解。在为人方面，齐德舜为人质朴，在治学方面，他刻苦认真，造诣颇高，是我所有学生当中比较优秀的一位。在学期间，我就感觉到他悟性很高，对许多问题能够独辟蹊径，有独到的见解，在纷繁芜杂的历史现象背后能深入思考问题，透过现象看清本质，发现事情背后深层次的内涵，表现出不凡的分析问题和解决问题的能力以及深厚的理论素养。2007 年他进入博士阶段的学习之后，我让他以《唃厮啰家族世系史》为选题作自己的博士论文，这其实是一项难度颇高的工作。学术界对唃厮啰家族的研究已持续很长时间，也有很多优秀的成果，要突破前人既需要深厚的史学功底，又需要大量的实地调查研究。三年的时间，他翻阅了大量的历史文献，先后多次去青海和甘肃藏区进行实地调查，最终完成了 34 万字的论著，毕业答辩时博得了评审专家的一致好评。毕业之后，他又以此为契机开展对唃厮啰家族的全面和深入研究，并于 2012 年一举拿到教育部和国家社科基金两项资助，一年之中能够同时争取到两项高水平的资助，这在文科是很难做到的，非常不容易。2014 年他又获得河南大学优秀青年科研人才支持计划的资助，短短四年的时间他已争取到几十万科研经费的资助，这是他长期努力所获得的回报。

　　从兰州大学毕业之后，齐德舜被分配到河南大学民族研究所工作，同时他又进入河南大学历史文化学院博士后科研流动站，开始了这本《〈宋史·吐蕃传〉笺证》的写作。在繁重的工作之余，齐德舜搜集了数百万字的汉藏吐蕃文献资料，要从这数百万字的藏汉文吐蕃史料中寻找有用的资料然后去伪存真并以之来验证《宋史·吐蕃传》中的史实，查漏补缺，这并非易事，研究难度可想而知。现存的宋代文献浩如烟海，其中的吐蕃文献如天女散花，非常分散，被前辈学者辑录出来的仅仅是很少的一部分，大部分吐蕃史料尚没有被挖掘出来。齐德舜能够从各种宋代文献中把零散的吐蕃史料辑录出来并将这些材料准确使用，足以看出他的付出与艰辛。

众所周知，由于《宋史》本身存在次序颠倒、义例不一、前后矛盾等诸多问题，反映到《宋史·吐蕃传》中就出现年代颠倒、前后矛盾、史实不清、语焉不详等一系列问题，给后世研究带来很大麻烦。齐德舜通过自己不懈的努力对《宋史·吐蕃传》完成的这一次全面考订，对于还原历史真实，深化宋代西北吐蕃的研究是十分必要，亦是十分有意义的。此外，齐德舜在读博期间还学会了藏文，他在本书中大量使用藏文资料对《宋史·吐蕃传》进行研究，这是本书最为重要的一个特色。

本书既可以作为一本详尽宋代吐蕃史进行阅读，亦可以作为宋代吐蕃资料的汇编，齐德舜在书中收集了大量关于宋代吐蕃的资料，非常有学术价值。更为重要的是，齐德舜并不拘泥于传统的笺证体裁，在每一章结束之后，他又以编年的形式列出每一位赞普的生平，使读者一目了然，更直接地了解河湟吐蕃政权每一位赞普的生平。

齐德舜无疑是当代优秀青年学者当中的一名杰出代表，他对学术研究的执着和热爱，对每一个问题的深入思考和"较真"，体现的是当代青年学者的快速成长和巨大的学术贡献。据我所知，到河南大学工作之后，齐德舜还担任着繁重的本科生及研究生教学工作，能在繁重的教学工作之余完成这本专著对他来说一定付出了很多。作为他的导师，我为他的每一步成长感到骄傲和自豪。衷心希望齐德舜能够百尺竿头、更上一步，为学术界不断贡献好的作品，为藏学的发展，为民族学的发展做出更大的贡献。

洲　塔

2014 年 11 月 20 日于兰州大学

目　　录

绪　论

一　国内外的研究现状述评

《宋史·吐蕃传》是《宋史》作者为宋代西北吐蕃所写的一篇传记，在《宋史》中为卷四百九十二，列传第二百五十一。全文共九千零六十三个字，分六个部分，第一部分主要是活动在凉州（今河西地区）的六谷蕃部的兴衰发展史，其余部分为活动于河湟地区的唃厮啰政权几位赞普以及唃厮啰长孙赵思忠（木征）的传记。《宋史·吐蕃传》比较完整地记录了宋代西北地区吐蕃的变迁发展，涉及当时西北地区的政治、经济、军事、宗教、文化、民族关系等诸多方面，可以称得上是研究宋代西北吐蕃必不可少的第一手资料。

对《宋史·吐蕃传》这样出现于正史或其他史籍中的少数民族史料进行笺证或集注，一直是学术界研究的重点。所谓笺证，包括两个方面的内容：一是辨误，即把所要笺证的内容与其他文献资料进行对比和相互印证，以达到甄别、鉴定、去伪存真的目的；二是注释，即对原著写得比较简约的内容利用多种文献进行详细研究。王忠先生的专著《新唐书·吐蕃传笺证》[①] 和《新唐书·南诏传笺证》[②]，利用敦煌吐鲁番古藏文资料及传世汉藏文献整理注释《新唐书·吐蕃传》和《新唐书·南诏传》，是国内较早利用敦煌少数民族语言文献对少数民族史料进行笺证的著作，开了新中国少数民族史料笺证的一个先河。刘美崧的《两唐书·

---

①　王忠：《新唐书·吐蕃传笺证》，科学出版社1958年版。
②　王忠：《新唐书·南诏传笺证》，中华书局1963年版。

回纥传、回鹘传疏证》① 则是把两唐书的回纥、回鹘史料并列在一处后，以疏证的形式予以注释、补阙、考证、评议，是对少数民族史料进行研究的又一新的成果。由罗福苌和罗福颐集注、彭向前补注的《宋史·夏国传集注》② 则是一部利用汉藏文文献和西夏文献研究《宋史·夏国传》的一部专著。在国外，日本学者在这方面做得比较突出，雅夫的《译注隋书、旧唐书、新唐书·铁勒传、回纥传、回鹘传》是比较典型的代表作品。文章方面，对少数民族史料进行笺证的文章并不多见，中国台湾刘义棠先生的《新唐书·回鹘传考注》③ 对《新唐书·回鹘传》进行了考证和注释，许多观点自成一家，至今都不失其学术价值。吴逢箴的《曾巩〈隆平集·唃厮啰传〉笺证》④，运用各种史籍及文献材料对《隆平集·唃厮啰传》进行了笺证。

就《宋史·吐蕃传》而言，学术界迄今为止还没有一部对其进行笺证或集注的专著问世，但是学术界对其研究却一直在进行之中。众所周知，由于整部《宋史》成书仓促且出自多人之手，在材料剪裁和史实考订等方面均存在不少问题，"大旨以表彰道学为宗，余事皆不甚措意，故舛谬不能殚数"⑤。学术界对整部《宋史》的校正自明、清以来就有许多学者进行着这一工作。在对整部《宋史》进行校正的过程中自然也涉及了对《宋史·吐蕃传》的校正。顾吉辰先生1987年出版的《宋代比事质疑》⑥ 就指出了《宋史·吐蕃传》的几处错误，其中包括：董毡卒于元丰六年（1083年）十月 [《宋史·吐蕃传》记载董毡死于元祐元年（1086年）]，蕃官成逋至镇戎军在咸平五年（《宋史·吐蕃传》记载其为咸平六年），唃厮啰并非出生于西域、陇拶乃是溪巴温之子（《宋史·吐蕃传》记载为木征之子）等。⑦ 汤开建先生的《唃厮啰家族世系

---

① 刘美崧：《两唐书·回纥传、回鹘传疏证》，中南民族学院出版社1988年版。

② 罗福苌、罗福颐集注，彭向前补注：《宋史·夏国传集注》，宁夏人民出版社2004年版。

③ 刘义棠：《新唐书·回鹘传考注》，《"国立"政治大学边政研究所年报》1977年第八期。

④ 吴逢箴：《曾巩〈隆平集·唃厮啰传〉笺证》，《西藏民族学院学报》2008年第5期。

⑤ 《四库全书总目提要》卷46《正史类》。

⑥ 顾吉辰：《宋代比事质疑》，书目文献出版社1987年版。

⑦ 参见顾吉辰《宋代比事质疑》，书目文献出版社1987年版，第649—662页。

考述》① 一文对《宋史·吐蕃传》中的七个问题作了考证，这七个问题分别为：关于唃厮啰和扎实庸咙，关于瞎毡、磨毡角和董毡，关于结吴延征和董谷，关于阿里骨和苏南党征，关于溪巴温和温溪心，关于陇拶和益麻党征，关于结什角和阿哥潘。② 特别是对唃厮啰家族世系方面的一些问题，顾吉辰先生和汤开建先生后来又分别撰文讨论，其他的一些学者在其专著中也均有涉及。例如祝启源先生的专著《唃厮啰——宋代藏族政权》③ 中就专门列了一个唃厮啰家族世系表，刘建丽老师的《宋代西北吐蕃研究》④ 和洲塔老师的《甘肃藏族通史》⑤ 中均以表格的形式列出了他们对唃厮啰家族世系的新的考证。除对唃厮啰家族世系的辨误之外，对其他方面进行考证的文章和专著并不多见，仅有的一篇为马泓波的《〈宋史·吐蕃传〉辨误》⑥，对活动于河西地区的六谷蕃部的几个问题进行了校正。

　　另外，由于《宋史·吐蕃传》写得比较简约，有些问题寥寥数语，一笔带过，使得后人难以了解到整个事件的全貌，甚至产生谜团。因此，围绕《宋史·吐蕃传》比较简约的史料学术界进行了深入的研究，这些研究均可以看作《宋史·吐蕃传》笺证的一部分，或者是对其一部分的笺证。

　　对六谷蕃部研究的专著现在还没有问世，但是在研究西北的学术专著里面往往都有对六谷蕃部的研究，如洲塔教授的《甘肃藏族通史》、刘建丽教授的《宋代西北吐蕃研究》、黎宗华的《安多藏族史略》⑦ 等。论文方面，对六谷蕃部的研究无论是国内还是国外都有很多。国内方面，研究六谷蕃部的文章主要有顾吉辰的《五代北宋时期西凉府族帐考》⑧、赵学东的《略论西凉府六谷联盟与北宋之关系》⑨、汤开建的《关于公元

---

① 汤开建：《唃厮啰家族世系考述》，《青海社会科学》1987 年第 2 期。
② 汤开建：《关于角厮罗家族世系考述》，《青海社会科学》1987 年第 2 期。
③ 祝启源：《唃厮啰——宋代藏族政权》，青海人民出版社 1988 年版。
④ 刘建丽：《宋代西北吐蕃研究》，甘肃文化出版社 1998 年版。
⑤ 洲塔：《甘肃藏族通史》，青海人民出版社 2004 年版。
⑥ 马泓波：《〈宋史·吐蕃传〉辨误》，《西藏研究》2004 年第 1 期。
⑦ 黎宗华：《安多藏族史略》，青海民族出版社 1992 年版。
⑧ 顾吉辰：《五代北宋时期西凉府族帐考》，《中国史研究》1984 年第 4 期。
⑨ 赵学东：《略论西凉府六谷联盟与北宋之关系》，《兰州学刊》1986 年第 3 期。

861—1015 年凉州地方政权的历史考察》①、杜建录的《潘罗支与河西吐
蕃》②、钱伯泉的《凉州六谷蕃部的兴衰》③、赵学东的《凉州六谷部的兴
起及其与北宋的关系》④ 等。日本学者岩崎力曾经对六谷蕃部作了一系列
的研究，发表了许多文章，如《宋代河西藏族部落与佛教》⑤《西凉府潘
罗支政权始末考》⑥《西凉府政权之灭亡与宗哥族之发展》⑦ 等。

    长期以来，学术界对唃厮啰研究的文章很多，涉及各个方面。其中
对唃厮啰进行全面研究的，也是公认的比较权威的专著莫过于祝启源的
专著《唃厮啰——宋代藏族政权》，该书综合运用大量的汉文典籍，把侧
重点放在了唃厮啰政权的兴起、鼎盛方面，全面透析了唃厮啰政权的发
展轨迹，同时对唃厮啰政权的政治、经济和文化作了分析，有许多观点
自成一家之言。在唃厮啰家族史方面该书也给我们诸多启示，书的附录
中列出了一份"唃厮啰家族世系表"，给我们提供了继续研究唃厮啰家族
的线索。《宋代西北吐蕃研究》一书是西北师范大学刘建丽在多年研究西
北史积累了大量资料的基础上，对宋代活跃于西北历史舞台上的吐蕃作
的专门的系统的研究，其中对唃厮啰的研究即是该书重要的一部分，她
用了整整一章的篇幅（即第四章）来写青唐政权（即唃厮啰政权），对唃
厮啰政权写得非常详细，除了这一章之外，她在其他的章节中也对唃厮
啰政权进行了系统的研究。洲塔的《甘肃藏族通史》在写到宋代甘肃藏
族时也将重点放在了唃厮啰政权上，仅宋代藏族这一篇就用了将近十几
万字的篇幅。洲塔老师由于精通藏汉两种文字，因此他在研究中大量运
用了藏文史料，并通过藏汉两种史料的对照指出了汉文典籍中对于唃厮
啰身世的误记，可以说是独到并且极有价值，对于不懂藏文的人研究唃

---

    ① 汤开建：《关于公元 861—1015 年凉州地方政权的历史考察》，《西藏研究》1988 年第 4 期。

    ② 杜建录：《潘罗支与河西吐蕃》，《宁夏大学学报》1991 年第 1 期。

    ③ 钱伯泉：《凉州六谷蕃部的兴衰》，《甘肃民族研究》1992 年第 1 期。

    ④ 赵学东：《凉州六谷部的兴起及其与北宋的关系》，《西北民族学院学报》1998 年第 1
期。

    ⑤ ［日］岩崎力：《宋代河西藏族部落与佛教》，《东洋史研究》1987 年（总第 46 卷）第 1
期。

    ⑥ ［日］岩崎力：《西凉府潘罗支政权始末考》，《东方学》1974 年 1 月。

    ⑦ ［日］岩崎力：《西凉府政权之灭亡与宗哥族之发展》，《铃木俊先生古稀纪念·东洋学
论丛》1975 年 4 月。

唃厮啰提供了参考的资料。黎宗华所著的《安多藏族史略》中也有一章（第四章）是专门研究唃厮啰政权的。除此之外，对唃厮啰进行专门研究的专著并不多见，其大部分是散见于对西北藏族或是对藏族通史进行研究的专著中。

文章方面，对唃厮啰进行研究的文章有几十篇，研究范围涉及各个方面。其中大部分是对唃厮啰政权的研究，例如李蔚的《论唃厮啰政权兴起的原因及其历史作用》①、祝启源的《唃厮啰政权形成初探》②、黎宗华的《论唃厮啰政权》③、乔春的《论唃厮啰政权兴起之因》④，这些文章基本上都是通过对唃厮啰政权形成背景的探讨分析唃厮啰政权形成的原因，也涉及一些唃厮啰政权形成之后的历史发展。另一个研究重点是唃厮啰与宋朝和周边民族政权的关系的研究，这方面的文章也不少，如陈柏萍的《北宋政权与西北吐蕃各部的关系》⑤，祝启源的《唃厮啰政权对维护中西交通线的贡献》⑥，刘建丽的《两宋时期西北少数民族政权特色述论》⑦《略论宋代西北吐蕃与周边政权的关系》⑧《略论西北吐蕃与北宋的关系》⑨，孟楠的《略论唃厮啰吐蕃政权与周边民族的联姻》⑩，连菊霞的《西北吐蕃对北宋的军事影响》⑪ 等。这些文章，一方面关注的重点是唃厮啰政权与北宋政权之间的互动关系，其中包括北宋的治边政策对唃厮啰的影响；另一方面是唃厮啰政权对北宋的反影响。再一个重点关注的地方就是唃厮啰与活动在西北地区的其他民族政权之间的关系，其中也包括唃厮啰政权在西北重要的交通要道、在各政权之间的夹缝中如何生存的问题。

---

① 李蔚：《论唃厮啰政权兴起的原因及其历史作用》，《青海民族学院学报》1988 年第 1 期。

② 祝启源：《唃厮啰政权形成初探》，《西藏研究》1982 年第 2 期。

③ 黎宗华：《论唃厮啰政权》，《西北民族研究》1988 年第 1 期。

④ 乔春：《论唃厮啰政权兴起之因》，《青海师专学报》2006 年第 5—6 期。

⑤ 陈柏萍：《北宋政权与西北吐蕃各部的关系》，《青海民族学院学报》2004 年第 4 期。

⑥ 祝启源：《唃厮啰政权对维护中西交通线的贡献》，《中国藏学》1998 年第 1 期。

⑦ 刘建丽：《两宋时期西北少数民族政权特色述论》，《西域研究》2007 年第 3 期。

⑧ 刘建丽：《略论宋代西北吐蕃与周边政权的关系》，《西藏研究》2004 年第 4 期。

⑨ 刘建丽：《略论西北吐蕃与北宋的关系》，《兰州大学学报》2002 年第 6 期。

⑩ 孟楠：《略论唃厮啰吐蕃政权与周边民族的联姻》，《青海社会科学》1998 年第 4 期。

⑪ 连菊霞：《西北吐蕃对北宋的军事影响》，《西北史地》1998 年第 4 期。

二 研究意义

第一，对《宋史·吐蕃传》进行笺证可以填补学术界的空白。尽管学术界对宋代西北吐蕃的研究一直都在进行并取得了许多成果，但是并没有像《〈新唐书·吐蕃传〉笺证》以及《〈宋史·夏国传〉集注》这样的一部专著问世，《〈宋史·吐蕃传〉笺证》可以填补学术界的这一空白。

第二，由于《宋史》本身存在次序颠倒、义例不一、前后矛盾等诸多问题，反映到《宋史·吐蕃传》中就出现年代颠倒、前后矛盾、史实不清、语焉不详等一系列问题，给后世研究带来很大麻烦。近几年，随着对宋代西北吐蕃研究的日益深入以及越来越多的宋代汉文文献和藏文文献被挖掘，《宋史·吐蕃传》的这些问题变得愈加明显。因此，对《宋史·吐蕃传》进行一次全面考订，还原历史真实，对进一步深化西北吐蕃的研究是十分必要，亦是十分有意义的。

第三，《宋史·吐蕃传》在选材上坚持全面原则，内容涉及宋代西北地区政治、经济、军事、宗教、文化等方方面面，这种全面性成为我们解读宋代西北的一把金钥匙。对《宋史·吐蕃传》进行全面笺证既是对数百年来《宋史·吐蕃传》考证和宋代西北吐蕃研究的一个总结，同时也是对宋代西北吐蕃全面研究的一个过程。因此，本研究就同时具有了辨误与补遗和全面研究宋代西北吐蕃的双重性，这对于转换民族史和藏学研究的角度、拓宽民族史和藏学研究的领域无疑有着重大的意义。

三 研究的主要内容及研究思路

本书研究的主要内容有：

1. 对《宋史·吐蕃传》进行逐句辨误。本书综合各种史料纠正《宋史·吐蕃传》以下几个方面的错误。①年代颠倒：《宋史·吐蕃传》有些史实记载尽管与其他史料可以相互佐证，但是在年代问题上却是张冠李戴。如《宋史·吐蕃传》记载咸平六年（1003 年）咩逋族首领成逋去镇戎军，此事在其他史籍中亦有记载，证明确有其事，但是其他史籍却记载此事发生在咸平五年（1002 年）四月。还有关于董毡去世时间，《宋史·吐蕃传》明确记载为元祐元年（1086 年），事实上董毡去世确切时间为元丰六年（1083 年）十月。②史实谬误：《宋史·吐蕃传》所记载的有些史实存在明显的不实之处，特别是一些重要人物的关系方面与其他文献出入较大。如《宋史·吐蕃传》记载陇㧞为木征之子，实际上陇㧞为溪巴温之子。还有关于董毡死后阿里骨承袭为河湟吐蕃赞普一事，《宋史·吐蕃传》记载董毡临死之时传位于阿里骨，事实上却是阿里骨夺权继立，并向北宋政府和河湟吐蕃诸部匿丧，以董毡名义继续发号施令。③前后颠倒：《宋史·吐蕃传》中某些事件本应在另一事件之前发生，《宋史·吐蕃传》却误将其记为另一事件之后。如《宋史·吐蕃传》在建隆二年（961 年）条下有三件事，一是灵武五部贡马，二是秦州尚波于伤杀采造务，三是北宋派遣吴延祚安抚尚波于。事实上后两件事均发生在建隆三年（962 年）。

2. 对《宋史·吐蕃传》进行补遗。《宋史·吐蕃传》疏漏之处主要有以下几个方面。①重大事件的疏漏：诸多影响深远的事件在《宋史·吐蕃传》中均不见记载，这是《宋史·吐蕃传》的重要疏漏之处。如在《宋史·吐蕃传》中从庆历元年（1041 年）到嘉祐三年（1058 年）共计17 年的时间，这 17 年的历史在《宋史·吐蕃传》中竟然没有任何记载，本研究将依据其他史籍记载对这几年发生的重大事件进行补遗。②有因无果和有果有因：有些事件在《宋史·吐蕃传》中只有原因却无结果，有些事件只有结果却无原因，参照其他文献的记载厘清每一件史实的来龙去脉是本研究的重要内容之一。如河湟吐蕃的第三任赞普阿里骨缘何继位，《宋史·吐蕃传》仅有寥寥数字，没有讲清原因，有太多的疑团并没有解开，这就要从当时青唐吐蕃政权的内外形势来进行深入分析以追根溯源。

3. 从《宋史·吐蕃传》看宋代西北地区的民族政策。《宋史·吐蕃传》反映出了北宋政府民族宗教政策的变化：①北宋立国之初，在西北地区采取"无意疆理"的政策，直接造成了西北地区的政治真空及西夏、六谷蕃部和唃厮啰政权的兴起；②西夏兴起之后，北宋政府面对西夏的威胁，开始采取拉拢唃厮啰政权来扼制西夏的策略，使唃厮啰政权渐趋强大；③宋神宗即位之后，在"欲取西夏，当先复河湟"指导思想之下发动"熙河之役"，给唃厮啰政权以沉重打击；④宋哲宗即位之后，在开疆拓土的政策指引之下发动"河湟之役",最终使唃厮啰政权彻底解体。北宋王朝对西北吐蕃的民族政策在《宋史·吐蕃传》中均有提及,但是却没有详尽论述,本书将对这些政策进行集中阐述。

4. 从《宋史·吐蕃传》看宋代西北地区的文化变迁。①宋朝初年,西北地区的主要居民为吐蕃,这一地区形成了典型的吐蕃文化,在《董毡传》中有对当时文化的简单记载,但写得过于简略,本书将以这几句话为大纲探索当时西北吐蕃地区的文化。②唃厮啰政权建立之后,在与北宋长期交往过程中不断吸收汉文化,无论是吐蕃上层还是底层百姓均受到汉文化的影响,从而使这一地区成为藏汉文化交融地区。关于这一点在《吐蕃传》中亦有提及,如刘涣出使青唐城时见唃厮啰,唃厮啰的装束完全是汉藏交融,"厮啰冠紫罗毡冠,服金线花袍、黄金带、丝履"①,从这些记载中可以看出北宋时期西北吐蕃文化的变迁过程。

5. 从《宋史·吐蕃传》看宋代西北地区的民族关系。①蕃汉关系:北宋时期,河湟吐蕃与汉民族尽管也有矛盾和冲突,出于对中原王朝的向心力及共同对付西夏的战略目的,蕃汉友好是主流,战争是支流。②吐蕃和党项之间:党项把西北吐蕃视为自己进攻北宋的最大障碍,因此与吐蕃之间是又打又拉的关系。同时,河湟吐蕃也一直视党项为自己生存面临的最大威胁,因此制定"联宋抗夏"的战略,与西夏之间战争不断。③吐蕃和回鹘:双方基于共同对抗西夏的目的,联合是双方的基本立场。河湟吐蕃与回鹘数度联姻,如第二任赞普董毡和第四任赞普瞎毡均曾经与回鹘联姻。④吐蕃与契丹:吐蕃与契丹之间联系并不是很多,双方之间主要是贸易和联姻的关系。

6. 从《宋史·吐蕃传》看宋代西北地区的宗教。①苯教。这是吐蕃的原始宗教。从《宋史·吐蕃传》的记载可以看出,北宋初年,苯教在西北地区的势力依然很大,且在民间有很大的发展,如《宋史·吐蕃传》记载:"不知医药,疾病召巫觋视之,焚柴声鼓,谓之'逐鬼'。"这里记载的显然就是苯教的仪轨。②藏传佛教。唃厮啰政权建立之后,采取大力扶持藏传佛教的宗教政策,这些政策包括大建寺院、大量吸收僧人参与政权、提高僧人的社会地位等。

---

① 《宋史》卷四九二《吐蕃传附唃厮啰传》,第 14162 页。

7. 从《宋史·吐蕃传》看宋代西北地区的经济。宋代西北吐蕃的经济主要表现在以下几个方面。①茶马互市。茶马互市是我国历史上中原地区与吐蕃等诸民族进行贸易的一种重要的经济活动，可以说是历史悠久。茶马互市的出现是游牧民族和农业民族互补的产物。这也是河湟吐蕃政权与北宋政府贸易往来的一项重要内容。②贡赐贸易。这是唃厮啰政权建立之后与北宋王朝除茶马贸易之外最重要的贸易方式。贡赐贸易与普通的商业贸易是有一定的区别的，那就是这种贡赐贸易包含有政治意图。对于北宋统治者来说，给唃厮啰以大量的封赐是为了拉拢与扶持唃厮啰从而牵制西夏。对于唃厮啰来说，则是希望以这种贡赐贸易来壮大自己的政治经济实力，因为这种贸易并不是一种等价交换，唃厮啰政权可以得到更多的实惠。

8. 从《宋史·吐蕃传》看宋代吐蕃部族。①吐蕃部族的内部机制：酋长制、僧官、"立文法"、祭天等。②吐蕃部族的分类：血缘部族、地缘部族、吐蕃化的汉族部族等。③吐蕃部族的迁徙：游牧部落的特性使得吐蕃部族的居住地不断地发生变化，这是吐蕃部族的一个重要特征。

本书将按照《宋史·吐蕃传》的顺序分为《六谷蕃部传笺证》《唃厮啰传笺证》《董毡传笺证》《阿里骨传笺证》《瞎征传笺证》《赵思忠传笺证》六个部分。

本书的最后完成包括三个阶段。首先是资料辑录阶段，即把宋代文献中的吐蕃史料辑录出来。这方面前人已经做过许多工作，如《宋史》中的吐蕃史料已经被辑录出来，《续资治通鉴长编》等十几种文献中的吐蕃史料也已经被汤开建和刘建丽两位老师辑录出来，汇集出版了《宋代吐蕃史料集》（一、二）①。但是，还有许多文献中的吐蕃史料并没有被辑录出来，它们在宋代西北吐蕃的研究中亦是非常重要的。其次是辨误与补遗阶段，即通过与辑录出来的文献资料对比与相互印证逐句辨别、判断《宋史·吐蕃传》的真实性与可信性，判定其每一句话的正确与错误以及漏载、失载的问题。最后，在判断其正确与错误的基础上进行拓展研究。综合运用各种文献对传记中语焉不详的地方详细研究，力求完整地展现宋代西北地区的政治、经济、军事、文化、宗教、

---

① 汤开建、刘建丽：《宋代吐蕃史料集》（一、二），四川民族出版社 1989 年版。

民族关系等各个方面。

四 研究方法

本书的研究方法主要有以下几种：首先是历史文献法，包括文献辑录法和文献整理法，即一方面要从浩如烟海的宋代历史文献中把与西北吐蕃有关的文献辑录出来，另一方面要对辑录出来的文献做进一步的整理，按年代或内容编目，分门别类，为下一步地研究打下基础。其次是考证法，即用辑录与整理出来的宋代西北吐蕃文献来对《宋史·吐蕃传》中的每一条史料进行考核、证实和说明，辨明真伪。最后是传统的历史学解释与分析方法，逐字逐句对《宋史·吐蕃传》进行研究，弄清史实的真相和来龙去脉。

五 研究的难点及创新之处

众所周知，现存的宋代文献浩如烟海，其中的吐蕃文献又如天女散花，非常分散，被前辈学者辑录出来的仅仅是很少的一部分，大部分吐蕃史料至今尚未被挖掘出来。尽快从各种宋代文献中把零散的吐蕃史料辑录出来，就成为本书面临的第一个难题。

由于吐蕃长期远离中国的政治中心，处于西北一隅，许多资料纯粹来自道听途说，缺乏可信度。对每一条挖掘出来的吐蕃史料均要甄别、鉴定，去伪存真。只有用确定无误的史料去研究《宋史·吐蕃传》才会得出正确的结论，才不会出现偏差。因此，如何在纷纭复杂的历史资料中辨误也是本书的一个难点。

近几年来，随着国内和国际藏学研究的发展，一大批藏文文献被整理出来，许多在汉文文献中没有记载或是记载不清的地方在藏文文献中却有明确的记载，许多汉文文献长期难以解决的难题用藏文文献均迎刃而解，藏文文献越来越受到学术界的重视。笔者在攻读硕士和博士期间曾学习过六年的藏文，对藏文文献具备了一定程度的研究基础。因此，充分利用藏文文献对《宋史·吐蕃传》进行研究是本书的创新之处。

第 一 章

《宋史·吐蕃传》笺证

《宋史·吐蕃传》的第一部分为西凉府吐蕃六谷蕃部及部分秦州蕃部的形成及发展史。西凉府吐蕃政权是以六谷蕃部为中心组成的西北地区吐蕃联盟。这一政权的形成经历了两个演变过程，第一阶段是在唐末五代十国至北宋真宗咸平三年时期，由吐蕃折逋氏家族统治；第二阶段是北宋初演变为吐蕃首领潘罗支统治。秦州蕃部多为熟户，大多生活在汉蕃交界的边缘地带，是宋朝经略西北边疆所依靠的一支重要力量。

"吐蕃本汉西羌之地，其种落莫知所出。"

关于吐蕃的起源，历来有很多说法。《宋史·吐蕃传》称吐蕃为西羌的说法主要依据是《新唐书·吐蕃传》："吐蕃本西羌属，盖百有五十种，散处河、湟、江、岷间，有发羌、唐旄等，然未始与中国通。"[1] 持这种观点的学者认为吐蕃与古代的羌人有直接关系，顾颉刚先生亦对此持相同的观点，"吐蕃是羌人在西陲建立的大国"[2]。

对藏族先民和古羌人之间的关系，洲塔教授根据藏汉文史料进行了严格的论证："现代著名藏学家毛尔盖·桑木旦的论文《破除黑暗之明灯》和苯教经典《藏族远古史》中记载：藏族原始上古时代最早的氏族为叶桑氏、叶莫氏、羌氏、门氏等四大氏族。其中羌氏就是吐蕃的前身先祖。吐蕃最早源于西羌。羌的分化与吐蕃兴起统一青藏高原，其中就

---

① 《新唐书》卷二百一十六上《吐蕃传上》，中华书局 1975 年版，第 6071 页。

② 顾颉刚：《从古籍中探索我国的西部民族——羌族》，《边政论丛》1944 年第 3 卷第 1 期。

存在一个源与流的问题，同出一源，分流而下。"① 洲塔教授的论证是令人信服的，吐蕃与古羌人同宗同源是可信的。

"或云南凉秃发利鹿孤之后，其子孙以秃发为国号，语讹故谓之吐蕃。"

《宋史·吐蕃传》这一段话亦出自《新唐书·吐蕃传》："或曰：南凉秃发利鹿孤之后，二子曰樊尼，曰傉檀。傉檀嗣，为乞佛炽盘所灭。樊尼击残部臣沮渠蒙逊，以为临松太守。蒙逊灭，樊尼率兵西济河，逾积石，遂抚有群羌云。"② 然而，这段话所提及的秃发为国号和吐蕃名称来历的说法显然是牵强附会。关于"吐蕃"一词的含义，学术界有多种解释。有人认为是藏语 Bod chen po（大蕃）的音意合译，唐朝对吐蕃自称为"大唐"，吐蕃当时也为一强国，对唐朝自称为"大蕃"。也有人认为"吐蕃"是藏语 stod bod（土伯特）的音译，含有"上蕃、西蕃"的意义。③ 也有的学者从古突厥语碑铭和突厥语文献中进行研究，认为"吐蕃"一词的汉语意为"蕃部"或"蕃部众"。④ 迄今为止，关于"吐蕃"一词的真正含义均未形成定论。

"唐贞观后，常来朝贡。"

唐贞观八年（634 年），吐蕃与唐之间开始正式建立联系。这一年，吐蕃赞普松赞干布派遣使臣第一次来唐进贡。唐太宗李世民立即派遣"行人冯德遐下书临抚"⑤。冯德遐到达吐蕃，松赞干布见到冯德遐后"大悦"⑥。通过这一来一往的接触，松赞干布对唐朝有了初步了解。此后，641 年，松赞干布迎娶文成公主进藏，唐朝和吐蕃由此正式建立了友好关系。这种友好关系包括诸多方面，朝贡只是其中的一个方面。

---

① 桑木旦：《藏族远古史》，转引自洲塔《甘肃藏族通史》，青海人民出版社 2004 年版，第 83 页。

② 《新唐书》卷二百一十六上《吐蕃传上》，第 6071 页。

③ 参见白桂思《中亚的吐蕃帝国》附录二《古藏文史料之西域考》，普林斯顿大学出版社 1987 年版，第 203 页。

④ 安瓦尔：《关于"吐蕃"一词的词语考证》，《新疆社会科学》1982 年第 3 期。

⑤ 索南坚赞：《西藏王统记》，王沂暖译，商务印书馆 1955 年版，第 36 页。

⑥ 《新唐书》卷二百一十六上《吐蕃传上》，第 6073 页。

第一，对唐太宗的慰问和奉献金鹅。

第二，维护唐朝使臣王玄策出使天竺的安全。

第三，互报丧事与吊祭。[①]

"至德后，因安、史之乱，遂陷河西、陇右之地。"

唐咸亨元年（670年）四月，吐蕃在大非川（今青海共和县西南切吉平原，一说为今青海湖以西的布哈河）一役中击溃唐军，最终占领了整个吐谷浑地区，实力进一步增强，对唐朝的威胁日趋严重，其兵锋开始指向了河西和陇右地区。

唐玄宗天宝十四年（755年），史称"安史之乱"的一场大规模武装叛乱席卷中原大地，这场动乱从根本上动摇了唐朝的统治，也使唐朝与吐蕃的实力对比发生强弱易位的转变。在此之前，唐蕃之间的战争可以说互有胜负，唐军胜多负少，而此后唐军基本上是节节败退，最终完全失去了对河西和陇右地区的控制。

天宝十四年（755年），吐蕃赞普赤松德赞趁"安史之乱"之机派遣军队"攻陷洮州城堡，收复马垒"[②]，马垒即河曲要塞石堡城[③]，为陇右门户。至德元年（756年），吐蕃又兴兵北上，"陷威戎、神威、定戎、宣威、制胜、金天、天成等军，石堡城、百谷城、雕窠城"[④]，唐朝富庶的九曲之地尽失。至德二年（757年），吐蕃进攻唐朝陇右节度使治所西平郡（今青海乐都县），陇右节度使治所被迫移至廓州（今青海化隆）。宝应元年（762年）七月，吐蕃大寇河陇，又攻陷"临洮、取秦、成、渭等州"[⑤]，后又攻占兰（今甘肃兰州）、河（今甘肃临夏）、鄯（今青海西宁）、洮（今甘肃临潭）、岷（今甘肃岷县）等州，至此，唐陇右地区

---

① 安应民：《吐蕃史》，宁夏人民出版社1989年版，第110页。

② 王尧、陈践译注：《敦煌本吐蕃历史文书》，《大事纪年》，民族出版社1992年版，第119页。

③ 石堡城位于青海省湟源县日月乡石城山大小方台，地处唐蕃古道日月山口至药水河谷之咽喉地带，西距赤岭（今日月山）20里，东北距青海省会西宁市约180里。石堡城是唐代著名的军事要塞，它以其自身坚险和处在前沿的位置，成为唐与吐蕃争夺的军事战略要地。参见王昱《石堡城遗址考察纪实》，《青海社会科学》2009年第5期。

④ （宋）司马光：《资治通鉴》卷二一九，至德元年十二月，中华书局1956年版。

⑤ 《新唐书》卷二百一十六上《吐蕃传上》，第6078页。

完全被吐蕃攻占。

吐蕃攻占陇右地区之后，完全隔断了河西地区与唐朝政府的联系，河西实际上已经成为唐王朝鞭长莫及的一块"孤地"，对吐蕃来说却是唾手可得。广德二年（764年），吐蕃进攻长安，河西节度使杨志烈为解长安之围发兵进攻灵武（今宁夏永宁县西南），没有想到的是这一战唐军惨败，"河西锐卒尽于此"①。主力尽失的杨志烈在吐蕃回师进攻凉州（今甘肃武威）时已无力回天，凉州遂于"广德二年陷西蕃"②，杨志烈退守甘州（今甘肃张掖）。此后，吐蕃对河西地区采取蚕食政策。大历十一年（776年），吐蕃攻陷瓜州（今甘肃瓜州）。贞元二年（786年），吐蕃攻陷沙州（今甘肃敦煌）。沙州的陷落使唐朝失去了在河西地区的最后一个据点，河西最终陷落。

"大中三年，其国宰相论恐热以秦、原、安乐及石门等七关来归。"

天成三年（838年），在位二十七年的吐蕃赞普热巴巾被反对佛教的大臣所杀，其弟达磨（即郎达玛）被立为赞普。郎达玛上任之后，采取禁佛的政策，使吐蕃统治集团的内部矛盾激化，吐蕃王朝的统治受到动摇。会昌年间（841—846年），郎达玛被尊佛大臣所杀，使得统治集团的内部矛盾更加复杂和尖锐。吐蕃王朝的内部纷争也必然影响到甘青地区。落门川（今甘肃武山洛门一带）讨击使论恐热（又称尚恐热）借口王统中断，以举兵讨伐大后那囊氏为名起兵。论恐热首先遭到支持永丹占据逻些的大将尚思罗的抵抗。论恐热联合大贵族杰多热（后遭灭族），劝说三部兵（苏毗、吐谷浑、羊同）万骑进攻尚思罗所镇守之渭州（今甘肃平凉），"尚思罗走松州，论恐热追杀之，尽并其众"③。843年，论恐热自立为赞普，率兵十万进攻鄯州（今青海乐都）节度使尚婢婢。"婢婢分兵为五道拒之。恐热退保东谷，婢婢为木栅围之，绝其水源。恐热将百余骑突围走保薄寒山，余众皆降于婢婢。"④ 这场混战持续长达二十余年，

---

① 《新唐书》卷六《代宗本纪》，第171页。
② （唐）李吉甫著，贺次君校：《元和郡县图志》卷四〇《陇右道》下，中华书局2008年版。
③ （宋）司马光：《资治通鉴》卷二四六，会昌二年十二月。
④ （宋）司马光：《资治通鉴》卷二四七，会昌四年三月。

整个河西、陇右的吐蕃边将都加入了战争。咸通七年（866 年），论恐热为拓拔怀光所杀，战争逐渐平息下来。

对《宋史·吐蕃传》所载论恐热率三州七关投降一事，在其他文献典籍中有不同的记载，王忠先生在其所著的《〈新唐书·吐蕃传〉笺证》一书中提出了不同的看法，认为论恐热率三州七关投降唐是值得商榷的。① 实际上从一件事亦可以看出此事的虚妄性，常理讲，论恐热以三州七关投降，中央政府应该非常重视，对论恐热应该重赏，但唐政府没有丝毫表示，这本身亦说明此事是值得怀疑的。

关于三州七关的地望，胡三省在为《资治通鉴》所作的注中有比较明确的记载："秦州（今甘肃天水地区）本治上邽（今甘肃天水市）。"北宋时期，秦州归秦凤路管辖，治成纪（今甘肃天水市）。"原州本治高平，安史乱后没于吐蕃。""高宗时，吐谷浑为吐蕃所逼，徙于鄯州，不安其居，又徙于灵州之境。咸亨三年，以灵州故鸣沙县地置安乐州发居之。安史之乱，吐蕃取安乐州，吐谷浑又徙朔方、河东之境。原州界有石门、驿藏、制胜、石峡、木靖、木峡、六盘七关。"②

"四年，又克成、维、扶三州。"

唐朝收复三州七关之后，开始陆续收复河西和陇右失地，大中四年（850 年），"西川节度使杜悰奏取维州"，同年，"山南西道节度使郑涯奏取扶州"③。然而对取成州的时间和具体将领在其他文献中却无相关的记载。

"五年，其国沙州刺史张义潮以瓜、沙、伊、肃十一州之地来献。"

论恐热和尚思罗以及尚婢婢等边将之间的混战给甘青藏区带来的冲击是巨大的。甘青藏区本来就是一个多民族杂居的地区，在这里生活的有汉人、吐谷浑人、回鹘人以及天宝年间吐蕃占领之后随同军队而来的吐蕃人。在吐蕃王朝时期，各族人民生活在一个强有力的政权之下。吐

---

① 王忠：《〈新唐书·吐蕃传〉笺证》，科学出版社 1956 年版，第 155、156 页。

② （宋）司马光著，胡三省注：《资治通鉴》，中华书局 1957 年版。

③ （宋）司马光：《资治通鉴》卷二四八，大中三年闰十一月己未。

蕃王朝的崩溃以及由此而引发的边将之间的混战打破了这一地区平静的
生活。各种政治势力均在为自己寻找出路，一些较大的政治势力希望趁
吐蕃统治势力削弱之机脱离吐蕃王朝而自立，有一部分则趁机内附于唐
朝①。大中二年（848 年），沙州人张义潮率众起义，史称"归义军"。归
义军在三年之中，先后收复沙、瓜、西、甘、肃、兰、鄯、廓等九州，
并于大中五年（851 年）遣使奉九州图籍入唐向宣宗报捷。唐置归义军于
沙州，并任命张义潮为节度使兼十州观察使。咸通二年（861 年），吐蕃
控制的最后一个重镇凉州也被张义潮率领的军队攻克。这样，唐朝自 7
世纪后期陆续被吐蕃占据的西北诸州道，至此基本收复。

**"唐末，瓜、沙之地复为所隔。然而其国亦自衰弱，族种分散，大者
数千家，小者百十家，无复统一矣。"**

唐朝末年，中原地区陷入长期内乱纷争的五代十国时期，中央王朝
自顾不暇，对西北吐蕃地区的管辖自然削弱。大大小小的吐蕃部落逐渐
形成了五大居住区域：一是黄河以北区，主要包括湟州（邈川，今青海
乐都、民和一带）、鄯州（青唐，今西宁市）、廓州（今青海化隆）等
地，这一地区是五代以来甘青藏族最大的聚居区，同时也是其政治、经
济、文化中心；二是黄河以南区，主要指积石军及洮、岷、叠、宕、阶
五州，后进一步向南发展，直至四川黎、雅等州；三是河西走廊地区，
包括凉、甘、瓜、沙、灵等州；四是熙河地区，包括古渭州（通远军、
巩州，今甘肃平凉）、熙州（武胜军，今甘肃临洮）及河、兰、会等州，
均在甘肃境内；五是陕西缘边区，包括当时的秦凤、泾原、环庆等路。
这五大区域互不统属，吐蕃王朝的崩溃使得河陇地区形成了一个政治真
空地带。随着唐朝的灭亡以及五代十国时期内地的混乱，中原王朝无暇
顾及。于是，各派政治力量便围绕这一政治真空地带展开了新一轮的
角逐。

根据汤开建先生所统计结果，这五大区域的吐蕃部落主要分布如下：

陕西缘边居住区：尚波于部、大石族、小石族、安家族、王泥猪部、

---

① 如 849 年，吐蕃守将以秦、原、安乐三州及原州地界石门、驿藏、制胜、石峡、木靖、
木峡、六盘七关归唐；857 年将河州、渭州等地归唐；859 年又将河、湟二州归唐。

大马家族、小马家族、朵藏族、枭波族、默星族、郭厮敦部、尚样丹族、者龙族、俞龙潘部、大卢族、小卢族、药令族、离王族、他斯麻族、陇波族、利族、阿俄族、空俞族、斯鸡波族、鬼留家族、药家族、党令征部、颇忠族、隆忠族、下家族、樊诸族、野儿和尚族、锡默族、唃厮波部、延厮铎部、张朴令狐部、李宫八族、迈凌错吉族、党宗族、绰克宗部、王家族、延家族、狸家族、妙娥族、麻毡族、党留族、铎厮那部、卫狸族、章埋族、贱遇族、马臧族、西鼠族、万子族、剥波族、格隆族、熟虼族、苏温啰族、策拉部、伊普才迭三族、裕勒萨部、角撒部、烟景云部、张绍志部、拨藏族、康奴族、明珠族、玛尔默族、灭臧族、野狸族、水令逋族、大虫族、羊啒族、巴沟族、潘征部、斯多伦部、下杏家族、那龙部、拽罗钵部、鸠令结部、白家族、密克默特族、野龙十九族、小遇族、阿克节族。

熙河兰会居住区：青唐族、张族、鱼角蝉部、掌乌族、密栋族、禹藏六族、郢成嘉卜部、巴令谒三族、龛波给家二十二族、懒家族、诸路族、章家族、渴龙族、乞当族、马波族、刑家族、立公族、剡毛族、耳金族、星罗述三族、岱尔族、注丁族、擦令归二族、汪家族、范俄族、星斯珪部、布沁巴勒部、郎家族、李奇崖部、温布察克族、常家族、赵家族、枸家族、摩雅克族、沈千族、枸吹逋族、耸昌厮均部、蒙罗角族、抹耳水巴族、阴坡族、马禄族、鄂特凌部、兀冷部、日脚族、结彪部、巴勒斯丹部、羊家族、丹波秃令结部、苤黎五族、突门族、冷鸡朴部、托硕族、结吴叱腊部、康藏星罗结部、错凿族、一公族、当标族、吹斯乌伞王阿噶部、李巴占部。

黄河以北居住区：唃厮啰族、宗哥族、亚然家族、齐暖族、固密族、拶家族、多罗巴族、聂农族漆令族、六心族、溪丁族、布证族、归丁族、徒枸族、结药特部、浪家族、禄斯结家族、乞平家族、尹家族、齐勒巴族、瞎养呕族、洗纳族、心牟族、容鲁族、钦厮鸡族、神波族、习令波族、青归族、山南族、阿装部、吹厮波族、邈龙族、拘掠族、汪洛施族、罗日准族、凌结溪丹族、布哩克族、鲁尊部、青丹谷族。

黄河以南居住区：扎实庸咙部、鬼章部、木波族、乔家族、庄浪四族、陇逋族、厖拜族、丙离族、十八族、南山族、圭洛族、缅什罗蒙部、密全族、强扬族、瓜家族、哈鲁结族、斯纳族、蕃城族、凌珪族、青龙

族、木令征部、锡伯族、辖木沁扎实族、策凌博族、浪黎厮江族、大罗
苏木嘉族、毋家族、鲁黎族、把羊族、捺罗族、衣彪族、梦阿郎部、罗
斯结族、贝斯结族、青厮逋族、心拶族、卦斯敦部、容家族、李家族、
龙家族、默锡勒罗密克部、萨底族、李蒙族、董家族、白马丹族、弄麻
十一族、勘陀孟迦十族。

河西居住区：六谷部、折逋族、崔悉波部、督六族、野马族、暨龙
族、宗家族、吴福圣腊部、当尊部、阎藏部、潘毒石鸡部、逋速部、鹘
鹦部、沈念般部、裕勒榜族、灵武五部、来离八族、卑宁族、厮邦族、
星多族、的流族、周家族、罢延族。①

**"自仪、渭、泾、原、环、庆及镇戎、秦州暨于灵、夏皆有之，各有
首领，内属者谓之熟户，余谓之生户。"**

宋朝时期，西北吐蕃部族的特点之一是分布广泛，如前文所及有五
大居住地。另一个特点是纷繁复杂，部落与部落之间的差距很大，《宋
史·吐蕃传》笼统地将其划分为生户和熟户。这种分类有一定的道理，
但是并不能完全体现诸多吐蕃部落的特征。如果按照血缘和地域来划分
则大致可以分为两类：一是血缘部落，即以血缘关系为纽带维系部落统
治与发展；二是地缘部落，以共同的居住区域为纽带维系部落统治与发
展。宋金时期，在西北地区大量存在的吐蕃部落中，既有血缘部落，亦
有地缘部落，甚至还有一些部落处于两者之间，既有血缘部落的特点又
兼具地缘部落的特征。

1. 地缘部落。宋金时期，出现于典籍中以居地命名的部落多属地缘
部落，如常家族，因其居住于常家山而得名。常家山在河州地区，阿里
骨进攻巴毡角时曾在此驻军，"驻兵常家山，分筑洮州为两城以居"②。常
家山的具体位置在《明史》中有明确记载："（狄道，即现在的临洮县）
西南有常家山，与西倾山相接。"③ 赵家族亦属地缘部落，因居住于赵家
山而得名。赵家山亦在河州，熙宁七年（1074 年）二月，北宋因为在赵

① 汤开建：《宋金时期安多吐蕃部落及其地域分布》，《中国藏学》1989 年第 4 期。
② （宋）李焘：《续资治通鉴长编》卷四百，元祐二年五月癸丑，中华书局 1992 年版。
③ 《明史》卷四十二《地理三》，中华书局 1975 年版，第 1008 页。

家山伐木与蕃部发生冲突，"赵家山采木并防拓使臣殿侍军将孙贵等及厢兵、弓箭手二百九十三人，马五十四匹，为贼所掳"①。赵家族比较著名的首领有赵结成玛和赵惟吉等，赵家族没有如其他部落一样以其首领命名，足见其地缘部落的特征。地缘部落当中势力最大的当数宗哥族和六谷蕃部。宗哥族因其居地在宗哥河（湟水）一线和宗哥城而得名。六谷蕃部则以六谷之地名而得名，也是宋金时期地缘部落当中实力最强大的一支，"六谷者，西北之远蕃也，羌夷之内，推为雄豪"②。此外还有错凿族、当标族、一公族等均为地缘部落。

2. 血缘部落。宋金时期的吐蕃部落当中以首领姓名或者以首领姓氏命名的部落多属血缘部落。如鱼角蝉族，即以其首领鱼角蝉命名，"曹玮言蕃僧鱼角蝉，先于故渭州吹麻城聚众立文法，今悉以破散"③。乔家族则是因其部落首领的乔姓而得名，同样属于血缘部落。血缘部落是当时部落中的大多数，最大的特点就是部落首领的世袭制，亚然部落和折逋部落是其中比较有代表性的两大部落，世袭制在这两大部落体现得非常明显。亚然部落居于邈川地区，可能因其最初首领之名而得名，史籍中称其为邈川亚然家，"授唃厮啰、温逋奇官，邈川亚然家二部首领也"④。到温逋奇时期，亚然部落非常强大，"所管部族二十八，有兵六万四千人"⑤。温逋奇死后，亚然部落一直由温逋奇后人统领，见于文献中的首领有其子一声金龙、温溪心、温阿格旺（以上三人均为温逋奇之子）、厮波温、阿罗、阿令京、觉勒玛斯多卜、阿敏、温声腊抹、温讷支郢成（以上均为温逋奇之孙）、集星衮（温逋奇曾孙）。从亚然家族的世袭罔替可以看出其作为血缘部落的特征。

宋金时期，还有一种部落介于地缘部落与血缘部落之间，属性并不十分明确。如唃厮啰族，最初居于渭州，被称为"渭州蕃族"，显然是以地名命名，"以渭州蕃族首领唃厮啰为殿直充巡检使"⑥。后来，唃厮啰势

---

① （宋）李焘：《续资治通鉴长编》卷二百五十，熙宁七年二月丙午。
② （宋）李焘：《续资治通鉴长编》卷四九，咸平四年十月丁未。
③ （宋）李焘：《续资治通鉴长编》卷九十一，天禧二年四月己卯。
④ （宋）陈均：《九朝编年纲目备要》卷九，明道元年八月条，商务印书馆1986年版。
⑤ （清）徐松辑：《宋会要辑稿》第一九九册《蕃夷》六之九，中华书局1957年影印本。
⑥ （宋）李焘：《续资治通鉴长编》卷八十二，大中祥符七年五月己酉。

力愈加强大，其所在的部落遂改称唃厮啰族，"宗哥族、唃厮啰二族最盛"①。与唃厮啰相似的还有青唐族，最初以居地在古渭寨南之青唐②而得名。后来随着部族首领俞龙珂部势力的强大，青唐族又被称为俞龙珂部，"时青唐俞龙珂大族难制，议请讨且城之……"③ 俞龙珂降宋之后被赐姓包，到明清时期成为岷州地区势力强大的包家族。④

"凉州虽为所隔，然其地自置牧守，或请命于中朝。"

9 世纪末至 10 世纪初，占据甘州的回鹘部落迅速崛起，由于他们的势力范围介于凉州和沙州之间，从而阻断了凉州和沙州之间的往来，"甘州回鹘兵强马壮，不放凉州使人奉沙州"⑤。同时，中原地区陷入五代十国的内乱之中，实际已经失去了对凉州地区的控制，"自梁太祖时，尝以灵武节度使兼领河西节度，而观察甘、肃、威等州。然虽有其名，而凉州自立守将"⑥。

"天成中，权知西凉府留后孙超遣大将拓拔承诲来贡，明宗召见，承诲云：'凉州东距灵武千里，西北至甘州五百里。旧有郓人二千五百为戍兵，及黄巢之乱，遂为阻绝。超及城中汉户百余，皆戍兵之子孙也。其城今方幅数里，中有县令、判官、都押衙、都知、兵马使，衣服言语略如汉人。'即授超凉州刺史，充河西军节度留后。"

凉州地区第一任见于正史记载的官员为孙超，他自封为凉州留后。后唐长兴四年（933 年），"凉州留后孙超遣大将拓跋承谦及僧道士耆老杨通信等至京师，明宗拜孙超节度使"⑦。从孙超所遣使者的口中，后唐得知凉州的大致情况，唐明宗遂加封孙超为凉州刺史、河西军节度使。

---

① （宋）章如愚：《群书考索后集》卷六四《财赋门》，广陵书社 2008 年版。

② 此处的青唐并非唃厮啰政权都城的青唐城，而是指古渭州之南的青唐，大致在今甘肃临洮县。详见汤开建《宋金时期安多吐蕃部落包家族考述》，《民族研究》2006 年第 1 期。

③ （宋）彭百川：《太平治迹统类》卷十六《神宗开熙河》，适园丛书本。

④ 汤开建：《宋金时期安多吐蕃部落包家族考述》，《民族研究》2006 年第 1 期。

⑤ S. 5139《乙酉年六月日凉州节院使押衙刘少晏状》，转引自唐长孺《关于归义军节度几种资料跋》，《中华文史论丛》1962 年第 1 辑。

⑥ 《新五代史》卷七十四《吐蕃传》，中华书局 1974 年版，第 914 页。

⑦ 《旧五代史》卷一百三十八《吐蕃传》，中华书局 1976 年版，第 1840 页。

从承诲的话中可以看出，生活在凉州的汉族均为戍边士兵的后裔，他们仍保持着陷蕃前的生活状态，尽管他们已经湮没于诸多的吐蕃族帐之中，但是他们依然保持着汉族的风俗习惯，依然对中原王朝保持着很深的感情。"吐蕃乘虚取河西、陇右。华人百万皆陷于吐蕃。开成时，朝廷尝遣使至西域，见甘、凉瓜、沙等州城邑如故，陷吐蕃之人见唐使者旌节，夹道仰呼涕泣曰：'皇帝犹念吐蕃生灵否？'其人皆天宝中陷吐蕃者子孙，其语言小论，而衣服未改。"①

"乾祐初，超卒，州人推其土人折逋嘉施权知留后，遣使来贡，即以嘉施代超为留后。"

《宋史·吐蕃传》此处记载乾祐（948—950 年）初年孙超去世，州人共推折逋嘉施为凉州留后，从各种文献记载来看，这种说法是值得商榷的。实际上，孙超在被册封为凉州刺史的第二年，即清泰元年（934 年）就被李文谦所取代，"清泰元年，留后李文谦来请命"②。至于孙超如何去职，李文谦如何就任，史籍并没有明确记载。李文谦担任凉州留后共计七年时间，即从清泰元年（934 年）至后晋天福六年（941 年）"凉州人逐出文谦"③，走投无路的李文谦最终选择自杀，"七月，泾州奏：西凉府留后李文谦今年二月四日闭宅门自焚"④。

后晋天福七年（942 年），灵武节度使冯晖企图控制凉州，他派遣吴继勋（《旧五代史》作吴继兴）"代文谦为留后"⑤。吴继勋继任后显然没有获得凉州人的信任，第二年，后晋高祖派遣泾州押牙陈延晖到凉州进行安抚，凉州人强行将陈延晖劫持，推举其为凉州刺史，"凉州人共劫留延晖，立以为刺史"⑥。陈延晖在凉州任职七八年，直至后汉隐帝乾祐初年（948 年），凉州人推折逋嘉施为凉州留后。从折逋嘉施统治凉州开始，直到凉州被西夏攻破，凉州一直在折逋氏家族的统治之下。

---

① 《旧五代史》卷一三八《吐蕃传》，第 1839 页。

② 《旧五代史》卷一百三十八《吐蕃传》，第 1840 页。

③ 同上。

④ （宋）王钦若：《册府元龟》卷九八〇《外臣部·通好》，中华书局 1960 年版。

⑤ 《旧五代史》卷一百三十八《吐蕃传》，第 1840 页。

⑥ 同上。

关于折逋嘉施，学术界历来争议很大。汤开建先生认为折逋嘉施为嗢末人①。日本学者岩崎力先生则主张折逋氏是吐蕃而不是嗢末②。黎宗华则认为折逋即赞普之意③。李范文认为折逋是党项姓氏④。还有的学者认为折逋为羌族，等等。要确定折逋氏的族属，其实还要从"折逋"和"嘉施"的意思来入手研究。折逋，在《新唐书·吐蕃传》中译作掣逋，是"大"的意思，吐蕃王朝时期有很多官职都含有"掣逋"二字，如"曩论掣逋（内大相）""喻寒波掣逋（整事大相）""资悉波折逋（大会计官）"等。嘉施的意思，在《五代史·吐蕃传》中亦有明确解释："嘉施，土豪也。"⑤ 此处所谓的土豪，无疑即当地豪强的意思。凉州的主要居民下文亦有提及，除少数汉民之外，大部分属于吐蕃，当地豪强无疑即指占人数最多的吐蕃，由此来看，折逋家族应该属于吐蕃。

"凉州郭外数十里，尚有汉民陷没者耕作，余皆吐蕃。"

凉州地区历来就是多民族杂居地区，自汉唐以来就有月氏、匈奴、鲜卑、羌、汉等民族在此居住、生活。唐朝初年，又有回鹘、思结等铁勒部落迁居于此，使这一地区的民族成分愈加复杂。"安史之乱"后，在吐蕃攻占和占领这一地区的一百多年之中，大量吐蕃部落迁入凉州地区，从而使这一地区的民族成分发生了重大变化，变成以吐蕃为主的状况。高居诲《使于阗记》说"自灵州渡黄河至于阗，往往见吐蕃族帐"⑥。到五代时期，这一地区基本上成为吐蕃人聚居地区，凉州城内仅剩"汉民三百户"⑦。可见这一地区已经完全以吐蕃民族为主。

---

① 汤开建：《公元861—1015年凉州地方政权历史考察》，载汤开建《宋金时期安多吐蕃部落史研究》，上海古籍出版社2007年版，第130—133页。

② ［日］岩崎力：《西凉府潘罗支政权始末考》，《东方学》1974年第47期。

③ 黎宗华：《论唃厮啰政权》，《西北民族研究》1988年第1期。

④ 李范文：《同音研究》，宁夏人民出版社1986年版，第227页。

⑤ 《旧五代史》卷一百三十八《吐蕃传》，第1839页。

⑥ 《新五代史》卷七四《于阗》，第914页。

⑦ （清）徐松辑：《宋会要辑稿》第一九五册，《方域》二五之一五。

其州帅稍失民情，则众皆啸聚。城内有七级木浮图，其帅急登之，绐其众曰："尔若迫我，我即自焚于此矣。"众惜浮图，乃盟而舍之。

这段文字反映了当时凉州地区佛教兴盛的状况。唐开成四年（839年），吐蕃赞普朗达玛灭佛，吐蕃本土寺院封闭，大批僧人外逃至安多地区，其中最著名的是在西藏山南一带修行的僧侣藏饶赛、约格迥和马尔释迦牟尼，三人携经书、法器来到阿里，后辗转西域于阗等地至青海东部河湟一带传经授法，并收当地牧童贡巴饶赛为徒。后来，贡巴饶赛在丹斗寺（今化隆境内）授徒弘法，从而使得那里成为佛教复兴的一个中心。① 10世纪晚期，所谓"卫藏十人"又来到安多地区跟随贡巴饶赛的再传弟子仲·意希坚赞受戒。他们返回卫藏建寺度僧，从此佛教在卫藏地区又开始传播开来，对此，藏传佛教史籍称之为"下路弘传"。可以看出，在唃厮啰来到河湟之前，佛教在这一地区仍然占据统治地位。这一地区的人们对佛教仍然非常虔诚。出于对浮屠的爱惜而化解政权内部的纷争，这也从另一个侧面反映了安多地区吐蕃民众对佛教的尊崇。

"周广顺三年，始以申帅厚为河西节度。"

折逋嘉施被推举为凉州留后之后，显然还不具备制驭整个凉州地区蕃部的权威。此后数年之中，凉州蕃部不断向中原王朝提出任命新主帅的请求。后周广顺二年（952年），折逋嘉施派人到中原进行贸易，再一次请求后周派人到凉州担任主帅，于是"始以申师厚为河西节度使"②。

"帅厚初至凉州，奏请授吐蕃首领折逋支等官，并从之。"

申师厚到达凉州上任之后，他意识到单纯凭借自己一人的力量无法统治部落众多的凉州，他向朝廷提出建议委任吐蕃人来协助自己，"奏荐蕃州将吏，请加恩命"③。后周朝廷采纳了申师厚的建议，对凉州吐蕃进

---

① 参见王森《西藏佛教发展史》，中国社会科学出版社1997年版，第25—27页。

② （清）徐松辑：《宋会要辑稿》第一百九十五册《方域》二一之一四。关于任命申师厚的时间，《宋会要辑稿》明确记载为广顺二年，《五代会要》记载申师厚的奏折亦是广顺二年，可见《宋史》中的记载有误。

③ （宋）王钦若：《册府元龟》卷一百七十《帝王部·来远》。

行了大规模的封赏："敕以吐番左厢押番副使折逋支、右厢崔虎心并授银青光禄大夫、检校工部尚书；阳妃谷大首领沈念般授怀化大将军，左厢大首领篯于闷笃为归德大将军；没林葛于、凝卢伴亶、折逋穷罗并为归化大将军；右厢大首领鹿悉迦、阿罗兵骚奴并为归德大将军，沈念般、秅与龙文、温元积并为怀化大将军。"①

"显德中，师厚为其所迫，擅还朝，坐贬。凉州亦不复命帅。"

然而，凉州的情况非常复杂，"凉州夷夏杂处，师厚小人，不能抚有。"② 更为重要的是，主要居民为吐蕃的凉州实际上已容不下非吐蕃人的统治，申师厚的失败其实是不可避免的。不能对凉州进行有效统治的申师厚只能"留其子而逃归，凉州遂绝于中国"③。

"建隆二年，灵武五部以橐驼良马致贡，来离等八族酋长越嵬等护送入界，敕书奖谕。"

申师厚私自返回之后，凉州与中原地区的联系并未完全中断，其中的一些地区和部族仍然与中原王朝保持着密切联系，如瓜州和沙州就一直与中原地区联系不断，"独瓜、沙二州，终五代常来"④。这两个地区也一直由汉族人担任节度使。实际上，这句话中所提及的灵武地区亦是由汉人担任节度使，如开宝二年（969 年）就有"灵武节度使冯继业既杀兄，代父领镇，颇骄恣"⑤。可见《宋史·吐蕃传》所提及的灵武部与北宋的联系是必然的。

"秦州首领尚波于伤杀采造务卒，知州高防捕系其党四十七人，以状闻。"

北宋时期的秦州处于汉蕃交界之处，无论是人文方面还是政治方面都极具鲜明的地域特色。人文方面，秦州的主要居民是吐蕃部落，既有

① （宋）王溥：《五代会要》卷三〇《吐番》，中华书局 1998 年版。
② 《旧五代史》卷一百三十八《吐蕃传》，第 1840 页。
③ 同上。
④ 同上。
⑤ （宋）李焘：《续资治通鉴长编》卷十，开宝元年八月己卯。

熟户，亦有生户。"缘泾原秦凤路两路除熟户外，其生户有蹉鹘谷、者达谷、必利城、腾家城、鸥枭城、古渭州、龛谷、洮河、兰州、叠宕州、连宗哥、青唐城一带种类莫知其数。"① 秦州蕃部不仅数量众多而且实力强大。"吐蕃族帐，四路唯秦号最盛。"② 吐蕃部落之外秦州还居住着为数不多的汉族移民，如水洛城，位于秦州东北方。"西南去略阳二百里，中有城曰水洛，川平土沃，又有水轮、银、铜之利，环城数万帐，汉民之逋逃者归之，教其百工商贾，自成完国。"③ 秦州以西六十里之夕阳镇（今甘肃甘谷县附近），亦是蕃汉杂处。"又西北五里，有夕阳镇，当伏羌、永宁两路之隘，古有城基尚存，若就上镇创一寨，置兵戍守，缓急有警，收旁近蕃汉老幼孳畜而入保之，实为经久之利。"④ 日本学者前田正名曾经对宋朝秦州的居民进行过详细分析。"不仅渭州、水洛城等秦州的北方、东北方面与大小洛门以西的秦州西方都是诸羌群居的颇为危险之地，而且在秦州境内也居住着羌戎的大族。而汉人仅仅居住在秦州内的秦州城、伏羌城等城市……他们不断遭受羌族的寇掠，从而形成极为孤立的汉人聚落。然而，渭河流域，特别是渭河南岸地域自宋初建隆时期起就是汉人占据优势的地区，可以说宋朝的势力就是沿着渭河南岸向西推进的。从宏观上看，自渭河南岸到南方秦岭，羌戎的族帐不多，但是秦州的东北方、北方和西方悉为诸羌所包围，而秦州则成为沿着渭河伸向西方的突出的汉人居住地。"⑤

政治方面，随着吐蕃王朝崩溃，秦州蕃部失去对吐蕃王朝的向心力，由于没有形成一个统一的地方政权，秦州蕃部之间互不统属，力量分散，"族帐分散不相君长，故不能为中国之患"⑥。另外，秦州位于兰州的东方，自古以来就处于丝绸之路的交通要冲，在河西走廊畅通的情况下，秦州是西域诸国与中原王朝通商的必经之路。在历代中原王朝统治者的眼中，

---

① （宋）李焘：《续资治通鉴长编》卷一百四十九，庆历四年五月壬戌。

② （宋）韩琦：《安阳集家传》卷二，文渊阁四库全书本。

③ （宋）李焘：《续资治通鉴长编》卷一百四十四，庆历三年十月甲子。

④ （宋）李焘：《续资治通鉴长编》卷一百五十八，庆历六年五月辛卯。

⑤ ［日］前田正名：《河西历史地理学研究》，陈俊谋译，中国藏学出版社1993年版，第375页。

⑥ （宋）李焘：《续资治通鉴长编》卷一百四十九，庆历四年五月壬戌。

秦州的地理位置都非常重要，正因如此，尽管秦州的主要居民为吐蕃部落，在北宋统治者的眼中，秦州却是北宋非常重要且不可或缺的一个地区，是北宋的"根本"，北宋右拾遗直使馆王禹偁就有这样的奏议：

> 今，郡县虽多，要荒且远，除河北备边之外，民力可用者，惟东至登莱，西尽秦凤，南抵淮泗而已。此数十州者，中土之根本，不可不惜也。①

除此之外，在北宋的西北版图中，西夏是一支强劲的政治力量且对北宋威胁巨大，秦州蕃部有时依附于西夏，有时依附于北宋，他们的向背就成为北宋经略整个西北成败的关键因素之一。"贼所以盘桓未敢攻秦州者三焉：邈川尚强，杂羌未附，而韩琦为守也……以一军直捣秦州而援兵不至，杂羌外附则秦州非我之有也。"② 秦州若失则北宋整个西北边疆的经略就会一败涂地，与西夏的对抗就会完全陷于不利局面。因此，从与西夏对抗的角度来说，秦州亦断不可失。

经济方面，北宋时期的秦州是一个非常富庶的地方，宋朝集贤校理余靖曾上表称"边诸郡最富实者秦州尔"③。宋真宗亦特别强调秦州的富庶及重要性："上以陕西二十三州图示辅臣，历指山川险易，蕃部居处。又指秦州曰：'此州在陇山之外，号为富庶，且与羌戎接畛。昨已命张雍出守，冀其绥抚有方也。'"④ 秦州的富庶一方面是因为其处于东西交通要冲，另一方面则是这一地方宝贵的森林资源。宋初的秦州以生产珍贵的木材闻名遐迩，甚至北宋京师的高官显贵都千方百计购买秦州木材，"当时贵要，多冒禁市巨木秦陇间以营私宅"⑤。为争夺巨木的采伐权，汉蕃之间多次发生冲突。

尚波于部是生活在秦州这样一处人文、政治、经济方面极具地域特色的诸多吐蕃部落的典型代表，尚波于部的发展变迁体现的是生活在汉

---

① （宋）李焘：《续资治通鉴长编》卷三十，端拱二年春正月乙未。
② （宋）李焘：《续资治通鉴长编》卷一百三十八，庆历二年十一月辛巳。
③ 同上。
④ （宋）李焘：《续资治通鉴长编》卷四十九，咸平四年十月庚戌。
⑤ （宋）李焘：《续资治通鉴长编》卷十四，开宝六年五月丙辰。

蕃夹缝之间的秦州吐蕃部落面临的生存状态。秦州极其丰富的森林资源为秦州蕃部提供了便利，以尚波于部为代表的秦州蕃部历来以开采秦州地区的木材而获利，"秦州夕阳镇，古伏羌县之地也，西北接大薮，材植所出，戎人久擅其利"①。北宋立国之后，出于军事上的考虑，于建隆年间禁止私人砍伐，"比朝廷禁近边山林，不许斩伐，以杜戎人入寇之路"②。不仅私人砍伐被禁止，私人贩卖亦被禁止，丞相赵普为建房曾经冒犯官禁私购秦、陇两地木材，"时官禁私贩秦、陇大木，普尝遣亲吏诣市屋材"③。私禁的同时，官营的采造务应运而生，宋朝在秦州多地设立官营采造务，负责采伐木材。建隆三年（962 年），高防担任秦州知州之后，首先在夕阳镇设置"采造务"，开采秦州地区的木材，"岁获大木万本，以给京师"。④ 除夕阳镇外，秦州的破他岭也设置有采木务，破他岭采木务于大中祥符三年被废，"废秦州破他岭采木务"⑤。在大、小洛门地区也建有官营的采伐业，"遣内供奉官王怀信、侍禁李宴诣秦州小洛门置寨采木，令秦州以骑兵百人、步军五百人防从，无得广兴兵甲，以疑戎人"⑥。

私人砍伐被禁和官营采造务的设置带来了一系列矛盾。一方面导致以采木和贩木为生的边民大量失业，"是时并以近里浅山耕熟之地既行禁止，致边民遽然失业"⑦。另一方面也是更为重要的是危及以此为生的吐蕃诸部的利益，一直以来以此获利的尚波于部率先发难，袭击采造务，高防则采取强硬政策应对，秦州吐蕃部落和北宋政府之间的关系骤然紧张。自尚波于部始，秦州蕃部不断发生叛乱，自建隆三年（962 年）至太平兴国三年（978 年）发生的叛乱就有十余起，简单列举如下：

开宝八年（975 年）十二月

秦州戎人大石、小石族寇土门，略居民，知州张柄击走之。⑧

太平兴国二年（977 年）三月

---

① （宋）李焘：《续资治通鉴长编》卷三，建隆三年六月辛卯。
② （宋）韩琦：《安阳集家传》卷四。
③ 《宋史》卷二五六《赵普传》，第 8933 页。
④ （宋）李焘：《续资治通鉴长编》卷三，建隆三年六月辛卯。
⑤ （宋）李焘：《续资治通鉴长编》卷七十三，大中祥符三年四月丙寅。
⑥ （宋）李焘：《续资治通鉴长编》卷七十七，大中祥符五年正月甲申。
⑦ （宋）韩琦：《安阳集家传》卷四。
⑧ （宋）李焘：《续资治通鉴长编》卷十六，开宝八年十二月丁卯。

戎人安家族寇长山寨，巡检使韦韬击走之。①

太平兴国三年（978 年）正月

秦州内属三族戎人等数寇边。②

太平兴国三年（978 年）二月

戎人寇边，三阳寨使陈钦寿率戍兵击走之。③

戎人寇床穰寨，监军任德明率戍兵击走之，枭戎首数十级以徇。④

太平兴国三年（978 年）三月

戎人寇八狼寨，杀掠吏民，巡检使刘崇让率戍兵击走之，擒其帅王宁珠，枭首以徇。⑤

太平兴国三年（978 年）五月

时秦州内属戎人为寇，都巡检使周承瑨与田仁朗、刘文裕、王侁、梁崇赞、韦韬、马知节等皆受诏，屯兵清水县。⑥

"上乃以吴廷祚为雄武军节度代防安辑之，令廷祚赍敕书赐尚波于等曰：'朝廷制置边防，抚宁部落，务令安集，岂有侵渔？曩者秦州设置三砦，止以采取材木，供亿京师，虽在蕃汉之交，不妨牧放之利。汝等占据木植，伤杀军人。近得高防奏汝等见已拘执，听候进止。朕以汝等久输忠顺，必悔前非，特示怀柔，各从宽宥。已令吴廷祚往伸安抚及还旧地。所宜共体恩旨，各归本族。'"

北宋朝廷在看到高防的奏折之后，觉得高防的做法有失妥当，"上不欲边境生事"⑦，遂决定由枢密使吴廷祚任雄武节度使，召高防返回朝廷。同时，北宋派吴廷祚赍诏前往秦州地区，其诏书全文如下："朝廷置制边防，抚宁部落，务令安集，岂有侵渔，比来秦州元设三寨，又要采斫材植，供亿京师，虽在蕃汉之交，不妨牧放之利，汝等遮拦木筏，伤杀军

---

① （宋）李焘：《续资治通鉴长编》卷十八，太平兴国二年三月庚寅。

② （宋）李焘：《续资治通鉴长编》卷十九，太平兴国三年正月辛亥。

③ 同上书，太平兴国三年二月癸亥。

④ 同上书，太平兴国三年二月己卯。

⑤ 同上书，太平兴国三年三月壬寅。

⑥ 同上书，太平兴国三年五月乙巳。

⑦ （宋）李焘：《续资治通鉴长编》卷三，建隆三年六月辛卯。

人，寻命使臣，往彼和断。近得高防奏，汝等四十七人，见已拘留，听候奏。汝等久怀忠顺，谨守封陲，昨缘事出于一时，致此纷扰，朕料汝等必悔前非，宜示怀柔，各从宽宥，今赐汝等锦袍银带，至可领也，已除节度使吴廷祚往伸安抚，仍令还汝等旧地，各归本族，共体深思，如或更敢犯边，当议尽加诛灭。"[1]

"仍以锦袍银带赐之，尚波于等感悦。是年秋，乃献伏羌地。"

建隆三年（962 年）六月，吴廷祚到达秦州地区，采取了一系列措施安抚尚波于部。其一，赦免尚波于之罪；其二，把高防所俘获的蕃部全部释放；其三，赏赐尚波于锦袍银带；其四，罢采造务。经过这四项措施的安抚，尚波于部与北宋的关系趋于缓和。九月，"尚波于献伏羌县地"[2] 归降。

秦州尚波于部事件体现的是生活在秦州的吐蕃诸部艰难的生存状态。一方面，随着北宋对秦州控制力的逐渐增强，吐蕃诸部的既有利益面临威胁，采造务的设置直接触及了吐蕃诸部的采伐权，秦州吐蕃诸部不得不采用叛乱的极端方式对抗北宋的政策。另一方面，秦州吐蕃诸部由于没有一个统一的地方政权，各自为政，根本没有力量在与北宋的对抗中取得胜利，秦州吐蕃诸部的反抗大多以失败而宣告结束。对北宋来说，秦州及其蕃部是北宋西北边疆经略的重要方面，面对蕃部的反抗，北宋并没有一味地用武力解决，致使矛盾激化，而是采取平息与缓和民族矛盾为主、武力解决为辅的方针，力求羁縻笼络以尚波于为代表的秦州吐蕃诸部。除平息尚波于事件之外，淳化五年（994 年），温仲舒知秦州，因伐木被蕃部攘夺，温仲舒"悉徙其部落于渭北，立堡寨以限之"[3]。此事被北宋朝廷获悉后，宋王朝认为"此羌部内属，素居渭南，土著已久，一旦擅意斥逐，或至骚动"[4]，遂将温仲舒与薛惟吉对调，平息事端。张佶知秦州时，"置四门寨，开拓疆场，边部颇怨"[5]，又在临渭置采木场，

① （宋）佚名：《宋大诏令集》卷二百四十《政事》，中华书局 1962 年版。
② （宋）李焘：《续资治通鉴长编》卷三，建隆三年九月庚午。
③ 《宋史》卷二百六十六《温仲舒传》，第 9182 页。
④ 《宋史》卷二百六十六《温仲舒传》，第 9183 页。
⑤ 《宋史》卷三〇八《张佶传》，第 10151 页。

对蕃部不存抚，也不加赐赍，致使蕃部引众劫掠。北宋朝廷同样采取将张佶调往他处任职的方式平息事端。后来，北宋朝廷为更好地处理采伐秦州林木与安抚秦州蕃部的矛盾，改为赎买的方式，让利于吐蕃诸部，"不若取路采木，所经族帐，赍以缯帛，则何求不得。如止贪木，乃取无用之地，使害及远人，非朕志也"①。对归顺听命的蕃部首领，北宋政府封官授爵，以示恩宠，南市归顺蕃部都首领郭干苏都举家居冶坊寨，管勾一带蕃部，宋廷"命为本族巡检，月给钱五千，米面五石"②。秦州"三阳、定西、伏羌、静戎、冶坊、弓门、和尔扬等七寨熟户蕃部都首领以下，凡一百四十六人有功"，其中"二人授都军主，四十一人授军主，五十七人授指挥使，余悉补蕃官"③。在武力和怀柔的双重政策之下，以尚波于部为代表的秦州吐蕃诸部对宋朝政府的向心力逐渐增强，纷纷纳质归降，成为北宋与西夏战争中最重要的一支力量。

"乾德四年，知西凉府折逋葛支上言：'有回鹘二百余人、汉僧六十余人自朔方路来，为部落劫略。僧云欲往天竺取经，并送达甘州讫。'诏褒答之。"

从五代后期申师厚返回之后，折逋家族就一直被立为当地的部落大首领和凉州地方的朝廷命官，统一处理对内对外的重大事务。宋朝建立之后，折逋氏很快与北宋王朝建立了联系，凉州蕃部数次到北宋朝廷请求册封，"自申师厚逃归，朝廷不复疆理凉州，于是蕃部首领数十人诣阙请帅"④。乾德四年（966年），知西凉府折逋葛支向宋朝报告，他曾派人护送去天竺（今印度）取经的回鹘、汉僧人过境，北宋朝廷随即对折逋葛支进行褒奖。

"五年，首领閤逋哥、督廷、督南、割野、麻里六人来贡马。开宝六年，凉州令步奏官僧斉毡声、逋胜拉躅二人求通道于泾州以申朝贡，诏泾州令牙将至凉州慰抚之。"

---

① （宋）李焘：《续资治通鉴长编》卷七十一，大中祥符二年四月辛丑。
② （宋）李焘：《续资治通鉴长编》卷九〇，天禧元年六月壬申。
③ （宋）李焘：《续资治通鉴长编》卷八八，大中祥符九年十一月丁未。
④ （宋）李焘：《续资治通鉴长编》卷五，乾德二年十二月庚戌。

在与北宋进行政治联系的同时，凉州蕃部还在经济上与北宋全面恢复了联系，其中马贸易是最重要的一项内容。乾德五年（967年），凉州蕃部间逋哥、督廷、督南、割野、麻里六人到北宋进行马贸易。开宝六年（973年），凉州蕃部又一次提出取道泾州（今甘肃泾川）向北宋进贡，以缩短路途里程，"官僧乔毡声、逋胜拉二人求通道于泾州以申朝贡。诏泾州令牙将至凉州慰抚之"①。

"八年，秦州大石、小石族寇土门，略居民，知州张炳击走之。"

大石族、小石族均属秦州蕃部，土门即土门砦，属秦州成纪县三十九砦之一②。开宝八年（975年），大石族、小石族进攻土门，被知州张炳击败。

"太平兴国二年，秦州安家族寇长山，巡检使韦韬击走之。"

太平兴国二年（977年），秦州部族安家族进犯长山寨。长山为秦州属下堡寨，那么安家族也应居住于长山寨附近。

"三年，秦州诸族数来寇略三阳、床穰、弓门等砦，监军巡检使周承瑨、任德明、耿仁恩等会兵击败之，斩首数十级，腰斩不用命卒九人于境上。"

太平兴国三年（978年），秦州蕃部不断向北宋沿边进犯。这年正月，秦州内属三族③率先寇边，北宋对之采取了宽大和息事宁人的做法，"悉赦其罪，自今敢复肆侵掠者，吏捕之置于法，不须以闻"④。二月，秦州蕃部又接连进犯三阳寨和床穰寨，分别被陈钦寿和任德明击败。三月，秦州蕃部又两次寇边，分别被耿仁恩和刘崇让击败。四月，秦州蕃部进攻弓门寨，周承瑨率部迎击。面对秦州蕃部不断进攻的严峻形势，北宋不得不严阵以待，"时，秦州内属戎人为寇，都巡检使周承瑨与田仁朗、刘

---

① （清）徐松辑：《宋会要辑稿》第一百九十五册，《方域》二一之一四。
② 《宋史》卷八七《地理三·秦凤路》，第2155页。
③ 关于此内属三族的族名，各种文献均不见记载。
④ （宋）李焘：《续资治通鉴长编》卷十九，太平兴国三年正月辛亥。

支裕、王侁、梁崇赞、韦韬、马知节等皆受诏，屯兵清水县。"①

"太宗乃诏曰：'秦州内属三族等顷慕华风，聿求内附，俾之安辑，咸遂底宁。近闻乘蕃育之资，稔寇攘之志，敢忘大惠，来挠边疆。岂朕信之未孚，而吏抚之不至？并蠲衅咎，特示威怀。今后或更剽掠，吏即捕治，置之于法，不须以闻。'"

对秦州蕃部的进攻，北宋方面一方面严阵以待，派兵镇压；另一方面则是采取抚绥的政策，剿抚并用。这一点可以从太平兴国三年正月宋廷所颁布的《秦州内属戎人敢肆侵掠者吏捕之诏》中看得非常清楚，《宋史·吐蕃传》此处的文字基本上来自此诏书，但是略有不同。"秦州内属三族戎人等，克慕华风，聿求内附，俾之安辑，咸遂底宁。近闻恃牛马之肥，肆蜂虿之毒，忘我大惠，侵我边州，岂朕信之孚，而吏抚之不至，宜蠲旧过，以儆将来，今后敢肆侵掠者，吏捕之置于法，不须以闻。"②

"是年，又寇八狼砦，巡检刘崇让击败之，枭其帅王泥猪首以徇。"

太平兴国三年（978 年），蕃部王泥猪部进犯八狼砦。王泥猪，在其他文献中亦写作王宁珠，"戎人寇八狼寨，杀掠吏民，巡检使刘崇让率戍兵击走之，携其帅王宁珠，枭首以徇"③。八狼砦为秦州属下堡寨，因此王泥猪部应居八狼寨一带。

"三月，小遇族寇庆州，知州慕容德丰击走之。"

小遇族，《续资治通鉴长编》记载为"辖裕勒族"④。从其他文献来看，小遇族居地应在环州（今甘肃环县）一带，"环州小遇族叛"⑤，至于其具体居地应为环州石昌镇。⑥

---

① （宋）李焘：《续资治通鉴长编》卷十九，太平兴国三年五月乙巳。

② （宋）佚名：《宋大诏令集》卷二百十八《政事》。

③ （宋）李焘：《续资治通鉴长编》卷十九，太平兴国三年三月壬寅。

④ 同上书，太平兴国三年三月乙丑。

⑤ 《宋史》卷十二《仁宗纪》，第 240 页。

⑥ 《范文正公年谱补遗》，载（清）范能濬《范仲淹全集》（下册），凤凰出版社 2004 年版，第 761—786 页。

"八年，诸种以马来献，太宗召其酋长对于崇政殿，厚加慰抚，赐以束帛，因谓宰相曰：'吐蕃言语不通，衣服异制，朕常以禽兽畜之。自唐室以来，颇为边患。以国家兵力雄盛，聊举偏师，便可驱逐数千里外。但念其种类蕃息，安土重迁，倘因攘除，必致杀戮，所以置于度外，存而勿论也。'"

太平兴国八年（983 年），西北吐蕃诸部向北宋进贡马匹，宋太宗在崇政殿会见吐蕃诸部酋长，阐述了自己的治边思想，这是北宋初年对西北吐蕃政策的集中体现。

北宋建立之后，北宋统治者并没有认识到西北藏区的重要性。宋太祖赵匡胤在黄袍加身夺取后周的政权之后，虽然初步结束了五代十国的分裂局面，但是北宋面临的内外压力并没有减轻。由于政治中心的东移，北失军事天险长城，使得大宋朝"畿甸无藩篱之限，本根无所庇也"①，其国都直接面临北方契丹的威胁。因此在北宋君臣的眼中一直把北方的契丹视为心腹大患。此时的西部河陇地区正处于一种各部落各自为政的时期，"至五代时，吐蕃已微弱，回鹘、党项诸羌夷分侵其地，而不有其人民。值中国衰乱，不能抚有"②。群龙无首的吐蕃当然不能够对北宋形成一定的威胁。因此，北宋初年出于军事压力的考虑，并没有把统一河湟地区纳入其议事日程，甚至可以说无意疆理西部地区。北宋统治者考虑更多的是江南西蜀的殷富物产，想得更多的是燕云十六州的边防要地，河陇地区甚至被视为化外地区，北宋统治者对其采取的是来而不拒、去而不追的一种政策。

宋太祖在位之间，从史料上看，宋朝政府也同河陇地区经常来往。双方基本上是一种朝贡的关系，北宋政府象征性地任命一些当地酋豪为地方官，并且也曾经妥善地处理了夏州李彝兴、府州折氏、麟州杨氏、灵州冯晖等部族之间的关系。总体来说，北宋政府并没有制订一套完善的统一西部河陇地区的计划。太宗时期，基本上延续了太祖时期的政策。更有甚者，太宗皇帝根本就把这一地区视为化外，他曾多次对其属下说：

---

① （宋）张乐平：《乐全集》卷二三《论京师军储事》，台湾商务印书馆影印文渊阁四库全书本 1983 年版。

② 《新五代史》卷七四《吐蕃传》，第 914 页。

"吐蕃言语不通，衣服异制，朕以化外视之。自唐室以来颇为边患，以国家兵力雄盛，聊举偏师便可驱逐数千里多，但念其种类蕃息，安土迁，傥加攘却，必致杀戮，所以置于度外，存而勿论也。"① 可以看出，在立国之初，北宋统治者的眼中根本就没有把河陇地区看作自己的疆土。

北宋的这种治边思想在后来的几任皇帝那里得到了延续，到真宗时期，这种任河陇地区孤悬于外的政策仍然没有改变，真宗的边疆思想更加明确：一是真宗把北宋的西北边区限于秦灵一线；二是真宗犹不忘幽蓟失地，但对甘、伊、凉诸地绝无如同汉唐时期那样，在这里设置州郡和派兵戍守屯田的打算。②

北宋建国后对西北河陇地区采取的这种无所作为的政策既有其主观原因，同时也有其客观原因。其客观原因正如我们前面所提，北宋建国后，历任统治者所面临的最直接的威胁来自北方的契丹，西北地区经过吐蕃王朝分裂后的混乱以及民族大迁徙，形成了一种部族分散、不相统属的局势。虽然也有局部性统一，但是总体来说并没有形成一种对北宋政权直接威胁的势力。即使是后来对北宋形成威胁的西夏政权，在北宋初年也威胁甚小，与汉唐时期的匈奴、突厥、吐蕃所形成的边患不可相提并论。更有甚者，北宋官员把李继迁的不断侵扰看成"只是怀念祖父旧地，别无他心"③。北宋上下对李继迁的兴起并没有视为真正的威胁，宋琪在奏疏中也说："党项号为小蕃，非是劲敌。"④ 另外一个决定北宋政府在西北碌碌无为的一个重要原因是所谓的"西部无用论"。北宋立国之初，对这种观点持反对意见的人很多，但是最终占了上风的却是这种意见。持这种意见的代表人物主要有田锡、李至、张洎、杨亿等，在这种观点的指导之下，宋廷把自己的西北边界定位在秦州—灵州一线，淳化年间太宗以夏州"深在沙漠，本奸雄窃据之地"为由，诏隳夏州故城，并"迁其民于绥、银等州，分官地给之，长吏倍加安抚"⑤。正是在这种观点的指导之下，真宗即位之初将已内属北宋十五年之久的银、夏之地

---

① （宋）李焘：《续资治通鉴长编》卷二四，太平兴国八年九月庚午。
② 李华瑞：《论宋初的西部边疆政策》，《西北史地》1993 年第 1 期。
③ 《宋史》卷二六五《张齐贤传》，第 9157 页。
④ 《宋史》卷二六四《宋琪传》，第 9130 页。
⑤ （宋）李焘：《续资治通鉴长编》卷三五，淳化五年四月甲申。

赐还李继迁；当灵州初围之时，竟在弃与守之间举棋不定，从而导致号称西部襟喉之地的灵州失陷；面对西凉府潘罗支政权数次自愿"请王师助击贼"的请求，则以"西凉去渭州限河路远，不可预约师期"① 为由，迁延不行，结果使得潘罗支政权在孤立无援的情况下失败。

"九年秋，秦州言蕃部以羊马来献，各已宴犒，欲用茶绢答其直。诏从之。"

《宋史·吐蕃传》此处记载太平兴国九年显然是一个错误，太平兴国这个年号仅仅使用到了八年，即983年，从984年开始就以雍熙年号纪年，984年就是雍熙元年，这句话显然记载有误。此处所记载的史实发生在太平兴国八年十一月，盐铁使王明奏用铜钱市马耗费太大，并且"戎人得铜钱，悉销铸为器，郡国岁铸钱不能充其用，望罢去。自今以布帛、茶及他物市马"②。北宋政府采纳了王明的建议，决定不再以铜钱买马而以茶绢代之。

"淳化元年，秦州大、小马家族献地内附。"

淳化元年（990年），秦州蕃部大、小马家归附。大、小马家的居地，应在秦州永宁寨，"永宁寨大马家族军主阿厮铎等捕得宗哥蕃部卓萨沁格，请授以刺史"③。大、小马家族在秦州有一定的实力，"人马颇众，倚依朝廷"④。最初大、小马家族并不在秦州，而是在西凉一带活动，"西凉府厮邦族首领兀佐、马家族首领渴东……"⑤

"二年，权知西凉州、左厢押蕃落副使折逋阿喻丹来贡。"

宋太宗淳化二年（991年），知西凉府折逋葛支去世，由折逋阿喻丹代理职位，即"权知"，亦即仍没有得到中央王朝的正式任命。折逋葛支去世之后，其子折逋阿喻丹继承，同年，即以权知西凉州、左厢押蕃落

① （清）徐松辑：《宋会要辑稿》第一百九十五册，《方域》二一之一八。
② （宋）李焘：《续资治通鉴长编》卷二十四，太平兴国八年十一月壬申。
③ （宋）李焘：《续资治通鉴长编》卷八十九，天禧元年二月甲午。
④ （宋）李焘：《续资治通鉴长编》卷八十五，大中祥符八年十二月丁亥。
⑤ （清）徐松辑：《宋会要辑稿》第一百九十五册，《方域》二一之一八。

副使的身份到北宋朝贡。

"先是，殿直丁惟清往凉州市马，惟清至而境大丰稔，因为其所留。"

折逋阿喻丹继位之时，凉州吐蕃正面临着巨大的威胁和严重的生存危机，这种危险主要来源于党项的迅速崛起。党项李继迁要向西扩张，以解除他与北宋抗争的后顾之忧，必然把进攻的矛头指向凉州吐蕃。凉州吐蕃要生存就必然借助于外力即北宋的力量。因此，凉州吐蕃数次请求北宋政府派人到凉州担任官员，甚至用劫持的方式留北宋官员担任西凉府元帅。丁惟清本是北宋王朝派到吐蕃地区买马的官员，"因为其所留"①。

"灵州命蕃落军使崔仁遇往迎惟清。"

丁惟清被西凉吐蕃劫持之后，西夏感到如果丁惟清担任凉州的官员会对自己不利，派蕃落军使崔仁遇前往交涉，希望接回丁惟清，但是西凉吐蕃并未放行。

"又吐蕃卖马还过灵州，为党项所略，表诉其事，因请留惟清至来年同入朝。诏答之。"

丁惟清被西凉吐蕃劫持之后，党项李继迁对西凉吐蕃采取了报复行动，劫持了西凉吐蕃到中原交易的马匹。西凉吐蕃对北宋政府阐明了劫持丁惟清的前因后果之后，北宋政府终于做出了让步，"留惟清至来年同入朝"②。

"四年，阿喻丹死，以其弟喻龙波为保顺郎将代其任。"

淳化四年（993年），折逋阿喻丹死，由其弟折逋喻龙波继任，"以西凉府都总管权知军府事俞龙波为保顺郎将，以阿喻丹死，奏乞真命也"③。

---

① （清）徐松辑：《宋会要辑稿》第一百九十五册，《方域》二一之一五。
② 同上。
③ 同上。

"五年，折平族大首领、护远州军铸瞀延巴率六谷诸族马千余匹来贡。"

折逋喻龙波继任之后的第二年即淳化五年（994 年），折逋喻龙波亲自到北宋进贡马匹，"西凉府左厢押蕃落副使折逋俞龙波来贡马"①。这一次进贡显然是具有军事和政治色彩，是为了向宋朝政府表示自己忠心全力抵抗党项的一次行动。

这句话中出现的"六谷"这一名称，学术界研究颇多，众说纷纭，迄今为止亦无定论。有的学者认为六谷应是"凉州城远远近近绝好适于农牧的六处谷地"②，陈守忠先生亦认为六谷就应该是六处谷地。③ 当然也有一些学者认为"六谷"仅仅是音译而非意译，仅仅是一个地名而已，这一地名就在浩门河流域，即今之大通河。④ 本书认为六谷应为六个谷地的总称，这六个谷地即是阳妃谷、洪源谷、浩门河谷、庄浪河谷、东大河谷和西大河谷。⑤

"既辞，复挝登闻鼓，言仪州八族首领逋波鹆等侵夺地土。上降敕书告谕之。"

北宋立国之后，秦州蕃部与北宋之间一直战事不断，双方互有胜负，此次进攻的仪州八族均为秦州沿边部族，具体是哪八族并不能确定。

"知秦州温仲舒上言，每岁伐木，多为蕃族攘夺，今已驱其部落于渭北。"

此时担任知秦州的为温仲舒，他到达秦州地区上任之后，对秦州缘边的情况进行了解，由于秦州地区出产木材，木材产地大多位于渭河之南，被大、小马家和朵藏、枭波等吐蕃部族控制，北宋要运送木材必须

---

① （清）徐松辑：《宋会要辑稿》第一百九十五册，《方域》二一之一五。

② ［日］前田正名：《河西历史地理学研究》，陈俊谋译，中国藏学出版社 1993 年版，第 328—332 页。

③ 陈守忠：《西凉六谷族》，载《宋史论集》，甘肃文化出版社 2001 年版，第 156—171 页。

④ 汤开建：《公元 861—1015 年凉州地方政权历史考察》，载《宋金时期安多吐蕃部落史研究》，上海古籍出版社 2007 年版，第 137—138 页。

⑤ 洲塔：《甘肃藏族通史》，青海人民出版社 2004 年版，第 154 页。

经过这几个部族的辖区,因此木材被抢夺之事时有发生。温仲舒上任之后,采取软硬兼施的策略,"部兵历按诸寨,谕其酋以威信",换得了蕃部的支持,各部族"献地内属"。再者是把渭河以南的吐蕃部族全部迁往渭河以北,"既而悉徙其部落于渭北,立堡寨以限之"①,这样就彻底地解除了后顾之忧。

"太宗虑生边患,乃以知凤翔薛惟吉对易其任,语见《惟吉传》。"

对温仲舒迁徙吐蕃部落之事,北宋有人对此提出不同看法,认为温仲舒的做法欠妥,宋太宗亦觉得温仲舒的做法不当,"此羌部内属,素居渭南,土著已久,一旦擅意斥逐,或至骚动,又烦吾关右之民"②。因此把温仲舒调往凤翔府,把凤翔府知府事薛惟吉调往秦州,其调任理由在《宋史·薛惟吉传》中写得非常清楚,"秦州温仲舒以伐木为蕃户攘夺,驱其部落徙渭北,颇致骚动。诏择守臣安抚之,乃命惟吉与仲舒对易其任"③。

"是年春,知西凉府左厢押蕃落副使折逋喻龙波、振武军都罗族大首领并来贡马。"

淳化五年(994年)折逋喻龙波遣使到北宋进贡,"西凉府左厢押蕃落副使折逋俞龙波来贡马"④。同时来进贡的还有振武军都罗族。关于振武军都罗族,在其他文献中并没有记载。在西凉府左厢押蕃落副使折逋喻龙波的管辖之下却有"督六族","以西凉府六谷左厢副使折逋游龙钵领宥州刺史,又以其督六族首领褚下箕等三人并为怀化将军"⑤。都罗族的居地为振武军,即振武城,属于西凉府地界,据《大清一统志》,凉州有"振武城"⑥。因此,都罗和督六很可能是同音异译,实为一族,属西凉府所辖大族。

---

① 《宋史》卷二百六十六《温仲舒传》,第9182页。
② 同上书,第9183页。
③ 《宋史》卷二百六十四《薛惟吉传》,第9112页。
④ (清)徐松辑:《宋会要辑稿》第一百九十五册,《方域》二一之一五。
⑤ (清)徐松辑:《宋会要辑稿》第一百九十五册,《方域》二一之一六。
⑥ (清)穆彰阿:《大清一统志》卷二○六《凉州》,上海古籍出版社2008年版。

"至道元年，凉州蕃部当尊以良马来贡，引对慰抚，加赐当尊虎皮一，欢呼致谢。"

至道元年（995 年），凉州吐蕃首领当尊以良马向北宋朝贡，北宋政府"引对慰劳，加赐当尊虎皮一"，作为回赠，当尊对北宋的赏赐"欢呼致谢"①。

"二年四月，折平族首领握散上言，部落为李继迁所侵，愿会兵灵州以备讨击，赐币以答之。"

喻龙波在位之时，党项族迅速兴起，军事实力渐趋强大。党项贵族李继迁并不满足于恢复故土，而要进一步向西扩张。于是凉州吐蕃地区便成为党项率先攻掠的目标。此处所记载之折平族在其他文献中并不见记载，很可能即是前文所提及的折逋族。

"七月，西凉府押蕃落副使折逋喻龙波上言，蕃部频为继迁侵略，乃与吐蕃都部署没暇拽于会六谷蕃众来朝，且献名马。上厚赐之。"

折逋喻龙波面对李继迁的不断攻掠，面临着生存危机，压力之大可想而知。在这种情况之下，喻龙波采取了"联宋制夏"的外交策略，寻求北宋的支持从而巩固自己的统治。喻龙波采取的第一项措施即是向北宋进贡，并向北宋述说凉州蕃部所面临的环境，"蕃部频为继迁侵略，乃与吐蕃部总管后临曳于会六谷蕃部众来朝献名马"②。

"是岁，凉州复来请帅，诏以丁惟清知州事，赐以牌印。"

同年，折逋喻龙波向北宋政府提出新要求，请北宋派遣凉州主帅。北宋王朝顺应了折逋喻龙波的请求，顺水推舟，把一直滞留于凉州地区的丁惟清任命为凉州主帅，总理六谷蕃部和凉州地区的军事。

"咸平元年十一月，河西军左厢副使、归德将军折逋游龙钵来朝。"

---

① （清）徐松辑：《宋会要辑稿》卷一百九十五册，《方域》二一之一五。

② 同上。

咸平元年（998年）折逋喻龙波（即折逋游龙钵）不顾路途艰险，亲自到北宋进贡，十一月到达京师开封，"河西军左厢副使归德将军折逋游龙钵来朝，献马二千匹"①。

"游龙钵四世受朝命为酋，虽贡方物，未尝自行，今始至，献马二千余匹。"

折逋家族从后汉隐帝乾祐元年（948年）统治凉州起，到喻龙波承继共历四世，这四世为：折逋嘉施、折逋葛支（又作折逋支）、折逋阿喻丹、折逋喻龙波。这四世与中原王朝均保持了良好的关系，两次向中原王朝请帅：一是后周广顺二年（952年），后周派申师厚为河西节度使；二是宋太宗至道二年（996年），北宋委任丁惟清为西凉知州。但是折逋喻龙波亲自到北宋进行朝贡，他的进贡显然具有政治军事色彩，因为此时凉州吐蕃正面临着巨大的生存危机，迫切需要北宋政府的支持，亲自到北宋朝贡就是为了向北宋表示自己的忠诚之心，结好北宋抵抗日趋严重的党项的军事进攻，"西凉府统治者亲自来朝贡是前所未有的事，由此可证明他的政权陷入严重的危机之中"②。

"河西军即古凉州，东至故原州千五百里，南至雪山、吐谷浑、兰州界三百五十里，西至甘州同城界六百里，北至部落三百里。周回平川二千里。"

折逋喻龙波向北宋政府详细述说了凉州的疆域和户口的大致状况。关于凉州的边境，折逋喻龙波讲东面至故原州，原州地望前文已经述及，大约为当今甘肃省镇原县及宁夏回族自治区固原市东部，即到达今六盘山麓一带。南部至雪山、吐谷浑、兰州界，从地图上来看，此处的雪山当指祁连山脉，因为祁连山以南即吐谷浑地界，由此，凉州的南部即沿祁连山直达兰州地界，整个庄浪河谷一带被凉州所控制。西部地区至甘州同城界，甘州同城的地望在《新唐书》中有明确记载："删丹。中下。北渡张掖河，西北行出合黎山峡口，傍河东壖屈曲东北行千里，有宁寇

---

① （清）徐松辑：《宋会要辑稿》第一百九十五册，《方域》二一之一五。
② ［日］岩崎力：《西凉府潘罗支政权始末考》，《东方学》第47册，1974年1月。

军，故同城守捉也，天宝二载为军；军东北有居延海，又北三百里有花门山堡，又东北千里至回鹘衙帐。"① 由此可见，甘州同城的地理位置应该在额济纳河下游一带，这显然与事实并不相符，此时甘州回鹘的势力已经兴起，凉州折逋氏的势力绝不可能控制整个甘州。据日本学者岩崎力先生考证，凉州折逋氏的势力向西不会出山丹河上游。② 北至部落三百里，此处的"部落"又是指哪里呢？在其他史籍中有过关于部落的记载，"知西凉府府折逋葛支上言：'有回鹘二百余人、汉僧六十余人自朔方来，为部落劫略，僧云欲往天竺取经，并送达甘州'"③。从灵州向西赴西域首先要经过"部落"，并且凉州至"部落"有三百里，从地图上来看，这一地区应该就是现在甘肃民勤县附近。

由上述分析可以看出凉州所辖大致应该就是东至六盘山麓，西至山丹河上游，北至甘肃民勤县，南沿祁连山脉至兰州一带。

"旧领姑臧、神乌、蕃禾、昌松、嘉麟五县，户二万五千六百九十三，口十二万八千一百九十三。今有汉民三百户。城周回十五里，如凤形，相传李轨旧治也。皆龙钵自述云。"

从这段记载中可以看出，凉州地区下辖姑臧、神乌、蕃禾、昌松、嘉麟五县，这五县均为凉州陷蕃前唐朝时期设置的旧县名，唐朝时期各县的具体设置在《新唐书》中亦有明确记载：

> 姑臧，中下。北百八十里有明威戍，西北百六十里有武安戍；有武兴盐池、黛眉盐池。神乌，下。武德三年置，贞观元年省，总章元年复置，曰武威，神龙元年复故名。昌松，中。东北百五十里有白山戍。天宝，中下。本番禾，咸亨元年以县置雄州，调露元年州废来属，天宝三载以山出醴泉更名。有通化镇，有焉支山。嘉麟。神龙二年于故汉鸾鸟县城置，景龙元年省，先天二年复置。④

---

① 《新唐书》卷四十《地理四》，第1045页。

② ［日］前田正名：《河西历史地理学研究》，陈俊谋译，中国藏学出版社1993年版，第316页。

③ （清）徐松辑：《宋会要辑稿》第一百九十五册，《方域》二一之一四。

④ 《新唐书》卷四十《地理四》，第1044页。

到折逋喻龙波统治时期，凉州居民的人口与唐朝时期相比发生了变化，唐朝时期这一地区的人口为"户二万二千四百六十二，口十一万二百八十一"①。这一数字到北宋时期已经有了明显的增长。当时的凉州居民中，汉民仅有三百户，若以每户五口人丁计算，莫过于一千五百口，吐蕃人占大多数。

"诏以龙钵为安远大将军。"

折逋喻龙波此次进贡取得了巨大的成果，北宋也意识到加强西凉府政权，树立起折逋氏家族的统治对牵制党项、减轻北宋西部地区的军事压力是有益的，于是宋真宗对折逋喻龙波又予以册封，"诏以龙钵为安远大将军"，折逋喻龙波又向北宋提出黄金的赏赐，宋政府亦照准，"因言本土造浮图乏黄金五彩装饰，令各赐之"②。

"二年，以仪州延蒙八部都首领渴哥领化州刺史，首领透逋等为怀化郎将。"

《宋史·吐蕃传》此处记载的史实，在其他文献中仅见于《文献通考》，但《文献通考》将此事记载为咸平三年（1000 年），在其他文献的记载中，咸平三年时，北宋政府曾经册封凉州的一批吐蕃部族首领：咸平三年十月"授西凉府六谷大首领折逋游龙钵等将军、郎将。司戈"③。从此处的记载可以看出，仪州延蒙八部受封于咸平三年更为合理。

"四年，知镇戎军李继和言，西凉府六谷都首领潘罗支愿戮力讨继迁，请授以刺史，仍给廪禄。"

咸平四年（1001 年），西凉地区再次发生政权更迭，六谷蕃部的领导权转移至潘罗支手中。关于潘罗支如何从折逋喻龙波手中夺取六谷首领，史籍中并没有详细交代，很明显此次权力转移并非用武力取得，而是折

---

① 《新唐书》卷四十《地理四》，第 1044 页。
② （清）徐松辑：《宋会要辑稿》第一百九十五册，《方域》二一之一五。
③ 同上书，《方域》二一之一六。

中的和平转让。日本学者岩崎力先生对这次西凉政权的更替提出自己的看法：一是两人出身悬殊太大，潘罗支是吐蕃望族 rlane 氏的后裔，而折逋氏是凉州土豪；二是两人的基础势力悬殊太大。①

潘罗支掌权之后，采取了联宋的政策，主动与北宋政权联合共同对抗李继迁。此时的北宋政府亦需要西凉吐蕃政权牵制日渐强大的李继迁，减轻自己西北边境的压力，于是李继和上书，请求"授博罗齐（潘罗支）刺史，仍赐廪给"②。

"经略使张齐贤又请封六谷王兼招讨使。上以问宰相，皆曰：'罗支已为酋帅，授刺史太轻；未领节制，加王爵非顺；招讨使号不可假外夷。'乃以为盐州防御使兼灵州西面都巡检使。"

李继和上书之后，经略使张齐贤觉得对潘罗支仅仅授刺史封赏太低，又提出"六谷王兼招讨使"③。宋真宗在权衡之后，觉得对潘罗支既不能封赏太高，亦不能封赏太低，"潘罗支已为酋帅，况籍其戮力共讨继迁，傥授以刺史，则名品太轻，未付节钺而加王爵，则典制非顺，招讨使号不可假于外夷，请授防御使，俾兼都巡检之职"④。

"时西凉使来，且言六谷分左右厢，左厢副使折逋游龙钵实参罗支戎事。"

潘罗支取得西凉吐蕃政权的领导权之后，折逋家族的势力依然根深蒂固，其首领折逋喻龙波并没有被完全排挤出政权之外，相反他继续担任左厢押蕃副使等职，并参与到潘罗支的各项军事决策之中，"六谷分左右厢，游龙钵为左厢副使，崔悉波为右厢副使，朝廷所降符命，游龙钵专掌之，实参潘罗支戎事"⑤。

① ［日］岩崎力：《西凉府潘罗支政权始末考》，《东方学》第 47 期，1974 年 1 月。
② （宋）李焘：《续资治通鉴长编》卷四十九，咸平四年十月乙卯。
③ （宋）王称：《东都事略》卷一百二十九《附录七》，载赵铁寒主编《宋史资料萃编》第一辑，（台北）文海出版社 1967 年版。
④ （宋）李焘：《续资治通鉴长编》卷四十九，咸平四年十月乙卯。
⑤ （宋）李焘：《续资治通鉴长编》卷四十九，咸平四年十月己未。

"**朝廷方务绥怀，又以龙钵领宥州刺史，六族首领褚下箕等三人为怀化将军**。"

为平衡潘罗支和折逋喻龙波之间的关系，北宋在册封潘罗支后亦对折逋喻龙波和其属下进行了封赏，折逋喻龙波为"宥州刺史，又以其督六族首领褚下奇等三人并为怀化将军"①。可以看出，折逋喻龙波在六谷蕃部政权中仍然占据着十分重要的地位。

"**其年，潘罗支遣部下李万山率兵讨贼，贻书继和请师期。**"

咸平四年（1001 年）冬，潘罗支欲出兵进攻李继迁，希望北宋出兵相助，东西夹击。李继和具书上奏朝廷，北宋政府遂"诏继和谕潘罗支宜整旅以俟，师出即往报"②。

"**先是，遣宋沆、梅询等为安抚使、副，未行，上谓宰相曰：'朕看《盟会图》，颇记吐蕃反覆狼子野心之事。今已议王超等领甲马援灵州，若难为追袭，即灵州便可制置，沆等不须遣，止走一使以会兵告之。'**"

北宋政府在接到潘罗支的出兵请求之后，刚开始时认为这是一个剿灭李继迁的大好机会，决定派兵参战，"以马步军都虞侯王超为西面行营都部署，环庆路部署张凝副之，以内副都知秦翰为钤辖，领步骑六万以援灵州"③。

咸平五年（1002 年）正月，宋真宗在看完《盟会图》之后却改变了主意，仅仅派王超率军赴灵州，宋沆和梅询不再赴灵州。关于《盟会图》的内容，在相关的文献中并没有确切的记载，但是从其记载的内容可能是北宋西北地区各派政治势力会盟的情况，"朕观《盟会图》，颇记土蕃反覆狼子野心之事"④。

"**五年十月，罗支又言贼迁送铁箭诱臣部族，已戮一人、絷一人，听朝旨。诏褒谕之，听自处置。**"

① （宋）李焘：《续资治通鉴长编》卷四十九，咸平四年十月己未。
② （宋）李焘：《续资治通鉴长编》卷五十，咸平四年闰十二月戊寅。
③ （宋）李焘：《续资治通鉴长编》卷五十，咸平四年闰十二月甲午。
④ 同上。

北宋出师之后，尽管取得了一些战绩，却没有守住灵州，咸平五年（1002 年）三月，"李继迁大集蕃部，攻陷灵州"①。攻陷灵州之后，李继迁的下一个目标即是凉州。李继迁先是采取送铁箭给潘罗支诱降的策略，希望兵不血刃占领这块交通与军事重镇。

"传箭"是游牧部落在彼此隔绝的情况之下进行联系的一种简便易行而且独特的方式，一旦有战事，"则同恶相济，传箭相率，其从如流"②。这种古老的方式很早就存在，"传箭，番家之符信"③。李继迁送铁箭给潘罗支其意图是很明显的，就是要潘罗支归顺自己，与自己联盟合兵抗宋。潘罗支对李继迁的诱降并没有顺从，而是严词拒绝，并将此事上报北宋朝廷。

"十一月，使来，贡马五千匹。诏厚给马价，别赐彩百段、茶百斤。"

咸平五年（1002 年）十一月，潘罗支向北宋进贡大量马匹，以供军需，这次贡马多达"五千匹"，足以显示潘罗支对北宋政府的大力支援，北宋对此亦深表感谢，"诏厚给其直，别赐彩百匹，茶百斤，仍宴犒其部族"④。

"六年，又遣咩逋族蕃官成逋驰骑至镇戎军，请会兵讨贼。"

《宋史·吐蕃传》此处纪年明显又出现错误。咩逋族蕃官成逋到达镇戎军的时间应为咸平五年（1002 年）夏四月，"（咸平五年夏四月）咩逋族开道使费州刺史泥埋遣其子城逋入贡。上嘉泥埋数与迁战斗有劳，授锦州团练使；以其族弟屈子为怀化将军充本族指挥使，城逋为归德将军充本族都巡检使"⑤。成逋去镇戎军很可能接受的双重命令，一方面是其父泥埋的指令，另一方面是遵照潘罗支的命令，潘罗支"遣本族蕃军民城逋驰骑至镇戎军，请会兵讨继迁"⑥。

---

① （宋）李焘：《续资治通鉴长编》卷五十一，咸平五年三月甲辰。
② 《宋史》卷二百六十四《宋琪传》，第 9129 页。
③ 《旧五代史》卷三八《唐明宗纪四》，第 129 页。
④ （宋）李焘：《续资治通鉴长编》卷五十三，咸平五年十一月甲午。
⑤ （宋）李焘：《续资治通鉴长编》卷五十一，咸平五年四月丁卯。
⑥ （宋）李焘：《续资治通鉴长编》卷五十四，咸平五年正月庚戌。

咩逋族为凉州六谷蕃部所属大族，有一定的实力，其首领为泥埋。当时咩逋族尚没有归附潘罗支领导，北宋希望"泥埋实与罗支掎角捍贼，故加恩宠"①。

"边臣疑成逋诈，护送部署司，成逋惧，逸马坠崖死。上闻，甚叹息之，曰：'此泥埋之子，族人畏其勇，父子皆有战功，凡再诣阙，朕皆召见，奖其向化。'诏劾镇戎官吏，仍令渭州以礼葬之。"

然而，成逋到达镇戎军之后却遭到北宋泾原部署陈兴的怀疑，"疑其无文牒，遂护送部署司"，"城逋惧而逸焉，坠崖死，护送者枭其首"②。宋真宗对成逋非常了解，"此即泥埋之子，凡再诣阙，朕皆召见之，盖念其父子向化，屡败迁贼尔"③。宋真宗对地方官吏的处置十分不满，认为成逋两次朝贡，"镇戎官吏，岂不识之"？"乃疑其诈，又不能防之以理，致令奔逋，复枭其首，异俗闻之，宁不怨憾！"④ 为挽回不良影响，宋真宗命令严惩镇戎官吏，并厚葬成逋。

咸平六年（1003 年）四月，宋真宗又对成逋之父咩逋族首领泥埋进行册封，"以咩逋族首领锦州团练使泥埋为锦州防御使，充灵州河外五镇巡检使"⑤，以来此缓和与咩逋族的紧张关系。

"其年，原、渭蕃部三十二族纳质来归。"

咸平六年（1003 年），西北吐蕃众部族面临李继迁的威胁日益严重，众多部族不得不转而投靠北宋以换取自己的生存之路，大批吐蕃部族开始归顺北宋政府，最大规模的一次发生在八月，"原、渭等州言：'州界戎人未附者八部二十五族，今悉诣吏纳质'"⑥。

"罗支又遣蕃官吴福圣腊来贡，表言感朝廷恩信，愤继迁倔强，已集

① 《宋史》卷四百九十一《党项传》，第 14144 页。
② （宋）李焘：《续资治通鉴长编》卷五十四，咸平六年正月庚戌。
③ 同上。
④ 同上。
⑤ （宋）李焘：《宋会要辑稿》第一百九十五册，《方域》二一之一八。
⑥ （宋）李焘：《续资治通鉴长编》卷五十五，咸平六年八月辛未。

骑兵六万，乞会王师收复灵州。"

咸平六年（1003 年）二月，面对李继迁咄咄逼人的攻势和诱降，潘罗支派吴福圣腊到北宋上表，详细述说自己与李继迁之间几次战争的胜负情况，"累行攻讨，夺人畜甚众"，并希望北宋给予实质上的支持，"已集兵六万，乞会王师收复灵州，愿改一官，又量给衣甲"①。

"乃以罗支为朔方军节度、灵州西面都巡检使，赐以铠甲器币。"

北宋政府对潘罗支的请求进行廷议，鉴于李继迁在北宋西北地区的威胁日益强烈，北宋政府需要潘罗支对李继迁进行有效牵制从而减小自己西北边防的压力，遂决定对潘罗支进行高规格的封赏，"以潘罗支为朔方节度使充灵州西南都巡检使"②。正如宋真宗自己说的，对潘罗支的册封基本上都是名义上的虚职，只是为牵制李继迁这一个目的而已，"贼迁未平，常虑西胁诸蕃，益烦御备，只如契丹伪封继迁西平王，虽戎狄与命不足比数，然便授之王爵，今来朝廷授潘罗支亦空名耳"③。

"又以吴福圣腊为安远将军，次首领兀佐等七人为怀化将军。"

在赏赐潘罗支的同时，北宋政府对潘罗支的属下进行了一次大规模的封赏，封前来上表的吴福圣腊为安远将军，另外加封"西凉府厮邦族首领兀佐、马家族首领渴东、周家族首领斯郁叱、的流族首领箇罗、赵家族首领阿斯铎嗟斯波、日姜族首领铎论并为怀化郎将"④。

"罗支屡请王师助击贼，议者以西凉去渭州限河路远，不可预约师期。"

咸平六年（1003 年），潘罗支又一次遣使者请求北宋出师与六谷蕃部联合攻击李继迁，宋政府以"西凉府去渭州限河路远，不可预约师期"⑤为借口，最终决定拒绝。

---

① （宋）李焘：《续资治通鉴长编》卷五十四，咸平六年二月己卯。
② （清）徐松辑：《宋会要辑稿》第一百九十五册，《方域》二一之一八。
③ 同上。
④ 同上。
⑤ （宋）李焘：《续资治通鉴长编》卷五十四，咸平六年四月癸辰。

"上曰：'继迁常在地斤三山之东，每来寇边，及官军出，则已遁去。使六谷部族近塞捍御，与官军合势，亦国家之利。'降诏许之。"

遭到北宋拒绝之后，潘罗支再次派多卜垒进贡，提出出兵的请求。宋真宗在权衡之后，决定出兵。"继迁常在地斤三山之东，每来寇边，及官军出，则已遁去。使六谷部族近塞捍御，与官军合势，亦国家之利。苟以为难，必不敢复有陈请，将失其欢心矣。"① 然而，北宋出兵却附带苛刻的条件，"所请会兵，如至乌、白池、盐州以来，即为进师"②，盐州今陕西定边县，从凉州到盐州必须经过李继迁境地，这就意味着宋朝出兵的条件是西凉六谷蕃部荡平党项。由此可见，北宋对出兵并无诚意。

"六月，知渭州曹玮言陇山西延家族首领秃逋等纳马立誓，乞随王师讨贼，以汉法治蕃部，且称其忠。诏授本族军主。"

咸平六年（1003 年）八月，居住于陇山西的延家族首领归顺北宋，延家族早先为河西大族，王安石称其为"河西大族延家"③。北宋政府对秃逋等人的行为表示赞赏，"诏授秃逋本族军主，厚犒设之"④。

"八月，者龙族首领来贡名马，上嘉其尝与潘罗支协力抗贼，令复优待之。"

咸平六年（1003 年）八月，者龙族到北宋进贡。者龙族多次与潘罗支联合抵抗李继迁，因此这次进贡受到北宋政府的大力优待。者龙族亦是吐蕃大族，非常有实力，下有十三部。据汤开建先生考证，者龙族应该"居秦州，地在永宁寨一带"⑤。者龙族此次贡名马，并非其首领亲自前往，而是派遣使者，贡马的数量为十七匹，《宋史·吐蕃传》此处记载

---

① （宋）李焘：《续资治通鉴长编》卷五十四，咸平六年四月癸辰。

② 同上。

③ （宋）王安石：《临川先生文集》卷九十《彰武军节度使侍中曹穆公行状》，上海商务印书馆 1936 年版。

④ （宋）李焘：《续资治通鉴长编》卷五十五，咸平六年六月丁丑。

⑤ 汤开建：《宋金时期安多吐蕃部落及其地域分布》，载《宋金时期安多吐蕃部落史研究》，上海古籍出版社 2007 年版，第 35 页。

有误,"西凉府者龙族都首领遣使贡名马十七匹,帝以其常与潘罗支协办搞贼,命优待之"①。同样的记载还出现在《续资治通鉴长编》中,"西凉府者龙族都首领遣使贡名马……"②

"其年十一月,继迁攻西蕃,遂入西凉府,知州丁惟清陷没。"

咸平六年(1003年)元月,李继迁集中全部兵力,围攻宋朝麟州(今陕西神木县),死亡一万余人,惨败而归。遭受重创的李继迁却没有就此松懈,相反却趁自己新败、六谷蕃部放松警惕之机,于十二月率兵突袭凉州,"攻陷西凉府,遂出其居人,知凉州殿直丁惟清没焉"③。

"罗支伪降,未几,集六谷诸豪及者龙族合击继迁。继迁大败,中流矢遁死。"

李继迁攻陷凉州之后,潘罗支采取伪降的策略骗取了李继迁的信任。关于潘罗支的投降,在李继迁内部亦有过纷争,其下属张浦就向李继迁提出过自己对潘罗支投降的疑问:"兵务慎重,贵审敌情,罗支倔强有年,未挫兵锋,遽尔降顺,诈也。不若乘其诡谋未集,一战擒之,诸蕃自伏,若悬军孤立,主客势殊未见其可。"④李继迁显然被胜利冲昏了头脑,认为"我得凉州,彼势已促,力屈而降,何诈之有。况杀降不祥尔。勿疑,以阻向化之心,且先返西平,我当抚安余党以免后患"⑤。

然而,事情的发展正如张浦所说的那样,潘罗支的实力并没有因为西凉府被攻陷而受到重创,相反,他却暗中聚集自己的力量,"遽集六谷蕃部及者龙族合击之,继迁大败,中流夭,创甚,奔还,至灵州界三十里死"⑥。

---

① (清)徐松辑:《宋会要辑稿》第一百九十五册,《方域》二一之一九。
② (宋)李焘:《续资治通鉴长编》卷五十五,咸平六年八月庚午。
③ 同上书,咸平六年十二月甲子。
④ (清)吴广成:《西夏书事》卷七,上海古籍出版社1996年版。
⑤ 同上书。
⑥ (宋)李焘:《续资治通鉴长编》卷五十六,景德元年正月壬子。

"景德元年二月，遣其甥厮陀完来献捷。"

重创李继迁之后，潘罗支于次年春天，即景德元年（1004年）二月，派其甥厮陀完到北宋献捷并进贡名马，北宋遂"诏奖之"①。

"六月，又遣其兄邦逋支入奏，且欲更率部族及回鹘精兵直抵贺兰山讨除残孽，愿发大军援助。"

景德元年（1004年）三月，潘罗支又一次上书北宋，为自己的属下雅尔藏请赐虎皮翻披，"西蕃之俗，受凡赐者，族人推奉，故有是请"②。此处的翻披即是以虎豹的皮毛为缘边的衣服，这种习俗一方面显示了吐蕃人"衣皮毛"的传统，另一方面体现了吐蕃人"尚虎"的风俗。

这年六月，潘罗支又派遣其兄邦逋支到北宋，欲联合北宋乘李继迁去世的良机一举击溃党项，彻底消除自己的安全隐患，"且欲更率部族及辉和尔精兵，直抵贺兰山讨除残孽，请与王师会灵州"③。

"诏泾原部署陈兴等候罗支已发，即率众鼓行赴石门策应。"

北宋政府看到潘罗支率部成功击退李继迁的战绩之后，对潘罗支开始刮目相看，立即答应邦逋支的出兵请求，"乃诏泾原路部署陈兴等俟罗支报至，即勒所部过天都山策应，勿复奏俟朝命"④。

"邦逋支又言前赐罗支牌印、官告、衣服、器械为贼劫掠，有诏别给罗支；又言修洪元大云寺，诏赐金箔物彩。"

除出兵的要求之外，邦逋支还提出了其他一些请求，如重新赐潘罗支牌印等，北宋政府专门下诏，对邦逋支所提的请求基本照准，其诏书如下：

> 渭州引送卿兄（原文作凡，当为兄之误）邦逋支并教练使杨超到京，览卿等蕃书奏状，言去年十二月二十八日，与李继迁斗敌，

---

① （宋）李焘：《续资治通鉴长编》卷五十六，景德元年二月戊午。
② （清）徐松辑：《宋会要辑稿》第一百九十五册，《方域》二一之一九。
③ （宋）李焘：《续资治通鉴长编》卷五十六，景德元年六月丁丑。
④ 同上。

大段杀下蕃贼，却被贼人劫去牌印、官告、衣服、器械等，再乞颁赐，并望差筑城人给备锸，令使臣到彼，其隔过迁贼处人却投来者，并乞押来，其进奉马价乞支绢等事，并已依奏别降之宣命指挥。卿忠顺朝廷，保庇部族，誓杀凶狂之党，益坚臣子之心，远率种人，同拒贼党，战斗斯久，杀获颇多，每念尔诚，不忘朕意。此外卿所奏，欲取七月共回鹘并六谷（原文为合，当为谷之误）蕃部，宜往贺兰山，排杀贼众，乞大兵来灵州会合，管杀迁贼者。朝廷近知继迁已死，未经殡葬，所以未欲讨除。今卿等既领师徒，远平仇敌，免为后患，甚是良图，所乞会兵，即缘地理稍遥，月日未定，今朝议候卿等才集诸族人马起离西京，即差心腹人走马赍文字，报泾原镇戎部署司，已令至时不候朝旨，率兵前进，直到咸泊、萧关、天都山以来，牵制贼徒，伏截道路。贼界定须两面救应，如此邀击，必可成功。彼中诸事，更切审详，伫静边陲，永保富贵。①

《宋史·吐蕃传》此处又出现混淆时间的错误，文中提到的修复洪元大云寺一事发生在景德元年（1004 年）二月，即前文潘罗支遣其甥厮陀完到北宋献捷时就已提出，《宋史·吐蕃传》将其放在六月潘罗支遣其兄邦逋支进贡之时是把两事混淆。"遣使厮咃完，即潘罗支之甥也。潘罗支又言：'洪元寺坏，乞给工匠及赐金碧绢彩修缮之。'"北宋方面并没有完全答应潘罗支的请求，"诏以尚方工匠难以远去，余从其请"②。

"先是，继迁种落迷般嘱及日逋吉罗丹二族亡归者龙族，而欲阴图罗支。"

李继迁被潘罗支杀害之后，其子李德明继位。李德明对形势进行了正确的分析，他看到如果北宋和六谷蕃部继续联合对自己将非常不利，于是他采取缓兵的计策，千方百计离间北宋和六谷蕃部之间的关系，拆散两者之间的联盟。上任伊始，李德明即遣使者与宋求和，并一再声称

---

① （宋）佚名：《宋大诏令集》卷二百四十《政事第九十三》。
② （清）徐松辑：《宋会要辑稿》第一百九十五册，《方域》二一之一九。

"父有遗命"①，遵循其父继迁遗嘱，"尔当倾心内属，一表不听则再请，虽累百表，不得请，勿止也"②。李继迁的主动求和让一贯软弱的北宋统治者喜出望外，不但册封他为定难军节度使、西平王，而且竟然以战败国的姿态，赠送"银万两，绢万匹，钱三万贯，茶二万斤"③。除此之外，北宋政府还一再下令六谷蕃部和甘州回鹘不得擅自出击。

北宋政府的软弱使李德明的缓兵之计大获成功，为自己赢得了宝贵的喘息时间和准备时间，又一次把矛头对准了六谷蕃部。李德明吸取了其父李继迁失败的教训，并没有贸然进攻，而是通过离间潘罗支和其他部族的关系，从而达到不战而胜的目的。李德明采取的第一个策略即是派自己的部族迷般嘱和日逋吉罗丹诈降，打入潘罗支内部的重要部族者龙族中，"继迁种落迷般嘱及日逋吉罗丹二族去归者龙族，而欲阴图罗支"④。

"是月，会迁党攻者龙，罗支率百余骑急赴，将议合击，遂为二族戕于帐。诏赠罗支武威郡王，遣使赠恤其家。者龙凡十三族，而六族附迷般嘱及日逋吉罗丹。"

李德明把迷般嘱和日逋吉罗丹两部成功安插进者龙族之后，又在者龙族中做了大量的分化瓦解的工作，使者龙族十三部中的六族成为李德明的内应。策反成功之后，李德明率部佯装大举进攻者龙族，潘罗支不明底细，"罗支率随身百骑赴之，议并兵攻讨继迁，而族帐养迷般嘱与日逋吉罗丹者先自继迁所亡归，者龙族因率其属杀罗支于其帐"⑤。

潘罗支被杀之后，景德元年（1004 年）十月，北宋政府下诏进行表彰并追授他为武威郡王，其诏书的全文如下：

　　将帅守方，忠贤尽瘁，属其殂谢，必有追荣，故西凉府六谷都大首领朔方军节度、灵州管内观察处置营田押蕃落等使、灵州西面

① 《宋史》卷四八五《夏国传》上，第 13989 页。
② （清）吴广成：《西夏书事》卷八。
③ 《宋史》卷四八五《夏国传》上，第 13989 页。
④ （宋）李焘：《续资治通鉴长编》卷五十六，景德元年六月丁丑。
⑤ （清）徐松辑：《宋会要辑稿》第一百九十五册，《方域》二一之二〇。

缘边都大巡检使潘罗支，生于西陲，蔚有异禀，率其种族，扞我边防，效鞮译以贡珍，实坚诚款，裂藩垣而胙土，颇极恩徽，遽此沦之，实增悯悍，宜加异数，用奖忠魂，可追封武威郡王。①

"西凉府既闻罗支遇害，乃率宄谷、兰州、宗哥、觅诺诸族攻者龙六族，六族悉窜山谷中，诏使者安集之。"

西凉府六谷蕃部在听闻潘罗支被害的消息之后，潘罗支弟厮铎督率部迅速出击，平息内乱，稳定局势，"既闻罗支遇害，乃率宄谷、兰州、宗哥、觅诺族攻者龙六族，六族悉窜山谷"②。

"六谷诸豪乃议立罗支弟厮铎督为首领。且言铎督刚决平恕，每会戎首，设觞豆饮食必先卑者，犯令虽至亲不贷，数更战讨，威名甚著。"

潘罗支被害之后，厮铎督的果断挽救了六谷蕃部。景德元年（1004年）六月，厮铎督被推举为西凉六谷蕃部的首领，"西凉诸胡立其弟厮铎督"③。厮铎督被推举为六谷蕃部首领或许亦是各方平衡的一个结果，因为厮铎督本身也是者龙族的首领，"者龙蕃部首领厮铎督来贡马"④。厮铎督还与者龙族其他首领和党宗族首领有着外姻的关系。"是月，诏以者龙族和合穷波、党宗族业罗等为本族首领、检校太子宾客，皆厮铎督之外姻也。"⑤ 除此之外，厮铎督被推举为首领还与他的个性和其出众的个人能力有很重要的关系，即"厮铎督刚决平恕，每会酋豪，设觞豆饮食，必先卑者，犯令虽至亲不贷。凡再率众攻继迁，部族虏获甚众，颇有威名，为一境所伏"⑥。

"诏授铎督盐州防御使、灵州西面沿边都大巡检使。上以迁党未平，

---

① （宋）佚名：《宋大诏令集》卷二百四十《政事九十三》。

② （宋）李焘：《续资治通鉴长编》卷五十六，景德元年六月丁丑。

③ （宋）李埴：《皇宋十朝纲要》卷三，载赵铁寒主编《宋史资料萃编》第一辑，台北文海出版社1980年版。

④ （清）徐松辑：《宋会要辑稿》第一百九十九册，《蕃夷》七之二三。

⑤ （宋）李焘：《续资治通鉴长编》卷六十二，景德二年正月癸酉。

⑥ （清）徐松辑：《宋会要辑稿》第一百九十五册，《方域》二一之二○。

藉其腹背攻制，遂加厮铎督朔方军节度、押蕃落等使、西凉府六谷大首领。"

景德元年十月，北宋政府正式承认厮铎督的西凉六谷蕃部首领的既成事实并对厮铎督进行册封，其诏书全文如下：

> 河湟右地，朔汉奥区，襟带华裔，藩捍王国，眷怀邦杰，以续旧勋，厮铎督、唯尔之兄，素倾诚□，保封疆而不耸，奉正朔以惟寅，式遏外虞，勤宣乃力，固已锡之车服，宠以麾幢，俾翰塞垣，式康部落，遽兹徂谢，弥用衋伤，唯尔棣尊联华，金行禀气，善膺顾托，颇震威名，宜陟师坛，嗣专方伯，侯氏之职，尽以授之，期著茂勋，光于旧服，长抚西夏，为吾信臣，可金紫光禄大夫、检校太筵、灵州刺史、充朔方军节度、灵州管内观察处置营田押蕃落等使、兼灵州西面缘边都大巡检校使、西凉府六谷都大首领、封西平郡开国侯、食邑一千户、□□□命，用伸眷倚。①

"泾原路言陇山县王、狸、延三族归顺。"

景德元年十月二十三日，"陇山县王、狸、延三族归顺"②。此次归顺的王家族、狸家族和延家族均为渭州蕃部，均居于陇山西。王家族在多种文献中被称为"大王家族"③。王家族的居地在"由章川堡向东北越过六盘山到仪州（今甘肃华亭县）所属的制胜关一带"④。狸家族同为渭州蕃部。延家族同样居于此地。

"又渭州言宪谷懒家族首领尊毡磨壁余龙及便嘱等献名马，愿率所部助讨不附者；又言西凉市马道出本族，自今保无他虞。诏赐马直，以便嘱等为郎将。"

懒家族和诸路族均为兰州地区吐蕃部族，居地为兰州东南的宪谷地区，懒家族首领为尊，即《宋史·吐蕃传》此年所提及的尊毡磨壁，诸

---

① （宋）佚名：《宋大诏令集》卷二百四十《政事》。
② （清）徐松辑：《宋会要辑稿》第一百九十五册，《方域》二一之二一。
③ 如《长编纪事本末》卷四六作"生户大王家族"。
④ 刘建丽：《宋代西北吐蕃研究》，甘肃文化出版社1998年版，第75页。

路族首领为便嘱，"焦赞上言：昨离渭州至尭谷懒家族，问得都首领尊及诸路族首领便嘱等"①。

"石、陇州又言河西诸蕃四十五族内附。"

此处记载在其他文献中并没有相关的史料佐证，所提及的河西诸蕃四十五族亦无相关的具体名称。

"其年，迁党寇永宁，为药令族合苏击败之，斩首百余级。"

景德元年（1004 年）八月，李德明率部进攻秦州永宁寨，"李继迁蕃部寇永宁寨，为药令族合苏击败之，斩首百余级"②。此处所提及的药令族其居地即为秦州永宁。

"镇戎军上言，先叛去蕃官茄罗、兀赃、成王等三族及移军主率属归顺，请献马赎罪，特诏宥之。"

景德元年（1004 年）九月，镇戎军向宋政府报告，三位叛逃的蕃官茄罗、兀赃、成王及睹移军主重新归顺，并声称要"请献马赎罪"，宋政府对其采取了既往不咎的政策，"特诏宥之，给其马直"③。此处所提及的茄罗、兀赃、成王三位首领均为熟鬼族首领，"镇戎军言：先叛去熟魏（鬼）族酋长茄罗、兀赃、成王等应诏抚谕"④。熟鬼族的居地即为镇戎军，《西夏书事》称熟鬼族为"夏州大族"⑤，因此熟鬼族可能为党项部落。

"二年，厮铎督遣其甥呵昔来贡，仍上与赵德明战斗功状；又言蕃帐周斯那支有智勇，久参谋议，请授以六谷都巡检使。上嘉奖，从其请，仍赐茶彩。"

景德二年（1005 年）二月，厮铎督派遣其外甥呵昔与凉州教练使贾

① （清）徐松辑：《宋会要辑稿》第一百九十五册，《方域》二一之二一。
② （宋）李焘：《续资治通鉴长编》卷五十七，景德元年八月乙亥。此处的记载明显有误，李继迁此时已被潘罗支所杀，党项族首领已由其子李德明继任。
③ （宋）李焘：《续资治通鉴长编》卷五十七，景德元年九月丁亥。
④ 《宋史》卷四百九十一《党项传》，第 14140 页。
⑤ （清）吴广成：《西夏书事》卷八。

人义向北宋进贡马匹，并陈述六谷蕃部与党项的战事，同时上书为其部族首领周斯那支请封为六谷都巡检使，"那支有智勇，戎人畏之，厮铎督言其入参谋，乞授此职"①。北宋政府对这些请求一律照准，充分显示了对六谷蕃部的重视。

"又追录潘罗支子失吉为归德将军，厚赐器币；者龙七族首领有捍寇之劳，并月给千钱。"

景德二年（1005年）三月二十五日，北宋政府又下诏对潘罗支之子及在抵抗西夏进攻中立下战功的者龙七族进行表彰，"以潘罗支子潘失吉为归德将军，仍赐银彩。者龙七族悉补其首领，月给千钱"②。同月，厮铎督又进贡马匹，并提出要修建洪元佛寺，"求易金彩，修洪元佛寺"③。北宋政府对厮铎督的请求"如所求赐之，还其马直"④。可以看出，北宋政府为拉拢六谷蕃部，对厮铎督几乎是有求必应。

"旧制，弓矢兵器不入外夷。时西凉样丹族上表求市弓矢，上以样丹宣力西陲，委以捍蔽，特令渭州给赐。因别赐厮铎督，以重恩意。"

厮铎督继承六谷蕃部首领之位后，首先面对的就是党项的军事压力，要扩充自己的军事实力，就需要向宋朝求购弓矢等武器。按照北宋旧制"弓矢兵器不入外夷"⑤，所以隶属于西凉府治下的样丹族在向北宋提出这一要求时，北宋政府以样丹族"宣力西陲，委之捍蔽"⑥，破例让渭州（今甘肃平凉市）给赐，以示对厮铎督的优宠。北宋的扶持亦让厮铎督非常感动，他以自己的实际行动回报宋王朝的恩宠，不但与西夏抗争，减缓北宋的西北压力，而且每年都要向北宋进贡马匹，甚至还派其首领千里迢迢入朝汴京，以表示自己的赤胆忠心。

---

① （清）徐松辑：《宋会要辑稿》第一百九十五册，《方域》二一之二一。
② 同上。
③ 同上。
④ （宋）李焘：《续资治通鉴长编》卷五十九，景德二年三月壬申。
⑤ 同上。
⑥ 同上。

"三年，又以者龙族合穷波、党宗族业罗等为本族首领、检校太子宾客，皆铎督外姻也。"

景德三年（1006年），北宋政府对西凉府厮铎督属下部落首领又进行了一次大规模的封赏，"诏以西凉者龙族舍穷波等七人、渭州党宗族业罗并为检校太子宾客、本族首领，又以厮铎督弟秃儿筵厮哥为安化郎将"①。

"铎督遣安化郎将路黎奴来贡。黎奴病于馆，特遣尚医视疗。及卒，上怜之，厚加赙给。"

景德三年五月，厮铎督派遣属下安化郎将路黎奴进贡，不幸的是路黎奴病在开封，北宋政府对路黎奴进行了精心的治疗与照顾，在路黎奴去世之后，北宋皇帝"怜之，厚加赙给"②。

"五月，铎督又言部落疾疫。诏赐白龙脑、犀角、硫黄、安息香、白紫石英等药，凡七十六种。使者感悦而去。"

景德三年五月，由于西凉地区发生疾疫，厮铎督又遣使者到北宋朝廷请求赐药品及兵器，"蕃部多疾，乞赐白龙脑、犀角、硫黄、安息香、白紫石英等药，并求弓矢"③。北宋政府对厮铎督的请求一律照准，"皆可之，药同而名异者，令驿人辨说给付，使者感悦而去"④。

"又制加铎督检校太傅，其族帐李波逋等四十九人为检校太子宾客，充本族首领。"

景德三年五月，北宋政府对厮铎督及其属下族帐首领再一次进行大面积封赏，册封的人数达到五十人，"厮铎督检校太傅，又以厮铎督蕃部马威山渴龙、刑家、纳迷水马波、乞当、龛谷懒家、小龛谷章家、心山王家、者龙诸族及李波逋等四十九人并为检校太子宾客兼御史充本族首领并郎将"⑤。

---

① （清）徐松辑：《宋会要辑稿》第一百九十五册，《方域》二一之二一。
② 同上。
③ （宋）李焘：《续资治通鉴长编》卷六十三，景德三年五月癸亥。
④ 同上。
⑤ （清）徐松辑：《宋会要辑稿》第一百九十五册，《方域》二一之二二。

"铎督遣所部波机进卖马，因言积官奉半岁，乞就京给赐市所须物，从之。"

六月，厮铎督又一次向北宋进贡马匹，并声称一些官职半年没有发放俸禄，希望北宋政府从京城赐所需物品充抵俸禄，"厮铎督遣蕃部波机进马，因上言：各官俸半年未请，乞就京给赐市所须物。"① 北宋政府仍然是完全照准。

"渭州言妙娥、延家、熟嵬等族率三千余帐、万七千余口及羊马数万款塞内附。诏遣使抚劳之，赐以袍带茶彩，仍以折平族首领撒逋渴为顺州刺史，充本族都军主。"

景德三年四月，"夏州妙娥、熟嵬数大族见德明孤弱，以蕃书移镇戎军，请拔帐自归"②。率部归附北宋，北宋政府对归附的吐蕃部族进行优抚，并授折平族首领撒逋渴为顺州刺史，充本族都军主。

这些部族的归附其实并非一帆风顺，北宋朝廷上下进行了激烈的争论，大部分的边将持犹豫的态度，不敢接纳，曹玮最后力排众议，他说："德明野心，今不折其羽翼而长养之，其飞必矣。"③ 曹玮亲自率部出石门，到达天都山去迎接归附的部族。北宋政府对曹玮的处置方式进行了表彰，"都钤辖秦翰疏论玮功，有诏嘉奖"④。

此次归附的妙娥族应当居住于妙娥山附近，"三川寨……西控妙娥山"⑤，三川寨在镇戎军境，因此妙娥族应居镇戎军。而《西夏书事》称其为夏州大族，因此妙娥族可能为党项部落。

"是年，宗家、当宗、章迷族来贡，移逋、攃父族归附。"

景德三年五月，西凉府又有十族进贡，"西凉府龛谷懒家、宗家、者

---

① （清）徐松辑：《宋会要辑稿》第一百九十五册，《方域》二一之二二。

② （清）吴广成：《西夏书事》卷八。关于这些部族归附的时间，各种史籍记载并不一致，《十朝纲要》卷三作"三月"，《稽古录》卷十八作"四月"，《续资治通鉴长编》作"五月"。

③ （宋）李焘：《续资治通鉴长编》卷六十三，景德三年五月己巳。

④ 同上。

⑤ （宋）曾公亮：《武经总要前集》卷十八，台湾影印文渊阁四库全书本。

龙、当宗、章迷等十族朝见进马，犒以酒食，赐与有差"①。

景德三年九月，"知镇戎军曹玮言：伊普、才迷三族首领率其属来归，欲发兵应接"②。此处所记载的伊普、才迷三族可能即为《宋史·吐蕃传》此处所提及的移逋、撩父族的异译。对移逋、撩父族的归附北宋政府并没有同意曹玮出兵接应的请求，而是"诏玮等如旧系熟户，则依例安置，自余勿为发兵"③。

"九月，诏释西面纳质戎人。先是，诸蕃有钞劫为恶尝经和断者，恐异时复叛，故收其子弟为质，乃有禁锢终身者。上悯而纵之，族帐感恩，皆稽颡自誓不为边患。"

《宋史·吐蕃传》此处记载的是长期以来被学术界所忽略的北宋治理西北边疆的一项重要策略：质子制度。北宋立国之初，为了便于控制松散而又叛服不定的西北吐蕃部落，采取向吐蕃酋豪征收质子的政策。

北宋最早向西北吐蕃征质始于乾德初年（963 年），是由刘熙古首创，"乾德初，迁刑部侍郎、知凤翔府。未几，移秦州。州境所接多寇患，熙古至，谕以朝廷恩信，取蕃部酋豪子弟为质，边鄙以宁"④。此后，这项政策得到了广泛推广，北宋不断向蕃部征质，几乎所有降附的蕃部均需向北宋纳质，"降者纳质厚赏，各令安土"⑤。

随着降附吐蕃部族的增多，居留于北宋境内的质子数量剧增，如咸平六年（1003 年）八月，"原、渭等州言：州界戎人未附者八部二十五族，今悉诣吏纳质"⑥，八部二十五族均纳质，质子数量是相当可观的。质子数量的增多不可避免地牵扯到质子的管理问题，北宋政府对质子的管理并没有形成一套完整的制度，甚至是非常混乱，这种混乱就导致两种后果，一是质子数量不断增加，二是质子长期滞留。一些质子在宋境长达三十余年，甚至如此处记载的终身禁锢，如马知节知秦州时，他察

① （清）徐松辑：《宋会要辑稿》第一百九十五册，《方域》二一之二一。
② （宋）李焘：《续资治通鉴长编》卷六十四，景德三年九月庚戌。
③ 同上。
④ 《宋史》卷二百六十三《刘熙古传》，第 9100 页。
⑤ （宋）李焘：《续资治通鉴长编》卷一百四十九，庆历四年五月壬戌朔。
⑥ （宋）李焘：《续资治通鉴长编》卷五十五，咸平六年八月辛未。

觉到"诸羌质子有三十年不释者"①。马知节对这些长期滞留的质子全部释放，"公悉归之，诸羌德公，讫去无一人犯塞"②。景德三年九月《宋史·吐蕃传》所记载的这次又是一次大规模的释放。

北宋释放质子并非没有原则可循，对一些影响大、态度比较顽固的望族首领便长期禁锢，决不释放。如景德四年（1007年）十二月，"镇戎军纳质院先有奸猾蕃部以族属为质者，准诏并释之。有伊特古者，族望最大，凶狠多谋，纵之非便，令部送赴阙，兼令亲属同行，俾无疑虑，请配隶远处军籍。诏赐装钱二万，以隶温州，仍给月廪。其亲属许还镇戎，受田与粮，不令同往"③。可以看出，对北宋的纳质政策，吐蕃诸部并非赞同，有些部落即以"族属"冒充纳质，对北宋来说这自然起不到牵制吐蕃诸部的意义，因此才将他们全部释放。不过，伊特古却因其族望大不在释放之列。

为安置吐蕃质子，北宋在缘边各州兴建"纳质院"，如前文所提及的镇戎军的纳质院应该是所建的较早的纳质院。到天禧元年（1017年）十二月，北宋开始大规模地修建纳质院，"近役兵夫缮葺诸寨及增掘县城壕凡百三十七万三千三百六十九，功毕。七月，令府州置纳质院"④。应该清楚，北宋建纳质院并非各地普遍修建，而是于府州一地，"令府州置纳质院"⑤。

北宋的纳质院后来逐渐发展成为一个小型的居住区，有自己的房舍，有市场，还有往来不断的商人，并且似乎居于其中的质子并没有失去人身自由，在《续资治通鉴长编》中记载兰州纳质院的情况：

> 近言者称兰州诸族蕃官以骨肉为质户处之城中，自属汉后，颇安其业，请留质院，如愿归族下者，亦听从便。时种谊相度，若各令归族下，缘与贼隔河，每岁冰合，复遣入城，徒恐疑惑，乞增展

---

① （宋）王安石：《马正惠公知节神道碑》，杜大珪《名臣碑传琬琰集》上卷十九，载赵铁寒主编《宋史资料萃编》第二辑，台北文海出版社1969年版。

② 同上。

③ （宋）李焘：《续资治通鉴长编》卷六十七，景德四年十二月丙申。

④ （清）徐松辑：《宋会要辑稿》第一百八十五册，《兵》二七之一九。

⑤ （宋）李焘：《续资治通鉴长编》卷七十，天禧元年七月乙巳。

纳院，且令依旧。并得首领准觉斯等状，质院各有自置舍屋，日有蕃客安泊，资以自赡，愿且于质院居住。范育相度，欲依准觉斯等所乞。又所修蕃市工料浩大，昨虑夏国疑惑，候边事宁息修展。勘会正当今来边事，所修蕃市，宜俟宁息。①

"四年，边臣言赵德明谋劫西凉，袭回鹘。上以六谷、甘州久推忠顺，思抚宁之，乃遣使谕厮铎督令援结回鹘为备，并赐铎督茶药、袭衣、金带及部落物有差。铎督奉表谢"。

六谷蕃部与北宋王朝的友好交往并不能遏制党项吞并西凉地区的野心，实际上继承父业的李德明时刻不忘为父报仇，"继迁因攻西凉为其所毙，今德明意将阴绝六谷，使不得预缘边属户，朝廷若不绥抚，则德明足以复仇"②。景德四年（1007 年）九月，北宋得知德明即将进攻西凉地区和袭击回鹘的计划，遂采取了紧急措施，"乃遣使谕厮铎督，令结回鹘为援，并赐厮铎督茶药、袭衣、金带及部落物有差，厮铎督奉表谢"③。

大中祥符元年（1008 年）三月，党项出兵进攻西凉六谷蕃部，六谷蕃部由于事先得到了北宋政府的情报，提前做好了战斗准备，"至西凉，见六谷兵盛，不敢攻"④，遂绕路转攻回鹘，然而回鹘亦同样得到了北宋的情报做好了迎战准备，"回鹘设伏要路，示弱不与斗，俟其过，奋起击之，剿戮殆尽"⑤。这样，党项此次先取西凉、后取甘州的计划即以党项部队的全军覆灭而结束。

"大中祥符元年十一月，宗哥族大首领温逋等来贡。"

宗哥族以居住于宗哥河（湟水）沿岸而得名，最早是六谷蕃部统辖之下一个势力集团。宗哥族一名在文献中最早出现是在景德元年（1004 年），"西凉府既闻罗支遇害，乃率龛谷、兰州、宗哥、觅诺诸族攻者龙

---

① （宋）李焘：《续资治通鉴长编》卷四百七十四，元祐七年六月庚午。
② （宋）李焘：《续资治通鉴长编》卷六十五，景德四年三月癸丑。
③ （宋）李焘：《续资治通鉴长编》卷六十六，景德四年九月丁亥。
④ （清）吴广成：《西夏书事》卷九。
⑤ （宋）李焘：《续资治通鉴长编》卷六十八，大中祥符元年三月戊辰。

六族，六族悉窜山谷中，诏使者安集之"①。此后几年，与凉州六谷蕃部的发展正好相反，凉州六谷蕃部由于受到西夏的打击实力日渐衰落，宗哥族则愈挫愈强。到景德三年之时，宗哥族已经成为凉州蕃部治下一个非常有实力的部族之一，并开始联名上贡，"西凉府氪谷懒家、宗家（当为宗哥家）、者龙、当宗、章迷等十族朝见进马，犒以酒食，赐与有差"②。到大中祥符元年（1008 年），宗哥族势力进一步强大，开始单独进贡，"宗哥族大首领温逋等遣使入贡"③。能够单独朝贡，并公开昭示出其首领之名"温布"，这就意味着宗哥族之势力已经强大到宋朝不能忽视的地步，这为以后新政权的建立准备了充分的条件。到大中祥符八年（1015 年）之时，曾经势力很大的西凉六谷蕃部已经成为宗哥族的一部分，"西凉府（宗）哥蕃部厮铎督来贡马十二匹，其侄又献马三匹"④。

宗哥族之所以发展如此之迅速，其原因是多方面的。对这些原因，日本学者岩崎力分析得比较透彻，归结起来主要有以下几点：

首先是经济方面的原因。宗哥族充分利用西夏占领河西走廊之后的有利条件，开拓了一条新的进贡之路，即宗哥路，从此便与回鹘建立了密切的联系。由于这条朝贡之路的开辟，使得宗哥族在贸易业方面获得了巨大的中间利润，由此增强了自己的经济实力。

其次是政治方面的原因。宗哥族之所以能够取代六谷蕃部政权而成为新的政治力量，其主要原因就是迎请了具有赞普血统的唃厮啰来作为自己的旗帜。⑤

"三年，西凉府觅诺族瘴疫，赐首领温逋等药。"

大中祥符三年（1010 年），西凉府觅诺族首领向北宋请求赐药，北宋政府应允："赐觅诺族首领温逋药，以所部瘴疫，从其请也。"⑥ 觅诺族的

---

① （清）徐松辑：《宋会要辑稿》第一百九十五册，《方域》二一之二〇。

② 同上书，《方域》二一之二一。

③ （宋）李焘：《续资治通鉴长编》卷七十，大中祥符元年十一月壬申。

④ （清）徐松辑：《宋会要辑稿》第一百九十五册，《方域》二一之二三。

⑤ ［日］岩崎力著，李大龙译，古清尧校：《西凉府政权的灭亡与宗哥族的发展》，《西北史地》1991 年第 2 期。

⑥ （清）徐松辑：《宋会要辑稿》第一百九十五册，《方域》二一之二三。

居地可能亦在湟水流域一带，从其首领亦为宗哥首领温逋来看，觅诺族已经成为宗哥族的部落，宗哥族的势力进一步增强。

"四年，厮铎督遣增蔺毡单来贡，赐紫方袍。"

大中祥符年间，厮铎督频繁进贡，见于历史记载的有：

大中祥符元年（1008 年）：六月，西凉府僧人法满进贡，北宋"赐西凉府进奉僧法满紫方袍"。同年十二月二十三日，"厮铎督遣蕃部厮铎奴等贡马"①。

大中祥符二年（1009 年）：二月，"西凉府六谷都首领厮铎督遣使来贡"②。十一月，"（厮铎督）又遣使贡马五匹"③。

大中祥符三年（1010 年）：十月，"厮铎督及潘罗支男失吉又遣使贡马"④。

大中祥符四年（1011 年）：三月，厮铎督派潘毒石鸡进贡。十月，"厮铎督遣僧兰毡单来贡，赐紫方袍"⑤。

"五年，又遣其子来贡。"

大中祥符四年十一月，北宋对厮铎督之子进行册封，"以厮铎督子为怀化郎将"⑥。为表示对北宋的谢意，第二年，"厮铎督遣其子来贡马及求赐药物"⑦。

"其年，者龙族都首领舍钦波遣使诣阙献马，求赐印。诏从其请，仍优赏之。"

大中祥符五年（1012 年），者龙族首领舍钦波进贡，并求赐印，北宋政府答应了舍钦波的请求，"赐西蕃者龙族都首领捨钦波印一纽。者龙族

---

① （清）徐松辑：《宋会要辑稿》第一百九十五册，《方域》二一之二三。
② （宋）李焘：《续资治通鉴长编》卷七十一，大中祥符二年戊辰。
③ （清）徐松辑：《宋会要辑稿》第一百九十五册，《方域》二一之二三。
④ 同上。
⑤ 同上。
⑥ 同上。
⑦ 同上。

帐甚大，入归诚向化，故从其请"①。舍钦波此后又多次进贡，如天圣四年（1026 年）正月，"者龙族首领厮铎督、捨钦波遣蕃部厮铎完于贡马，赐衣服、银带遣之"②。

"七年，知秦州张佶置大落门新砦。"

大中祥符七年（1014 年），知秦州张佶先斩后奏，在大洛门设置两个水寨，北宋政府对张佶先斩后奏的行为并没有责怪，而是令张佶把新寨绘图献于朝廷。这年十二月，"张佶上大洛门新寨图"③。

"先是，佶欲近渭置采木场，蕃族闻之，即徙帐去。佶不能遂抚之，戎人辄悔，因乡导钞劫，佶深入掩击，悉败走。至是求和，佶不许。"

北宋初年，西北吐蕃属地林木苍劲，拥有大片原始森林，特别是秦州地区更是著名的林区，自陇山起至巩州定西城的道路，为"山林所阻"④，而"熙河山林久在羌中，养成巨材，最为浩翰"⑤。自宋朝初年开始，北宋对吐蕃地区的森林资源就觊觎已久。北宋建隆三年（962 年），北宋在秦州地区"置采造务，辟地数百里，筑堡据要害，戍卒三百人……岁获大木万本，以给京师"⑥。北宋对这一地区的采伐引起当地吐蕃部族的不满，尚巴约率众抵抗，最后迫使北宋撤换秦州知州高防而结束。大中祥符三年（1010 年）之前，杨怀忠曾经在秦州破他岭设置采木务，后因运输不便废废。到马知节知秦州时，"按视得蕃界大小落门皆巨材所产，已于逐处及缘路置军士憩泊营宇"⑦，重新开始在秦州伐木。由于北宋初年采伐曾经引起吐蕃部族的反抗，北宋要求"取路采木，所经族帐，赍以缯帛"⑧。大中祥符五年（1012 年），北宋政府又在"秦州小

---

①（清）徐松辑：《宋会要辑稿》第一百九十八册，《蕃夷》五之一七。

②（清）徐松辑：《宋会要辑稿》第一百九十五册，《方域》二一之二三。

③（宋）李焘：《续资治通鉴长编》卷八十三，大中祥符七年十二月甲戌。

④（宋）李焘：《续资治通鉴长编》卷四百六十六，元祐六年九月壬辰。

⑤（宋）李焘：《续资治通鉴长编》卷三百一十，元丰三年十二月乙酉。

⑥（宋）李焘：《续资治通鉴长编》卷三，建隆三年六月辛卯。

⑦（宋）李焘：《续资治通鉴长编》卷七十三，大中祥符三年四月丙寅。

⑧（宋）李焘：《续资治通鉴长编》卷七十一，大中祥符二年四月辛丑。

洛门置寨采木"①，这年八月，赐"秦州小洛门采造务兵匠缗钱"②。大中
祥符七年（1014 年）十二月，张佶又计划在渭水边置采木场，这一举动
引起当地部族的不满，张佶遂采取强硬措施，对当地部族"深入掩击，
败走之"③。不仅如此，面对当地吐蕃部族的求和请求，张佶严词拒绝，
态度非常强硬。

"三月，秦州曹玮言熟户郭厮敦、赏样丹皆大族，样丹辄作文法谋
叛，厮敦密以告，约半月杀之，至是，果携样丹首来。"

此处所记载之三月并非承接前后的大中祥符七年（1014 年）三月，
而是大中祥符九年（1016 年）三月。

郭厮敦族和赏样丹族均为陕西缘力吐蕃部族，赏样丹为后来河湟吐
蕃政权赞普唃厮啰之舅，早先可能居住于西凉地区，景德二年之时"西
凉蕃部样丹求市弓矢"④，后来赏样丹部迁居于秦州地区。

大中祥符九年（1016 年）唃厮啰遣使与郭厮敦部密约立文法于哩
旺族，联合起兵反宋。这一情报被曹玮侦知之后，曹玮遂采取分而治之
的策略，"阴结厮敦，解宝带予之"。厮敦对曹玮非常感激，遂决意投
靠北宋，于是曹玮令郭厮敦杀赏样丹以表忠心，"后十余日，果断其首
来"⑤。

"上以厮敦阴害样丹，不欲明加恩奖，以疑惧诸族。"

曹玮兵不血刃化解了一场可能发生的蕃部的反叛，郭厮敦居功至伟。
曹玮上书北宋为其请功，北宋政府对曹玮提出嘉奖，但是在如何嘉奖郭
厮敦的问题上却犹豫不决，"欲显赏厮敦，又虑唃厮啰以玮潜遣人害其亲
族为言，或致纷扰，赐玮诏令详度之"⑥。

---

① （宋）李焘：《续资治通鉴长编》卷七十七，大中祥符五年正月甲寅。
② （宋）李焘：《续资治通鉴长编》卷七十八，大中祥符五年八月甲辰。
③ 《宋史》卷三百八《张佶传》，第 10151 页。
④ （清）徐松辑：《宋会要辑稿》第一百九十五册，《方域》二一之二一。
⑤ 《宋史》卷二百五十八《曹玮传》，第 8986 页。
⑥ （宋）李焘：《续资治通鉴长编》卷八十六，大中祥符九年三月乙巳。

"时方议筑南使城，遂以厮敦献地为名，诏授顺州刺史。"

曹玮在接到北宋政府的命令之时，正打算修筑南市城，遂以郭厮敦献地有功而不是以诛赏样丹的名义向北宋政府提出嘉奖，"奏厮敦献地宜赏，乃授厮敦顺州刺史"①。

"先是，张佶深入蕃境，边事数扰。"

张佶知秦州之后对秦州沿边吐蕃部族采取强硬政策，上任之初，张佶即"置四门寨，开拓疆境，边部颇怨"②。此后，张佶又在渭水附近置采木场与蕃部争利，在遭到吐蕃诸部强烈反抗之后，张佶强力镇压，从而使秦州沿边局势非常紧张。在这种情况之下，北宋"始务宁边，以佶轻信易事，徙邠宁路钤辖"③。

"及玮破鱼角蝉，戮赏样丹二酋，由是前拒王师者伏匿避罪，玮诱召之，许纳罚首过。既而至者数千人，凡纳马六十匹，给以匹彩。"

鱼角蝉部，又作裕木扎卜沁部，居地为古渭州通麻城（通莽城），于天禧二年（1018 年）四月被曹玮击破，"蕃僧鱼角蝉先于故渭州吹莽城聚众立文法，今悉已破散"④。

曹玮为宋初名将，在西北吐蕃地区非常有影响，唃厮啰每闻曹玮之名"即望玮所在，东向合手加额"⑤。曹玮初到秦州地区之时，由于张佶在秦州地区所推行的强硬政策，西北吐蕃均对北宋持有敌意，"张佶知秦州，置四门寨，侵夺羌地，羌人多叛去，畏得罪不敢出"⑥。曹玮采取软硬两种策略：一方面是严惩与北宋坚决对抗的鱼角蝉部，破散其文法，设计杀害赏样丹；另一方面，曹玮又采取诱降的策略，"曹玮招出之，令入马赎罪，还故地者数千人，每送马六十匹，给彩一端"⑦。

---

① （宋）李焘：《续资治通鉴长编》卷八十六，大中祥符九年三月乙巳。
② 《宋史》卷三百八《张佶传》，第 10151 页。
③ 同上书，第 10151 页。
④ （宋）李焘：《续资治通鉴长编》卷九十一，天禧二年四月己卯。
⑤ 《宋史》卷二百五十八《曹玮传》，第 8988 页。
⑥ 同上书，第 8986 页。
⑦ （宋）李焘：《续资治通鉴长编》卷八十八，大中祥符九年九月丁未。

"或以少为诉者，玮叱之曰：'是赎罪物，汝辈敢希利耶！'戎族闻之，皆畏服"。

曹玮以彩一端①换马六十匹的做法引起一些吐蕃部族的不满，认为曹玮给的太少，曹玮对吐蕃部族的讨价还价进行了严厉的训斥，"听尔赎罪，尚希利耶"②。

"八月，曹玮言伏羌砦厮鸡波与宗哥族李磨论聚为文法，领兵趣之，悉溃散，夷其城帐。"

除此之外，曹玮在秦州缘边地区大修堡寨，"筑弓门、冶坊、床穰、静戎、三阳、定西、伏羌、永宁、小洛门、威远十寨，浚壕三百八十里，皆役属羌厢兵，工费不出民"③。曹玮的做法并无益于吐蕃诸部的归顺，从而诱发了一轮又一轮吐蕃部族的反抗。大中祥符九年（1016 年）八月，伏羌寨厮鸡波部和宗哥族李磨部率先反抗，"私立文法，臣（指曹玮）领兵趋之，悉皆溃散，夷其城帐讫"④。私立文法，实际上就是重新建立一个政权，这自然令曹玮不满。

"九月，玮又言宗哥唃厮啰、羌族马波叱腊鱼角蝉等率马衔山、兰州、夔谷、毡毛山、洮河、河州羌兵至伏羌砦三都谷，即率兵击败之，逐北二十里，斩馘千余级，擒七人，获马牛、杂畜、衣服、器仗三万三千计。"

曹玮知秦州之时，正值宗哥族李立遵和温逋奇拥立唃厮啰立文法时期。特别是李立遵在建立文法之后实力迅速膨胀，不再满足于"论通"的地位。随着唃厮啰的一天天长大，李立遵感到自己的地位已经面临威胁，于是便想取唃厮啰而代之。大中祥符九年（1016 年），两人的矛盾进一步激化，"时唃厮啰强盛，立遵佐之。立遵乃上书求号'赞普'"，但是宋朝对李立遵的这一请求非常清楚，"赞普，可汗号也。立遵一言得之，

---

　　① 此处的彩系指有色彩的布匹，端则是其计量单位，具体换算不详，但是从一端可以换六十匹马来看不会很少。

　　② （宋）李焘：《续资治通鉴长编》卷八十八，大中祥符九年九月丁未。

　　③ 《宋史》卷二百五十八《曹玮传》，第 8986 页。

　　④ （宋）李焘：《续资治通鉴长编》卷八十七，大中祥符九年八月壬申朔。

何以处唃厮啰邪？且复有求，渐不可制"①，拒绝了李立遵的这一请求，仅仅授予他保顺军节度使的官职。

李立遵求赞普号未遂，于是对宋产生了敌意，对自己一贯奉行的联宋抗夏的政策不再坚持，开始把自己的势力伸向了秦渭地区。李立遵自恃兵强马壮，又有唃厮啰这面旗帜，所以也想效法吐蕃王朝边将长驱秦渭地区，以补充本部各部落的经济实力，于是一场著名的"三都谷战役"便在宋与李立遵之间展开了。

大中祥符九年（1016 年）九月，三都谷战役正式打响，双方都投入了相当的兵力，宋朝京师也为之震动。由于李立遵骄恣极甚，并且指挥失误，而曹玮一方则深谋远虑，以逸待劳，所以最终北宋取得了胜利，宋军"逐北二十余里，斩首千余级，生擒七人，获牛、马、杂畜、器仗、衣服三万三千计"②。这次战役对李立遵的打击是巨大的，不甘心失败的他仍然继续重整旗鼓，在秦渭地区与宋朝争斗，但是多以失败而告终。

"吹麻城张族都首领张小哥以功授顺州刺史。"

张族亦被称为"张香儿族""张家族"，世居古渭州地区，为宗哥族属下部族。天禧二年（1018 年）四月，鱼角蝉在吹莽城（即吹麻城）所立文法破散，张族与其他部族归顺曹玮，"缘边诸寨蕃部纳质者七百五十六帐，自吹莽城文法破散之后，其空俞、厮鸡波等族先投赏样丹者悉来归。"③ 张小哥之后见于记载的张族首领有两人：一为张香儿，"废城在秦州永宁寨北七十里，熟户张香儿族帐之所"④；一为讷支蔺毡祖，为张小哥之孙，"鱼角蝉遂留古渭，欲召集蕃部，玮令首领张小哥（原注：今讷支蔺毡祖）"⑤，《续资治通鉴长编》亦记载"古谓寨乃秦州属地，张纳支临占世为蕃官"⑥。

---

① 《宋史》卷二五八《曹玮传》，第 8986 页。

② （宋）李焘：《续资治通鉴长编》卷八十八，大中祥符九年九月丁未。

③ （宋）李焘：《续资治通鉴长编》卷九十一，天禧二年闰四月庚子。

④ （宋）曾公亮：《武经总要前集》卷一八。

⑤ （宋）张方平：《乐全集》卷二二《秦州奏唃厮啰事》。

⑥ （宋）李焘：《续资治通鉴长编》卷一百八十三，嘉祐元年八月壬午。

"玮又言永宁砦陇波、他厮麻二族召纳质不从命，率兵击之，斩首二百级。"

《宋史·吐蕃传》此处的记载模棱两可，没有把整个事件的前因后果说清楚。大中祥符九年（1016 年）九月，宗哥族派遣属部马巴咱尔到大、小洛门地区扇摇熟户，并命令各蕃部必须纳质永宁寨，以表对宗哥族的忠心，绝大部分蕃部都纳质归顺，独陇波和他厮麻部拒不纳质。在这种情况之下宗哥族发动了对两族的战争。曹玮遂决定派王怀信等人出兵救援，后来曹玮得到战报"二族合众拒战，破马巴咱尔，斩首二百余级"，此后陇波族和他厮麻二族在撤退时遭到袭击，"晚度渭河水涨失道，为蕃众所袭，溺死者二十五人，伤死者百人"①。

"十一月，诏给秦州七砦熟户首领、都军主以下百四十六人告身。"

大中祥符九年（1016 年）十一月，曹玮上书北宋为秦州七寨属户请功，"三阳、定西、伏羌、静戎、冶坊、弓门和尔扬等七寨熟户蕃部都首领以下，凡一百四十六人有功，乞赐告身"②。北宋政府对七寨熟户蕃部进行了封赏，"二人授都军主，四十一授军主，五十七人授指挥使，余悉补蕃官"③。

"天禧元年，诏以冶坊砦都首领郭厮敦为本族巡检，赋以奉禄。"

郭厮敦降宋后于天禧元年（1017 年）六月，率部迁居冶坊寨，"南市归顺蕃部都首领郭厮敦，举家居冶坊寨，管勾一带蕃产、部，望就命为本族巡检，月给钱五千，米面五石"④。冶坊寨即冶坊堡，在秦州东北百二十里，太平兴国二年（977 年）设置。

"又补大马家族阿厮铎为本族军主。"

天禧元年（1017 年）二月，曹玮上书为大马家首领阿厮铎请封，

---

① （宋）李焘：《续资治通鉴长编》卷八十八，大中祥符九年九月己酉。
② 同上书，大中祥符九年十一月丁未。
③ 同上。
④ （宋）李焘：《续资治通鉴长编》卷九十，天禧元年六月壬申。

"永宁寨大马家族军主阿厮铎等捕得总哥蕃部卓萨沁格，请授以刺史"①。北宋朝廷下诏准奏，在史籍中却没有明确记载授何州刺史。

"十月，秦州部署言鬼留家族累岁违命，讨平之。"

鬼留族，《长编》记为"圭律族"，《十朝纲要》和《稽古录》均为"鬼留族"，为秦州蕃部。天禧元年（1017年）十一月，曹玮上书称："秦州圭留族累岁违命，玮率所部及寨户蕃兵讨平之。"②

"二年，又言吹麻城及河州诸族皆破宗哥文法来附。唃厮啰少衰，数为啰瞎力骨所困，今还旧地。诸砦羌族及空俞、厮鸡波等纳质者凡七百五十六帐。"

三都谷战役之后，唃厮啰和李立遵领导的河湟吐蕃政权遭到重创，导致文法破散，再加上此前被曹玮所打破的鱼角蝉所立的文法，秦州地区的部落纷纷归顺北宋政府，天禧二年（1018年）闰四月，曹玮上书北宋政府为自己表功，内容正是《宋史·吐蕃传》此处所提及的三点：一是吹麻城和宗哥族文法破散，大量蕃部归顺，"蕃僧鱼角蝉先于故渭州吹莽城聚众立文法，今悉已破散。又河州诸族亦破宗哥族所立文法来归，望令充熟户，依旧出入"③。二是唃厮啰兵败，返还故地。"唃厮啰数为磨啰瞎力骨所困，今还旧地。"④事实上早在二月时，泾原路驻泊都监周文质就提及唃厮啰与磨啰瞎力骨之间的战事，"侦知宗哥族数与磨啰瞎力骨斗敌，唃厮啰兵败，部族离散，事势稍衰，而磨啰瞎力骨攻之未已也"⑤。三是吹麻城和宗哥族文法破散之后，大量吐蕃部族来降，曹玮按照惯例

---

① （宋）李焘：《续资治通鉴长编》卷八十九，天禧元年二月甲午。

② （宋）李焘：《续资治通鉴长编》卷九十，天禧元年十一月辛丑。

③ （宋）李焘：《续资治通鉴长编》卷九十一，天禧二年四月己卯。关于此条中记载的唃厮啰还旧地之事，文献中并不见任何记载，不知旧地指何处。事实上李焘本人对此亦提出质疑，他在本条后面的注释中专门提及疑问之处：唃厮啰还旧地，不知何等地名也。把《两朝国史》唃厮啰与李立遵不协，更徙居邈川。岂邈川即唃厮啰旧地乎？明年春，唃厮啰又与李立遵同遣使入贡，则旧地又非邈川也，当考。

④ （宋）李焘：《续资治通鉴长编》卷九十一，天禧二年闰四月庚子。

⑤ 同上书，天禧二年二月戊子。

要求吐蕃诸部纳质，纳质部族共有七百五十六帐，"缘边诸寨蕃部纳质者七百五十六帐，自吹莽城文法破散之后，其空俞、厮鸡波等族先投赏样丹者悉来归"①。

---

① （宋）李焘：《续资治通鉴长编》卷九十一，天禧二年闰四月庚子。

第 二 章

《宋史·吐蕃传附唃厮啰传》笺证

　　唃厮啰（997—1065）从大中祥符元年（1008 年）进入河湟地区一直到治平二年（1065 年）去世，在河湟地区生活了整整 57 年。唃厮啰的一生可以说是充满了曲折与磨难，同时也是波澜壮阔的一生。唃厮啰年幼时先后被李立遵和温逋奇所挟制，长期充当傀儡。长大成人独立掌权之后，又因家庭矛盾导致政权的几分几合。在外部，唃厮啰从建立政权的那天开始就生存在几大政权的夹缝之中，特别是西夏一直对唃厮啰所统治的河湟地区虎视眈眈，这也让唃厮啰不得不在艰难中维持着自己的政权。唃厮啰开创了河湟吐蕃的一个新的时代，他的一生不仅改变了河湟吐蕃的历史也改变了整个中国西北的历史发展进程，可以说，如果没有唃厮啰，整个宋代西北的历史就会是另一种发展模式。

"唃厮啰者，绪出赞普之后，本名欺南陵温篯逋。"

　　唃厮啰，本名欺南陵温篯逋（ཁྲི་གཙུག་ལྡེ་དབོན་བཙན་པོ།），有的文献译为亹勒斯赍、嘉勒斯赍。① 对欺南陵温篯逋的汉语意思，在学术界有许多的说法，

---

　　① 在清人所修《四库全书》时，凡涉及辽、金、元朝时的有关少数民族人名、地名、官职名均被改得面目全非。在涉及唃厮啰家族较多文献的《续资治通鉴长编》中更是如此。其依据在一些文献中也略有透露，成书于清乾隆三十二年的《通鉴辑览》是对少数民族地名及人名更改较早的著作，其凡例云：金元二史出自后代儒臣之手，大抵音译失宜，乖舛甚历，蒙指示以国语及蒙古语证合本音，本义，无不确合。近又命喀尔喀亲王成衮扎布进所藏《蒙古源流》一书，堪以互为考证，今遵旨详加译改，仍于初见处注明旧作某某字样，俾开卷了然，足资考据。从这段话可以看出，对少数民族地名人名的改译完全是"遵旨"而行，到修《四库全书》时，这种改译变得更加条理化、规范化。但是却为后世进行研究带来一定的难度，这也许是当初改译时不曾想到的。

吴均先生认为是"继续王位的业运赞普"①，同时芈一之先生也持同样的
观点。黎宗华在《安多藏族史略》一书中认为其意为"南德欧松之孙，
赞普是也"②。要真正理解欺南陵温钱逋的含义，还应该从藏文中寻找答
案，对这一点，一些藏族学者已经做出了重要贡献，青海文化厅的侃本
先生根据藏文对这一名字进行了解释，他认为，钱逋即赞普，这一点没
有争议。"欺南"应是"赤南"的安多方言，应该也是首领即赞普之意。
陵温乃是赞普之孙之意。这样，"欺南陵温钱逋"用当今的汉语记音就是
"赤南德温赞普"，其意就是"天座赞普之孙，赞普是也"③。

关于唃厮啰的身世及其早年的活动，《宋史》在此处仅仅简单的一
句"绪出赞普之后"，并无详细交代。其他各种史籍记载均比较简略，
并且彼此有矛盾之处。下面我们把散见于各种史籍中的史料作一整理
分析。

李焘《续资治通鉴长编》中记载如下：

> 唃厮啰者，绪出吐蕃赞普，本名欺南凌温钱逋。钱逋犹赞普也，
> 羌语讹为钱逋。生高昌磨榆国，既十二岁，河州羌何郎业贤客高昌，
> 见厮啰貌奇伟，挈以归。至心城，而大姓耸昌斯均又以厮啰居移公
> 城，欲往河州立文法。河州人谓佛"唃"，谓儿子"厮啰"。④

张方平《乐全集》记载如下：

> 唃厮啰，本名欺南凌温钱逋，西域武三咩人，盖唐吐蕃之（苗）
> 裔。吐蕃在唐为大国，威长夷狄，大中以后，部族衰散。然其种贵，
> 羌戎至今尊服。武三咩去唃厮啰所居青唐城经隔诸蕃，极远。其祖
> 父名字未详，但传自唐已来，世袭为结逋（据译：结逋，天子之号，
> 乃僭也）。……潘罗支竟为德明所破，盖无遗类。以故西蕃无主，蕃

---

① 吴均：《唃厮啰与岭·格萨尔》，载《青海藏学会论文选集》（一），转引于侃本《也谈
唃厮啰的族源、身世及其他》，《青海民族学院学报》2003 年第 1 期。
② 黎宗华、李延恺：《安多藏族史略》，青海民族出版社 1992 年版，第 62 页。
③ 参见侃本《也谈唃厮啰的族源、身世及其他》，《青海民族学院学报》2003 年第 1 期。
④ （宋）李焘：《续资治通鉴长编》卷八十二，大中祥符七年五月己酉。

部耸昌厮均等远赴三咩迎温钱逋,以保其地。时年十二岁,欲就河州起立文法(起立文法,盖施设号令统众之意)。[①]

彭百川《太平治迹统类》记载如下:

> 唃厮啰,本西域胡僧李立遵携来吐蕃立文法。言是佛种,由是吐蕃皆信服之。吐蕃之俗尚教,谓佛为"唃",儿子为"厮啰",故称唃厮啰。[②]

上面几段记载都是汉文典籍对唃厮啰的记载,这几种说法均认为唃厮啰出身高贵,是吐蕃赞普的后人,但是再向上追溯各种汉文典籍均没有记载。唃厮啰到底是否为赞普的后人呢?汉文典籍的这种说法是否正确呢?我们在一些藏文典籍中找到了答案。

吐蕃王朝末代赞普朗达玛于公元838年即位。此前,王朝内部争夺王权的斗争已经白热化。这种政治斗争也渗透到宗教界,佛教与苯教的斗争愈演愈烈。朗达玛执政后毁法禁佛,打击迫害佛教徒,使其"或作屠户,或还俗,或作猎户,不服从者处死"[③]。然而朗达玛执政仅仅四年,便被佛教徒拉隆·贝吉多吉杀死。于是以立新为发端,王族与贵戚展开王位之争,吐蕃从此便开始四分五裂。在各种藏文典籍中对朗达玛的世系传承记载得比较清楚。朗达玛长妃有子永丹(ཡུམ་བརྟན),次妃有子俄松(འོད་སྲུང)[④],母党各自挟持无知小孩为继嗣王位进行激烈斗争,继而引发边将混战和奴隶平民起义,王朝随之解体。这时,王室成员四处逃窜。其中俄松有一子为吉·贝考赞(རྗེ་དཔལ་འཁོར་བཙན),贝考赞"长妃之子为吉德尼玛贡(སྐྱིད་ལྡེ་ཉི་མ་མགོན),其次妃之子是墀扎西孜巴贝(ཁྲི་བཀྲ་ཤིས་བརྩེགས་པ་དཔལ)"[⑤]。吉

---

① (宋)张方平:《乐全集》卷二二《秦州奏唃厮啰事》。

② (宋)彭百川:《太平治迹统类》卷十六《神宗开熙河》。

③ 索南坚赞著,刘立千译注:《王统世系明鉴》(《西藏王统记》),民族出版社2000年版,第141页。

④ 朗达玛的两子,在《西藏王统记》中记载为长子为安达·雍登(ཨང་དར་དག་ཡུ་ལྡན),次子为安达·沃松(ཨང་དར་དག་འོ་སྲུང)。

⑤ 巴卧·祖拉陈哇著,黄颢译注:《贤者喜宴》(十六),《西藏民族学院学报》1985年第1期。

德尼玛贡逃到阿里，并在那里建立了自己的统治，后来发展成阿里王系。堦扎西孜巴贝有三子，"即巴德（དཔལ་ལྡེ）、沃德（འོད་ལྡེ）、基德（སྐྱིད་ལྡེ）"①。

堦扎西孜巴贝这三个儿子号为住于下部之三德。其中王子沃德（འོད་ལྡེ）有四子，即帕巴德赛（དཔའ་བདེས）、赤德（ཁྲི་ལྡེ）、赤穹（ཁྲི་ཆུང）、聂德（གཉེ་ལྡེ）四人。其中"赤德之后裔为东方宗喀王（ཙོང་ཁའི་རྒྱལ་པོ），京俄顿钦（སྐྱིན་ངོ་དོན་ཆེན）② 等，即现尚住于朵麦之诸赞普是也"③。在另一本藏文典籍《贤者喜宴》中也有类似的记载："约德之次子赤德到了多康，宗喀十八区等等多麦之大部地区归其统治，因之遂有所谓'下部王权如靴大'之说，坚阿屯钦等等王系即出自该地。"④ 在另一本藏文史籍《安多政教史》中也记载："他（朗达玛）的儿子南德哦松（གནམ་ལྡེ་འོད་སྲུང），他的儿子阿达贝科尔赞（མངའ་བདག་དཔལ་འཁོར་བཙན），他的儿子赤扎喜邹巴（ཁྲི་བཀྲ་ཤིས་བརྩེགས་པ），他的儿子哦德（འོད་ལྡེ），有四子，其第二子名赤德（ཁྲི་ལྡེ），前来朵甘，在青海开拓基业，担任万户长，宗喀的十八大地区及多麦的部分区域都在其属下。"⑤ 从这些藏文和汉文的史籍来看，唃厮啰无疑就是俄松这一支王

---

① 索南坚赞著，刘立千译注：《王统世系明鉴》（《西藏王统记》），民族出版社2000年版，第152页。

② 对坚阿顿钦，在黄颢所译注的《贤者喜宴》（十七）注25中对其有如下考证：坚阿顿钦，在《红史》中被称作"东部宗喀王坚阿屯钦"（ཤར་ཙོང་ཁའི་རྒྱལ་པོ་སྐྱིན་ངོ་དོན་ཆེན）（该书第44页）。《汉藏文书》有此相同记载（上册，162页上）。并说这一系即"多麦之王系"（མདོ་སྨད་ཀྱི་རྒྱལ་བརྒྱུད）（同上）。此东部宗喀王裔似即宋代之唃厮啰，唃厮啰应是སྐྱིན་ངོ之对音。但是藏文正史中均未见此种记载。而正史记载所见者只有སྐྱིན་ངོ་དོན的写法。那么从推测其对音，སྐྱིན（坚）似可对"唃"，而ངོ似可读作"厮俄"，这样"厮俄"与"厮啰"读音近似。从意义上说，སྐྱིན་ངོ一词，对贵族官长而言，可译作"阁下"，对王族来说可译为"御前"，这些都有首领或王的含义。盖言之，"སྐྱིན་ངོ"即坚（唃）厮俄"的音译，而"坚（唃）厮俄"似应是"唃厮啰"的同音异译，两者相近。而从意义上说，"佛子"与"阁下"或"御前"相较，似本无相悖之处。再者སྐྱིན་ངོ་དོན一词，从唐代以来不少人名的汉译看，常以前一词为代表，而后一词不译。这样，དོན亦可省略不译。再者，从原藏文句看，སྐྱིན་ངོ་དོན之后有ལ་སོགས（等等之意）三字。这样སྐྱིན་ངོ与དོན似可分开看待？如果这种推测成立，那么དོན་ཆེན（屯钦）似即"董毡"的对音。董毡是唃厮啰之子，继唃厮啰为首领。总上述藏文句全意，据此又可译作"东部宗喀王坚阿（唃厮哦—唃厮啰）、屯钦（董毡）等等，（皆为多麦之王系）。或将སྐྱིན་ངོ་དོན译作"董毡阁下"？

③ 索南坚赞著，刘立千译注：《王统世系明鉴》（《西藏王统记》），民族出版社2000年版，第152页。

④ 巴卧·祖拉陈哇著，黄颢译注：《贤者喜宴》（十七），《西藏民族学院学报》1985年第2期。

⑤ 智观巴·贡却乎丹巴绕吉：《安多政教》，甘肃民族出版社1989年版，第35页。

室的后裔，朗达玛五世孙赤德的后人。

"篯逋犹赞普也，羌语讹为篯逋。"

赞普为藏语ᠪᠣᠳ的音译，汉语意思为国王之意。

"生高昌磨榆国。"

关于唃厮啰的出生地，在汉文史籍中有两种：一种为"高昌磨榆国"，另一种为"西域武三咩"。绝大多数的学者根据汉文史籍的这一记载便认为唃厮啰出生于西域之高昌地区。对于武三咩的具体位置，有的学者怀疑即是今桑耶寺。[①] 对于汉文典籍的这一记载也有许多学者持怀疑的态度。顾吉辰认为唃厮啰并非生于西域，他认为"唃厮啰乃出身于河湟吐蕃赞普之裔，并非生于西域"[②]。汤开建先生虽然也怀疑唃厮啰生于西域一说，但是他逐条对顾吉辰的论据进行了反驳，并提出了自己怀疑的理由。但是对自己的论据，他自己认为也不能完全推翻唃厮啰生于高昌磨榆的说法。"据现有文献能提供的材料还不能推翻'高昌磨榆国'和'西域武三咩'之说。因为要对《长编》《宋史》记载进行否定，如无充分证据是难令人信服的；特别是张方平的记载，乃当时人（并且是直接与吐蕃打交道的人）记当时事，且为官方文件所载。因此，他提出的'西域武三咩'之说是具有很高的权威性的。"[③]

从上面的分析可以看出，仅仅从汉文典籍中是无法找到唃厮啰出生地的答案的，在一些藏文史籍中我们找到了唃厮啰出生地的答案。在现

① 参见祝启源《唃厮啰——宋代藏族政权》，青海人民出版社 1988 年版，第 26 页。

② 顾吉辰：《就角厮啰家族世系的一些问题与汤开建同志商榷》，《青海社会科学》1983 年第 1 期。顾吉辰提出了自己观点的四点理由：第一，宋人官方材料以及不少宋人文集笔记，不载唃氏生于西域；第二，《长编》《宋史》记唃氏流落西域高昌磨榆国，在十二岁时，有河州大姓羌人带回河州，这不符当时史实；第三，唃氏作为一个前吐蕃的遗孤，流落西域，跟当时事实也有矛盾；第四，当时与吐蕃直接打交道的西北边境文臣武将，他们的记载也无说明唃氏生于西域的。

③ 汤开建：《再谈角厮啰家族世系的几个问题——答顾吉辰同志》，《青海社会科学》1983 年第 3 期。汤开建认为唃厮啰并非生于高昌磨榆国的理由有两点：一是唃厮啰进入河湟的路线是值得怀疑的；二是唃厮啰之兄扎实庸咙居于河南，唃厮啰也应该居于河南。

有的藏文资料中对唃厮啰出生地却有明确的记载。在康嘎尔·慈诚噶桑《佛教前宏期时期历代吐蕃王族史考释》中记载："赤南木得温赞普出生于阿里芒域郭仓朵地方。"① 芒域藏文书写为 "ᠨᠷ·ᠶᠦᠯ"，在一些藏文史料中记载为ᠨᠷ·ᠶᠦᠯ，据黄颢先生考证，应该写作ᠨᠷ·ᠶᠦᠯ。② 其具体位置指今西藏阿里普兰至昂仁、吉隆一带与尼泊尔接壤地区。郭仓朵为阿里小城廓名，藏文书写为 "ᠨᠨᠨ·ᠨᠨᠨ"，意为上郭仓，指今西藏阿里狮泉河附近的噶尔地方，现在噶尔县所在地。除此之外，在另一本藏文史籍《贤者喜宴》中也有类似的记载，吐蕃王室后裔在吐蕃政权崩溃之后其中有一支就是逃到阿里，其居住地正是芒域，"久若氏妃之子谓之上三衮，其间之长子是贝吉德日巴衮据玛尔域"③。此处的玛尔域也正是芒域的不同译音。这样，汉文史籍中的"高昌"即为藏文 "ᠨᠨᠨ" 的不同翻译形式，而磨榆即为ᠨᠷ·ᠶᠦᠯ的不同翻译方式，高昌磨榆即为郭仓芒域的不同翻译方式而已。综合藏汉两种文献的记载，基本可以肯定的是唃厮啰即出生在今西藏阿里地区的芒域。

对唃厮啰出生于吐蕃本土这一说法，有一些学者也对此提出了相同的看法，其中钱伯泉先生就做过充分的论证："①《宋史·吐蕃传》《续资治通鉴》记载唃厮啰生于'高昌磨榆国'，是正确的。②'高昌磨榆国'并非是西域高昌回鹘国某地，而是吐蕃本土孙波茹高昌两部东岱的党项羌聚居地'磨榆国'（木雅王族统治区）。"④ 那么"西域武三咩"是什么地方呢？一些学者认为武三咩就是桑耶寺，其地在今西藏山南扎囊县的桑雅区，位于拉萨市北方约三百公里。⑤

---

① 康嘎尔·慈诚噶桑：《佛教前宏期时期历代吐蕃王族史考释》（藏文），西藏木刻本，转引自洲塔《甘肃藏族通史》，第174页。

② 巴卧·祖拉陈哇著，黄颢译注：《贤者喜宴》（十六），注42，《西藏民族学院学报》1985年第1期。

③ 巴卧·祖拉陈哇著，黄颢译注：《贤者喜宴》（十六），《西藏民族学院学报》1985年第1期。

④ 钱伯泉：《唃厮啰生于高昌磨榆国辨正》，《民族研究》1990年第2期。

⑤ 参见钱伯泉《唃厮啰生于高昌磨榆国辨正》，《民族研究》1990年第2期。另见祝启源《唃厮啰——宋代藏族政权》，青海人民出版社1988年版，第27页。

　　"既十二岁，河州羌何郎业贤客高昌，见唃厮啰貌奇伟，挈以归，劙置心城，而大姓耸昌厮均又以唃厮啰居移公城，欲于河州立文法。"

　　大中祥符元年（1008 年），唃厮啰年仅 12 岁，被带到河湟地区。从此便开始了其整个家族在河湟地区近千年艰苦创业的历史。唃厮啰是如何来到河湟地区的，各种史籍记载多有矛盾，综合起来有三种说法：第一种说法是以《宋史》为代表，认为唃厮啰是由河州羌何郎业贤带到河湟地区的，李焘在《续资治通鉴长编》中也持类似的观点。第二种说法认为唃厮啰是由耸昌厮均带到河湟地区的，"以故西蕃无主，蕃部耸昌厮均等远赴三咩迎温锛逋，以保其地"①。另外，曾巩在《隆平集》中也认为唃厮啰是由耸昌厮均带到河湟地区的。第三种说法认为唃厮啰是由李立遵带到河湟地区的，"唃厮啰，本西域胡僧李立遵携来吐蕃立文法，言是佛种，由是吐蕃咸皆信服之"②。可见，对唃厮啰是如何来到河湟地区还需进一步地考证与研究。可以肯定的是唃厮啰并非一人来到河湟，很可能是整个家族，见于史籍记载的有其兄扎实庸咙也来到了河湟地区，"初，唃厮啰兄扎实庸咙为河南诸部所立，与唃厮啰分地而治，不相能也"③。还有唃厮啰之舅赏样丹则去了秦州地区，"秦州蕃部赏样丹者，唃厮啰之舅也"④。

　　唃厮啰最初来到河湟地区之时并未在宗哥城居住，而是居住于渭州（今平凉地区），并形成了自己的一个小的集团，称为渭州蕃部，在大中祥符七年之时，北宋政府册封唃厮啰，"以渭州蕃族首领唃厮啰为殿直充巡检使"⑤。

　　此处所提及的两个地方，劙心城的具体方位不清楚，一公城在《宋史·地理志》中有明确记载，"循化城，旧一公城，崇宁二年收复，改今名。别见'乐州'。东至怀羌城四十五里，西至积石军界一百余里，南至下桥家族地分一百余里，北至来同堡六十五里"⑥，一公城大致位于今甘

---

①　（宋）张方平《乐全集》卷二十二《秦州奏唃厮啰事》。

②　（宋）彭百川：《太平治迹统类》卷十六《神宗开熙河》。

③　（宋）李焘：《续资治通鉴长编》卷八六，元符二年三月庚午。

④　同上书，大中祥符九年三月乙巳。

⑤　（清）徐松辑：《宋会要辑稿》第一百九十九册，《蕃夷》六之一。

⑥　《宋史》卷八十七《地理三·秦凤路》，第 2163 页。

肃省夏河县一带。

"河州人谓佛'唃',谓儿子'厮啰',自此名唃厮啰。"

唃厮啰这一名字之汉语意思,《宋史》此处解释为佛子。在沈括的《梦溪笔谈》中也说:"唃厮啰,人号瑕萨钱逋者,胡言赞普也。唃厮,华言'佛'也,'啰',华言'男'也。自称佛男,犹中国之称天子也。"[1] 这两种说法虽然略有不同,但是却明显可以看出唃厮啰是一种尊称,并非其真名。

在藏文中,唃厮啰写作 རྒྱལ་སྲས་ལྷ་བ,其汉语意为王子之意,藏文典籍将其称为ཅོང་ཁ་རྒྱལ,汉语意思为宗喀王,这与汉文典籍记载略有差异。对唃字的读音,汉文字典标注"gǔ",但是根据藏文读音,读"jué"似乎更接近于藏文原始读音。这种情况可能与当时的翻译有关,可能是当时翻译的人出现失误。另一种可能就是翻译的人翻译的时候是照拉萨音来翻译的,在藏语拉萨音里,རྒྱ读作"gɑi",与"gǔ"的读音比较接近,而在安多话里便与"jué"比较接近。清朝时期将唃厮啰重新翻译为嘉勒斯赍,看来并非没有道理。

对唃厮啰这一名字,日本学者铃木隆一还提出了自己的不同看法,他认为唃厮啰乃是青唐吐蕃王国的王号,并非单纯是一个人名。[2] 这种说法在学术界并没有得到认可,汤开建先生曾专门著文对此进行了反驳。[3]

"于是宗哥僧李立遵、邈川大酋温逋奇略取厮啰如廓州,尊立之。"

唃厮啰来到河湟地区之后,立即在河湟地区掀起了一场新的权力的争夺。在河湟地区的政治势力之中,势力最大的当数李立遵集团和温逋奇集团。这两大集团鼎峙对立,一直明争暗斗,他们之间既需要联合又

① (宋)沈括:《梦溪笔谈》卷二十五《杂志二》,四部丛刊续编子部,五十三,上海书店1984年版。

② [日]铃木隆一:《"唃厮啰"——青唐吐蕃王国的王号》,秦永章译,《西藏研究》1990年第2期。

③ 汤开建:《唃厮啰是青唐王国的国号吗?——与铃木隆一先生商榷》,《民族研究》2007年第1期。

存在着利益的纷争。由于双方的实力相差无几，由任何一方充当领袖都不易使对方折服，因此联盟之间的领袖问题一直都是悬而未决的一个难题，唃厮啰的到来使这一问题迎刃而解。唃厮啰是吐蕃赞普的后裔，由他来充当宗哥联盟的领袖显得名正言顺，李立遵和温逋奇两大集团都能够接受，谁控制了唃厮啰就意味着掌握了宗哥联盟的领导权。因此，双方都试图把唃厮啰控制在自己的手中，最先取得成功的是宗哥李立遵集团。

唃厮啰被带到河湟地区之后，大姓耸昌厮均从何郎业贤手中夺走了唃厮啰，势力更大的李立遵和温逋奇听说吐蕃赞普的后人来到河湟地区，便联合起来，从耸昌厮均手中劫持了唃厮啰，"既而宗哥僧李立遵、邈川大酋温逋奇略取厮啰如廓州①，尊立之，部族寝强"②。

"部族浸强，乃徙居宗哥城，立遵为论逋佐之。"

李立遵和温逋奇的联合是暂时和不稳固的。不久，李立遵又独自把唃厮啰迁至宗哥城，取得对唃厮啰的控制权。李立遵自立为论逋（大相），并以唃厮啰的名义号令吐蕃各部。从此之后李立遵的势力更加强大，成为"族帐甚盛，胜兵六七万"③的强大势力集团。为进一步地控制唃厮啰，李立遵还把自己的女儿嫁给唃厮啰，以加强对他的控制。④ 可以说，年幼的唃厮啰在宗哥政权中仅仅是处于一种受人摆布的傀儡地位，并无真正的权力。

李立遵通过唃厮啰这面旗帜迅速扩张了自己的实力，他利用当时河

---

① 廓州，《宋史·地理志》云：元符二年，以廓州为宁塞城。崇宁三年弃之，是年收复，仍为廓州。城下置一县，五年罢。大观三年，为防御。东至宁塞砦一十七里，西至同波北堡不及里，南至黄河不及里，北至肤公城界十五里。由此可见，廓州城就在黄河边上。《化隆回族自治县概况》认为廓州城址在今该县之群科古城，"群科镇位于县城西南九十里，黄河北岸。是群科公社机关所在地。隔黄河与尖扎县相望，西与牙什尕尔公社毗连。它是黄南藏族自治州同仁县、泽库县、河南蒙古族自治县、尖扎县等去西宁必经的交通要道"。

② （宋）李焘：《续资治通鉴长编》卷八十二，大中祥符七年五月己酉。

③ （元）马端临：《文献通考》卷三三五《四裔考十二·吐蕃》，中华书局1986年版。

④ 对唃厮啰的妻室，也存在两种说法：一种是《宋史·吐蕃传》中的说法，明确记载"其二妻皆李立遵女也"；另一种是《续资治通鉴长编》和《宋会要辑稿》中的说法，"唃厮啰又娶立遵侄女"。这两种说法互相矛盾，还有待进一步地考证。

湟吐蕃诸部人心思安的心理，基本统一了以宗哥城为中心的整个河湟地区，即使是曾经叱咤风云的六谷蕃部也归顺了李立遵部，听其调遣。① 李立遵的强大自然引起了西夏和北宋政府的注意，李立遵在此时还保持了一种清醒的头脑，采取联宋抗夏的政策，从而使得自己的政权愈加巩固。大中祥符八年（1015 年）九月，李立遵、唃厮啰派人到北宋，号称已聚众数十万，"愿讨平夏以自效"②。然而，此时的宋朝对西部边境仍然是毫无作为，并且对李立遵的强大也产生了戒心，"上以戎人多诈，或生他变，命周文质监泾原军，曹玮知秦州兼两路沿边安抚使以备之"③。由于得不到北宋朝廷的支持，李立遵与西夏之间的战争互有胜负，双方基本维持在一种平衡的状态，李立遵基本上在这一阶段站稳了脚跟。宗哥联盟在这一段时期还是比较稳固的，像温逋奇等一些实力派的人物也均听命于李立遵，大中祥符八年（1015 年），唃厮啰、李立遵、温逋奇等人联合向北宋进贡，"西蕃首领唃厮啰、立遵、温逋奇、摩罗木丹并遣牙吏贡名马，估其直，约钱七百六十万"④。可以看出，大中祥符八年的时候，唃厮啰、李立遵、温逋奇组成的宗哥联盟还一直处在平稳的发展时期，三人的关系至少在表面上还是比较和睦的。

"立遵或曰李遵，或曰李立遵，又曰郢成蔺逋叱。"

李立遵，又名李遵、立遵，又被称为郢成蔺逋叱。⑤ 对李立遵的身世，史载阙如，并不详细。李立遵信奉佛教，"初为僧，后自还俗"⑥。有一些路过宗哥的宋朝使臣也了解到一些更加具体的情况，"见僧立遵已还

---

① 参见（宋）李焘《续资治通鉴长编》卷八十五，大中祥符八年八月丙午"唃厮啰所遣刘王奴遣帐下青诐吉来告，近遣西凉厮厮督部兵十万掩杀北界部落"。可见，西凉部此时已归李立遵与唃厮啰的调遣。

② （宋）李焘：《续资治通鉴长编》卷八十五，大中祥符八年九月甲寅。

③ 《宋史》卷四百九十二《吐蕃传》，第 14161 页。

④ （宋）李焘：《续资治通鉴长编》卷八十四，大中祥符八年二月丙辰。

⑤ 参见《宋史·吐蕃传》中郢成蔺逋叱这一名字，据［日］岩崎力著，李德龙译《北宋时期河西的藏族部落与佛教》一文："郢成"可能是藏文"弟悉"的音译，意为"摄政王"。对蔺逋叱，现在通行的译法一般是仁波切，是对大喇嘛的尊称。

⑥ （宋）李焘：《续资治通鉴长编》卷八十六，大中祥符九年三月辛酉。

俗，娶蕃部十八人为妻"①。对李立遵还俗的观点，有的学者提出了自己
不同看法，那就是李立遵并非还俗，而是修密宗，所以可以娶妻生子，
各种史籍所反映的情况仅仅是反映了当时佛教的一种真实状况。②毫无疑
问，宗哥族在李立遵的统治之下发展迅速，在他统治期间，宗哥族"族
帐甚盛，胜兵六七万"，甚至可以"聚众数十万"③，称得上兵强马壮。
李立遵掌控的宗哥城地理位置正处于中原与内地的一个交会点，"往西过
今日月山便是青海大草原；往北有祁连山峻岭阻隔，道路崎岖；往东南，
顺湟水、黄河而下，地势越趋平缓，可达陇右、秦渭间"④。占据这样一
处可进可退的地理位置，李立遵自然踌躇满志，不会放过任何一个发展
壮大的机会。但是李立遵为人性情暴虐，对部下非常严酷，"蕃部言立遵
御下严暴，蕃家不乐……"⑤

"论逋者，相也。"

在吐蕃王朝时期就有国相这一官职，"其官有大相曰论茝，副相曰论
茝扈莽，各一人，亦号大论、小论"⑥。唃厮啰统治时期这一官职已经不
分大相和副相，仅有一人，称为"论逋"，即国相之意。

**"立遵念贪，且喜杀戮，国人不附，既与曹玮战三都谷不胜，又袭西
凉为所败。"**

李立遵控制唃厮啰之后，实力迅速壮大。随着部族实力的增强和控
制区域成倍地扩大一起增长的是李立遵的野心和飞扬跋扈。李立遵开始
在族人面前作威作福，致使部众离贰，怨声载道。实际上早在大中祥符
八年（1015年）三都谷战役前，一些常年与李立遵打交道的宋军将领就
说："立遵峻酷专恣，已失部族心，恐必不久。唃厮啰，赞普之后，众渐

---

① （清）徐松辑：《宋会要辑稿》第一九七册，《蕃夷》四之七。
② 参见刘建丽《宋代西北吐蕃研究》，甘肃文化出版社1998年版，第172页。
③ （元）马端临：《文献通考》卷三三五《四裔考十二·吐蕃》。
④ 祝启源：《唃厮啰——宋代藏族政权》，青海人民出版社1988年版，第34页。
⑤ （清）徐松辑：《宋会要辑稿》第一百九十七册，《蕃夷》四之七。
⑥ 《新唐书》卷二百一十六《吐蕃传》，第6071页。

归之，咸以立遵持权自任，不平其事。"① 在李立遵的统治之下的吐蕃百姓也是怨声载道，"蕃部言立遵御下严暴，蕃家不乐，即日天旱，族人多饥死，尚有质帐三、二千"②。李立遵的请封自己为赞普的举动也极可能引起唃厮啰和温逋奇等属下的不满，三都谷战役的失败更使李立遵的实力几乎消耗殆尽，从而在宗哥族人中的地位一落千丈。三都谷战役的另一个严重后果就是造成了宗哥联盟的第一次分裂，"既而河州、洮兰、安江、妙敦、邈川、党逋诸城皆纳质为熟户"③。邈川正是温逋奇所辖地区，这就足以看出，宗哥联盟已经走向了分裂。

"厮啰遂与立遵不协，更徙邈川，以温逋奇为论逋，有胜兵六七万，与赵德明抗，希望朝廷恩命。知秦州张佶奏请拒绝。泾原钤辖曹玮上言，宜厚唃厮啰以扼德明。"

三都谷战役后，李立遵与唃厮啰返回宗哥城，李立遵试图恢复自己的实力，以图东山再起。他实行休养生息的政策，并且改变与宋朝为敌的政策，同宋朝通贡修好，希望再次得到宋朝的支持。李立遵多次派人到宋朝入贡，请求和好，更有甚者，乾兴元年（1022年），李立遵派人上书请求内附，"宗哥唃厮啰、立遵遣蕃部灼蒙曹失卑陵赍文字及马一匹至本司，欲求内附"④。可见，李立遵自三都谷战役之后已是一蹶不振。此时很可能唃厮啰与李立遵之间的矛盾已经不可调解。天圣二年（1024年），"宗哥唃厮啰、立遵遣大首领厮铎正来贡方物"⑤。这是史籍记载的最后一次两人联合上贡。仅仅一个月后，李立遵便一个人给宋朝上书乞俸钱，"泾原路总管司言'宗哥立遵乞俸钱'"⑥。同时这也是史籍对李立遵记载的最后一次，此后李立遵的名字便不见于史籍，可见，正是在天圣二年和三年之间，李立遵与唃厮啰正式分裂，具体的年代各种史籍则没有记载。

---

① （宋）李焘：《续资治通鉴长编》卷八十五，大中祥符八年九月甲寅。
② （清）徐松辑：《宋会要辑稿》第一百九十册，《蕃夷》六之七。
③ 《宋史》卷二百五十八《曹玮传》，第8987页。
④ （宋）李焘：《续资治通鉴长编》卷九十九，乾兴元年十一月甲戌。
⑤ （宋）李焘：《续资治通鉴长编》卷一百二，天圣二年十二月庚午。
⑥ （宋）李焘：《续资治通鉴长编》卷一百三，天圣三年正月乙未。

唃厮啰与李立遵分裂后，由于宗哥城一带是李立遵的势力范围，属下部族首领多是李立遵亲信，对唃厮啰非常不利，因此，唃厮啰便率领其属下投奔邈川大首领温逋奇。唃厮啰离开宗哥城而投奔温逋奇，毫无疑问是秘密前往的。"为其妻族纳斯结等窃诱往邈川城温逋奇所住坐，又十余年，因入贡。"① 张方平也说："李立遵侄纳斯结等窃诱唃厮啰往邈川城温逋奇住坐。"②

唃厮啰到达邈川后，以温逋奇为首的当地大首领立即遵之为赞普，自为"论逋"，成为继李立遵之后又一位左右河湟地区的大首领。温逋奇吸取了李立遵的教训，首先向宋朝通好，请求封赐。与宋朝通好始终为唃厮啰与温逋奇合作初期坚持的政策，并数次对宋朝朝贡。天圣九年（1031 年）十二月，温逋奇派其外甥带上给宋朝的书信和鞍马、乳香等礼物，到秦州官邸"告称唃厮啰乞通和"③。

这段话中记载唃厮啰与温逋奇上书宋廷愿"与赵德明抗，希望朝廷恩命"一事，在其他文献中并无相应记载。

"而立遵屡表求赞普号，朝议以赞普戎王也，立遵居厮啰下，不应妄予，乃用厮铎督恩例，授立遵保顺军节度使，赐袭衣、金带、器币、鞍马、铠甲等。"

《宋史》此处对李立遵求赞普号的记载明显出现年代错误，显得前后矛盾。李立遵上书宋廷求赞普号是在大中祥符九年（1016 年）。由于"三都谷战役"的失败和唃厮啰一天天长大，李立遵感到自己的地位已经面临威胁，于是便想取唃厮啰而代之。要取唃厮啰而代之的一个重要举措就是请求北宋册封自己为赞普，得到北宋政府的承认，"时唃厮啰强盛，立遵佐之。立遵乃上书求号'赞普'"，但是宋朝对李立遵的这一请求非常清楚，"赞普，可汗号也。立遵一言得之，何以处唃厮啰邪？且复有求，渐不可制"④，拒绝了李立遵的这一请求，仅仅授予他保顺军节度

---

① （清）徐松辑：《宋会要辑稿》第一百九十九册，《蕃夷》六之一。
② （宋）张方平：《乐全集》卷二二《秦州奏唃厮啰事》。张方平和《宋会要辑稿》的说法，并不矛盾，唃厮啰有两房妻子都是李立遵的女儿，所以其妻族即为李立遵一家。
③ 同上。
④ 《宋史》卷二五八《曹玮传》，第 8986 页。

使的官职。这件事也反映了唃厮啰与李立遵两人之间的权力之争的矛盾已经不可调和，唃厮啰政权的分裂是不可避免的。

"大中祥符八年，厮啰遣使来贡。诏赐锦袍、金带、器币、供帐什物、茶药有差，凡中金七千两，他物称是。"

大中祥符八年（1015 年），唃厮啰、李立遵、温逋奇、摩罗木丹等人联合向北宋进贡，这也是唃厮啰与李立遵分裂之前唃厮啰、李立遵、温逋奇这宗哥族三驾马车的最后一次进贡，进贡的物品主要是战马，此外还有部分行李、什物、茶药等。北宋政府对这次宗哥吐蕃政权的进贡非常重视，进行了大量回赐，"诏赐唃厮啰等锦袍、金带、供帐、什物、茶药有差，凡中金七千两，他物称是"①。回赐物品的金额远远大于上贡物品的金额。

"其年，厮啰立文法，聚众数十万，请讨平夏以自效。"

唃厮啰等人向北宋进贡的同时又遣人上书宋真宗，表示宗哥政权愿出兵讨夏，希望能够得到北宋政权的支持，"时宗哥立文法，聚众数十万，请讨平夏以自效"②。在《续资治通鉴长编》中亦记载："时，宗哥唃厮啰立文法，聚数十万，遣人入奏，愿讨平夏以自效。"③

"上以戎人多诈，或生他变，命周文质监泾原军，曹玮知秦州兼两路沿边安抚使以备之。"

唃厮啰对北宋的示好并没有得到北宋上下一致的认可，以知秦州张佶为代表的人认为"戎人多诈"不可信，非但没有对唃厮啰进行任何封赏，相反在边境地区对唃厮啰加强了戒备，"先命周文质监泾原军，又徙玮是州，兼两路事以备之，赐玮公用钱岁三百万"④。

北宋在边境地区对唃厮啰加强戒备之后，对边情比较熟悉的曹玮入朝，向宋真宗详细述说了唃厮啰政权的内部事务以及唃厮啰与李立遵的

---

① （宋）李焘：《续资治通鉴长编》卷八十四，大中祥符八年二月丙辰。
② （清）徐松辑：《宋会要辑稿》第一百九十九册，《蕃夷》六之一。
③ （宋）李焘：《续资治通鉴长编》卷八十五，大中祥符八年九月甲寅。
④ 同上。

矛盾，"唃厮啰以立遵为谋主，立遵贪而虐，好行杀戮，其下恐惧"①。曹玮更进一步说李立遵已失部族心，不久后恐为唃厮啰所取代。宋真宗又听取王旦等人的建议之后遂决定采取以唃厮啰来扼制西夏和坐山观虎斗的策略。"外国相残，中国之利也。朕思之，何必幸其相伐。但令曹玮安抚近边，以重兵镇秦州，常设警备，毋得轻发，此最为上策也。"② 同时，宋真宗任命曹玮知秦州处理边事。

"宗哥城东南至永宁九百一十五里，东北至西凉府五百里，西北至甘州五百里，东至兰州三百里，南至河州四百一十五里。又东至凫谷五百五十里，又西南至青海四百里，又东至新渭州千八百九十里。"

《宋史》在此处明确地阐明了宗哥城的位置，除此之外，《宋史·地理志》亦明确提及宗哥城的位置："龙支城，旧宗哥城。元符二年改今名，寻弃之。崇宁三年收复。东至德固砦界一十八里，西至保塞砦药邦族二十二里，南至廓州界分水岭四十里，北至习令波族分界八十五里。"③ 后世学者研究宗哥城的地理方位大致以这两处记载为主，由于理解不同，因此对宗哥城的地望也就有了多种说法，祝启源先生根据这两处记载推断宗哥城应为现在青海省平安县平安镇一带。④ 吴均先生综合各种史料及实地考察后认为宗哥城应为今天青海省乐都县城碾伯镇，即唐陇右节度使治所湟水县。⑤

"九年，厮啰、立遵等献马五百八十二匹。诏赐器币总万二千计以答之。"

大中祥符九年（1016 年），唃厮啰和李立遵又一次向北宋进贡马匹五百八十二匹，北宋政府"诏赐器币总万二千计以答之"⑥。北宋政府此次

---

① （清）徐松辑：《宋会要辑稿》第一百九十九册，《蕃夷》六之二。

② （宋）李焘：《续资治通鉴长编》卷八十五，大中祥符八年九月甲寅。

③ 《宋史》卷八十七《地理三·秦凤路》，第 2168 页。

④ 参见祝启源《唃厮啰——宋代藏族政权》，青海人民出版社 1988 年版，第 43 页。

⑤ 参见吴均《论邈川、宗哥、安儿三城及省章、安儿、青唐三峡的位置》，《中国历史地理论丛》1994 年第 1 期。

⑥ （清）徐松辑：《宋会要辑稿》第一百九十九册，《蕃夷》六之二。

在回赐的物品的数量问题上在朝堂上发生了一些争论。许多大臣认为李立遵为人贪念太重，如果朝廷赐予过多，必然会助长李立遵的贪欲，主张"约所贡直以给之"。在朝堂之中独王旦力排众议，主张多多回赐以使李立遵安心，从而能够牵制西夏，"或假以恩宠，则小小种落必遭凌胁。若知朝廷不加信用，则当自相残戮矣"①。

"数使人至秦州求内属。"

从大中祥符九年（1016 年）开始，由于李立遵对北宋政府没有满足自己册封"赞普"的请求而心怀不满，开始出兵进攻秦州缘边地区，北宋政府和李立遵为首的唃厮啰政权的关系变得紧张起来。这年六月，李立遵遣人"至渭州缘边，扇摇熟户且令纳质，不尔则破其聚落"②。李立遵的做法使得渭州熟户多数投降，秦州缘边的形势也变得紧张起来。九月，李立遵派部族马巴咱尔、岳居戩等率军大举进犯并发动"三都谷战役"，遭到曹玮重创。"三都谷战役"之后，李立遵的实力大大削弱，唃厮啰开始崭露头角。他开始寻求与北宋政府缓和彼此之间的关系，数次派人求和。天禧元年（1017 年），"宗哥唃厮啰贡马，乞和断"③。乾兴元年（1022 年），唃厮啰和李立遵又派遣灼蒙曹失卑陵"赍文字及马一匹至本司，欲求内附"④。天圣九年（1031 年），唃厮啰已经离开青唐前往邈川与温逋奇联合，又一次向北宋求和，"温逋奇遣甥甥赍番字鞍马乳香入汉，告称唃厮啰乞通和，秦州以闻"⑤。

"明道初，即授厮啰宁远大将军、爱州团练使，授逋奇归化将军。"

唃厮啰到达邈川后，以温逋奇为首的当地大首领立即遵之为赞普，自为"论逋"，成为继李立遵之后又一位左右河湟地区的大首领。温逋奇吸取了李立遵的教训，首先向宋朝通好，请求封赐。与宋朝通好始终为唃厮啰与温逋奇合作初期坚持的政策，并数次对宋朝朝贡。宋朝上下对

---

① （宋）李焘：《续资治通鉴长编》卷八十六，大中祥符九年正月乙丑。
② （宋）李焘：《续资治通鉴长编》卷八十七，大中祥符九年六月辛卯。
③ （宋）李焘：《续资治通鉴长编》卷九十，天禧元年九月丁未。
④ （宋）李焘：《续资治通鉴长编》卷九十九，乾兴元年十一月甲戌。
⑤ （宋）张方平：《乐全集》卷二二《秦州奏唃厮啰事》。

唃厮啰和温逋奇的示好亦以礼相待，数次赐唃厮啰与温逋奇对衣、金束带、银器、衣着。宋仁宗明道元年（1032 年）八月，宋朝"以邈川大首领唃厮啰为宁远大将军、爱州团练使，亚然家首领温逋奇为归化将军"①，并且每月给唃厮啰支大彩一十五匹，角茶一十五斤，散茶五十斤，给温逋奇支大彩十匹，角茶五斤，散茶五十斤作为俸禄。② 以后，唃厮啰及其继嗣者受宋朝册封虽官衔职名常变，但是"邈川大首领"却成为其世袭的头衔。

"已而逋奇为乱，囚厮啰置阱中，出收不附己者，守阱人间出之。"

唃厮啰自投奔温逋奇，双方在一起共事十几年的时间，直到明道初年（1032 年），两人还相处融洽。但是，温逋奇与李立遵一样，也有着极强的个人野心，不甘心仅仅当一名"论逋"。迁居邈川之后，为发展自己的势力，唃厮啰与当地乔家大族完成了联姻，即娶第三妻乔氏，时间可能就是天圣八年（1030 年）以前。③ 乔家大族在当地很有实力，"所部可六七万人，号令明肃，人惮服之"④。《宋史·吐蕃传》也说："乔氏有色，居历精城⑤，所部可六七万人，号令明，人惮服之。"唃厮啰与乔家大族的联姻无疑增加了自己的势力，但是却使他与温逋奇不可避免地发生了矛盾。

除此之外，唃厮啰与温逋奇两人在对待宋与西夏的问题上也发生了

---

① （宋）李焘：《续资治通鉴长编》卷一百十一，明道元年八月辛酉。对宋朝授予唃厮啰官职的时间，张方平《乐全集》记载为天圣十年九月六日。宋仁宗于天圣十年十一月甲戌改元明道。因此两者为一年，只是一为九月一为八月，待考。

② 同上。

③ 参见刘建丽《宋代西北吐蕃研究》，甘肃文化出版社 1998 年版，第 183 页。另据顾吉辰先生考证，唃厮啰与乔氏所生之子董毡出生于宋仁宗明道元年，即 1032 年。（参见顾吉辰《邈川首领董毡生卒年考》，《西藏研究》1983 年第 4 期）而此时正是唃厮啰从宗哥城迁居邈川城的时候。

④ （宋）李焘：《续资治通鉴长编》卷一二七，康定元年四月辛亥。

⑤ 即林擒城、林金城、哩沁城、临谷城，宋人改称为宁西城。据李文实先生考证，林金城即汉代临羌城，唐代临蕃城，宋代有林金城或林擒城或历精城等称呼，故址当在青海湟中多巴一带。（参见李文实《青海地方史札记》，《青海地方史志研究》1984 年第 1 期）但是顾祖禹《读史方舆纪要》卷六十《河州·平彝城》记载：历精城在州西，近西宁城。《大清一统志》记载：历精城在河州西南……按照这几种文献记载，林金城似乎在青海循化以南地区。

分歧。唃厮啰一直奉行的是一种联宋抗夏的政策，温逋奇却与元昊领导的西夏关系暧昧。这可以从温逋奇之子一声金龙与西夏的关系中看出一些端倪，"温逋奇之子一声金龙者，拥众万余，阴附元昊"①。唃厮啰势力的强大以及两人在一些大政方针上的不一致使得温逋奇铤而走险，发动了一场政变，"幽唃厮啰，置阱中防守，而身领兵他出"②。

"厮啰集兵杀逋奇，徙居青唐。"

唃厮啰被囚，温逋奇离开邈川城之后，负责看守唃厮啰的士兵并非真正忠于温逋奇，他大概是出于对唃厮啰这位赞普的敬意，偷偷地把唃厮啰从阱中放出。唃厮啰从阱中出来后，利用其赞普的地位，迅速地集中兵力控制邈川城，失去邈川城的温逋奇被唃厮啰所杀害，唃厮啰平息了这次政变。尽管事变被平息下去，但是温逋奇之子一声金龙的实力仍然是非常强大的，"温博奇乃唃厮啰亲信首领之豪，其子一声金龙，有众万余，最为强盛，乃与昊贼结姻，唃厮啰日益危弱"③。在这样一种情形之下，唃厮啰不得不离开邈川，迁居青唐城。

"景祐中，以厮啰为保顺军节度观察留后，岁以奉钱令秦州就赐。"

唃厮啰到达青唐城后，首先面临的仍然是站稳脚跟的问题。他到达青唐城后，采取了一系列措施来巩固自己的地位。李立遵和温逋奇的教训让唃厮啰清醒地看到，单纯依靠一个赞普后人的大旗已不足以号令分散的各族势力。因此，迁居青唐之后，唃厮啰采取了吐蕃传统的盟誓来巩固自己与各部落之间的联系。所谓盟誓就是使各部落结为一体，共同对敌的一种形式。这种方式是吐蕃传统的一种方式，"赞普与其臣岁一小盟，用羊、犬、猴为牲；三岁一大盟，夜肴诸坛，用人、马、牛、间为牲。凡牲必折足裂肠陈于前，使巫告神曰'渝盟者有如牲'"④。唃厮啰完全继承了这种盟誓的方式，为此，他在青唐城

---

① （宋）李焘：《续资治通鉴长编》卷一一九，景祐三年十二月辛未。
② （宋）张方平：《乐全集》卷二二《秦州奏唃厮啰事》。
③ （宋）赵汝愚：《宋名臣奏议》卷一百三十二《边防门》，商务印书馆1986年版。
④ 《新唐书》卷二百一十六《吐蕃上》，第6073页。

专门建设盟誓之处所，"直南大衢之西，有坛三级，纵广亩余，每三岁冕祭天于其上"①。盟誓之外，唃厮啰还大力尊崇佛教来加强内部的团结，利用宗教这面旗帜来加强部族之间的团结，唃厮啰政权中就有许多僧人，"吐蕃重僧，有大事必集僧决之"②。通过这样一种方式，唃厮啰政权所制定的每一项政策便拥有了宗教特色，从而也增加了执行的权威性。

总之，唃厮啰迁居青唐后，吸取了李立遵和温逋奇时期的经验教训，逐步地站稳了脚跟，巩固了自己的政权，成为河湟吐蕃诸部公认的大首领。唃厮啰的发展也得到了北宋政府的刮目相看，对他的封爵也不断升级。景祐二年（1035 年）十二月，授唃厮啰为"保顺军节度观察留后，月支大彩三十匹，角茶三十斤，散茶一百斤，岁给俸钱由秦州就近赐给"③。

"元昊侵略其界，兵临河湟，厮啰知众寡不敌，壁鄯州不出，阴间元昊，颇得其虚实。元昊已渡河，插帜志其浅，厮啰潜使人移植深处以误元昊。及大战，元昊溃而归，士视帜渡，溺死十八九，所卤获甚众。"

就在唃厮啰大力发展自己实力的同时，西夏经过几代人的发展，并占据瓜、沙、甘、凉四州，统治区域成倍地扩大，经济实力大为增强。特别是天圣九年（1031 年）太子元昊继位后，在外交政策上一改往日的颓势，不再向宋称臣归顺，欲与宋分庭抗礼；在西部边境上，唃厮啰势力的发展让元昊感受到了压力，在继续巩固甘、凉等州的基础上，他把进攻的矛头直接指向了唃厮啰，企图吞并黄河河南、湟水流域，进一步扩大统治区域，消灭唃厮啰，消除自己的后顾之忧，以此来壮大与宋抗衡的能力。

景祐二年（1035 年），元昊派其大将苏奴儿率二万五千人进攻河湟地

---

① （宋）李远撰，马忠辑注：《青唐录》，《青海地方旧志五种》，青海人民出版社 1989 年版，第 10 页。

② 同上。

③ （清）徐松辑：《宋会要辑稿》第一百九十九册，《蕃夷》六之三。另见《续资治通鉴长编》卷一一七，景祐二年十二月壬子；《乐全集》卷二二《秦州奏唃厮啰事》。

区，想趁唃厮啰立足未稳之时将青唐政权扼杀在摇篮之中，双方在牦牛城①展开了一场大战。结果唃厮啰初战告捷，西夏苏奴儿率领的军队"败死略尽，苏奴儿被执"②。元昊获悉苏奴儿兵败事后，亲率大军奔赴河湟攻打牦牛城，唃厮啰坚守一月有余，但是最终由于误中元昊诈和的奸计，牦牛城被攻破。接着，元昊又乘胜追击，接连进攻青唐、安二③、宗哥、带星岭④等城，唃厮啰政权此时是岌岌可危。在这种艰难的条件之下，唃厮啰派"部将安子罗以兵十万绝归路"，企图通过断元昊后路的策略来迫使元昊退兵，但是李元昊却誓不退兵，这场战役持续时间将近一年的时间，元昊付出"部兵溺宗哥河及饥死过半"⑤的惨重代价后，终于渡过宗哥河（即今之湟水），兵临青唐城下。

元昊兵临城下，唃厮啰对保卫青唐城保持了一种清醒的头脑，经过一年多的战争，唃厮啰对敌我双方的实力做出了正确的判断，"知众寡不敌，避鄯州（青唐）不出"⑥，制定了坚守、不再与西夏做正面交锋、静观其变的战略战术。唃厮啰的这一战略战术无疑是正确的，坚守不出的战术拖住了元昊的军队，双方又坚持数月之久。同时，唃厮啰派人到西夏行反间计，侦察西夏人的虚实，同时又派部将安子罗率众断西夏军队的后路。唃厮啰的反间计马上就获得了成效，他获知元昊渡过宗哥河时，"插帜志其浅"，于是他暗地里"使人移植深处，以误元昊。及大战，元昊溃而归，士视帜渡，溺死十八九，所虏获甚众"⑦。这样，青唐城保卫战取得了彻底的胜利。元昊仅仅是率领残兵败将突破安子罗的防线，撤

① 牦牛城，又作猫牛城，《宋史·地理志》作"氂牛城"，崇宁三年改为宣威城，其地"东至绥边砦四十里，西至宁西城界三十五里，南至西宁州界二十五里，北至南宗岭九十里"（《宋史·地理志》）。按此地理位置来考证，当为今西宁市大通县南部北川河东岸的毛家寨。

② （宋）李焘：《续资治通鉴长编》卷一百十七，景祐二年十二月壬子。

③ 安二，《续资治通鉴长编》作阿尔，崇宁三年改名为保塞寨，其地"东至龙支城界二十二里，西至西宁州界三十里，南至廓州界二十里，北至青田族一十五里"（《宋史·地理志》）。其地应为今湟水北岸之互助土族自治县境的高寨。但是据吴均先生考证安儿城应为今天平安县治平安镇。参见吴均《论邈川、宗哥、安儿三城及省章、安儿、青唐三峡的位置》，《中国历史地理论丛》1994年第1期。

④ 带星岭，《宋史·地理志》未载，具体地址不详。

⑤ （宋）李焘：《续资治通鉴长编》卷一百十七，景祐二年十二月壬子。

⑥ 同上。

⑦ 同上。

出河湟。①

青唐城保卫战,是关系唃厮啰政权生死存亡的关键一战。这一战,是唃厮啰出世以来亲自指挥的第一仗,充分显示了唃厮啰卓越的军事才能和超强的组织能力。青唐城保卫战历时一年多的时间,元昊兵临城下,唃厮啰政权面临覆亡的危险,而且政局的发展对唃厮啰也十分不利。但是唃厮啰面对这样严重的局面并没有自乱阵脚,反而是保持了清醒的头脑。在继续坚持军事对抗的情况之下,成功地运用反间计最终取得了青唐保卫战的胜利。

"自是,数以奇计破元昊,元昊遂不敢窥其境。"

青唐保卫战的胜利,不仅保卫了刚刚建立不久的青唐政权,而且极大地提高了唃厮啰在河湟吐蕃各部族中的地位,不仅一战成名,也改变了西北地区的政治形势。这一战役之后,元昊并不甘心失败,青唐政权和西夏之间的战争仍在继续,但是无疑这一战役改变了双方之间的实力对比,唃厮啰开始占据了优势,败少胜多,"自是,数以奇计破元昊,遂不敢窥其境"②。

"及元昊取西凉府,潘罗支旧部往往归唃厮啰,又得回纥种人数万。"

明道元年(1032 年),元昊攻陷西凉府,六谷蕃部不得已投奔唃厮啰,"唃厮啰并厮铎督之众十余万,回纥亦以数万归焉"③。六谷蕃部和回

---

① 青唐城保卫战,在各种史籍中均有记载,现摘录如下:《太平治迹统类》卷七《康定元昊扰边》:景祐二年十二月,赵元昊遣苏奴儿将兵二万五千人攻西蕃唃厮啰,败死略尽,苏奴儿被执。元昊又自率众攻牦牛城,一月不下,既而诈约和,城开,乃大纵杀戮。又攻青唐、安二、宗哥、带星岭诸城,唃厮啰部将安子罗以兵十万遏归路。元昊昼夜战二百余日,子罗败,然后溺宗哥河及饥死过半。元昊又尝侵唃厮啰并兵临河、湟,唃厮啰知从(众)寡不敌,壁鄯州不出,阴间元昊,颇得其虚实。元昊已渡河,插旗帜志其浅,唃厮啰潜使人移植深处以误元昊。及大战,元昊溃而归,士视帜渡,溺死十八九,所卤(虏)获甚众。在《东都事略》中也有记载:会元昊举兵袭唃厮啰,坚辟不与战。元昊度(渡)水,尝植帜以志深浅,唃厮啰潜使移所植。及元昊众溃,趋志处,溺死过半。自是,数以计误元昊。

② 《宋史·吐蕃传》的这一说法,在《续资治通鉴长编》卷一一七,景祐二年十二月壬子后的小注却对此持怀疑态度:唃厮啰传插帜误元昊后云:自是数以奇计破元昊,元昊不敢窥其境,盖饰说也,今不取。

③ (宋)王称:《东都事略》卷一二九《附录七》。

纥十万之众加入使唃厮啰的实力已经不容小觑。

"厮啰居鄯州,西有临谷城通青海,高昌诸国商人皆趋鄯州贸卖,以故富强。"

北宋初年,中原与西域各国的陆路交往主要取"灵州道",即由东京开封西行至长安,再由长安西北行入灵州,由灵州西行经河西走廊的凉、甘、瓜、沙四州到西域,"自瓜沙至于阗,道路清谧,行旅如流"①。

然而,11世纪初,西夏的势力崛起之后,河西走廊便陷入战乱状态,灵州路线变得极不安全。到宋景祐三年(1036年),西夏完全控制了"丝绸之路"的咽喉要道河西走廊,从此便对过境的商人横征暴敛。"夏国将吏率十中取一,择其上品,商人苦之。后以物美恶杂贮毛连中,然所征亦不赀。"②

与西夏几乎同时兴起的唃厮啰政权对中西贸易却采取了截然不同的政策,凡过境的商旅、贡使等,唃厮啰令族人予以友好相待,提供吃住与方便,商人只付相应的费用或货物即可。对那些朝贡宋朝由此过境的各国使者,以及他们所携带的大批货物,则派专人保护,送出"蕃境",如唃厮啰曾经把回鹘使者"遣人援送其使,故频年得至京师"③。

唃厮啰所奉行的友好政策使得青唐城成为新的连接东西交通的枢纽,当时有两条连通东西的要道,都是以青唐城为中转站:一条是"自青唐西行四十里至林金城,去青海善马三日可到……海西地皆平行……西行逾两月,即入回纥于阗界"④。另一条行程较远,大抵是由青唐西行至湟源,沿北川北上,经大通河谷,出祁连山扁都口,纵切河西走廊,顺额济纳河至居延海,沿马鬃山北麓达伊州、高昌。但是这条路由于仍然要经过西夏控制区,所以只有在西夏守备较弱时才走这条路。

由于有大批商人经过青唐,唃厮啰政权也凭借商业的优势而变得十分富庶,青唐城内也居住了大量的各国商人,"往来贾贩之人数百家"⑤。

---

① 《宋史》卷四百九十《于阗传》,第14107页。
② (清)吴广成:《西夏书事》卷十五。
③ 《宋史》卷四百九十《回鹘传》,第14116页。
④ (宋)李远撰,马忠辑注:《青唐录》,第10页。
⑤ 同上。

"宝元元年，加保顺军节度使，仍兼邀川大首领。"

景祐二年（1035年）青唐城保卫战胜利后，唃厮啰马上派人前往宋朝廷报捷，希望得到北宋的封赏。然而此时的北宋政府仍然是首鼠两端，对唃厮啰政权牵制西夏的军事作用并没有认识得十分清楚。当捷报到达宋朝政府之后，北宋政府开始想授予唃厮啰节度使的职位，但是北宋大臣韩亿却提出了不同意见，"彼皆蕃臣也，今不能谕令解仇，乃因而加赏，非所以绥御四方也"①。

宝元元年（1038年）十月，西夏元昊称帝，北宋朝野上下为之震惊。西夏攻陷凉州后，西夏把唃厮啰占据的河湟地区视为必争之地，因为这一地区地形险要，"山峡迂回"，"扼束羌蕃，屹为襟要"，② 元昊对这一地区早已是垂涎三尺。元昊的扩张让北宋政府感受到了威胁，从而开始把元昊的西夏视为心腹大患，特别是元昊称帝之后，北宋政府制定了"以夷制夷"的政策，开始设想利用唃厮啰来牵制元昊，"宜厚唃厮啰以扼德明"，③ 也就是联合唃厮啰来扼制西夏。正是出于这种考虑，北宋政府终于不顾韩亿等人的反对，把节度使这一头衔授予了唃厮啰这一"外夷"，并给唃厮啰以优厚待遇。

"时以元昊反，遣左侍禁鲁经持诏谕厮啰，使背击元昊以挠其势，赐帛二万匹。"

元昊称帝的第二年，宋仁宗下令削去元昊的封爵，在沿边揭榜，募死士捕杀元昊。面对宋夏之间大规模的战争，北宋的一些有志之士看到了唃厮啰政权在这场战争中的重要性，知永兴军夏竦曾上书提出十条破西夏建议，其中就谈到唃厮啰的重要性："二，羁縻属羌以为藩篱；三，诏唃厮啰父子并力破贼。"④ 宝元二年（1039年），北宋派左侍禁鲁经持诏出使青唐城，诏书全文为：

---

① 《宋史》卷三百一十六《韩亿传》。另见《续资治通鉴长编》，卷一百十七，景祐二年十二月壬子。

② （清）顾祖禹：《读史方舆纪要》卷六四《陕西·西宁镇》，中华书局2005年版。

③ （宋）李焘：《续资治通鉴长编》卷八三，大中祥符七年十二月甲戌。

④ 《宋史》卷二百八十三《夏竦传》，第9573页。

"朕以昊贼僭狂，侵扰边境，卿资忠济勇，效顺输诚，授任高牙，保我西略，愤兹丑类，尝议剪除，相得传闻，共深仇嫉，所宜早兴师诱，往袭空虚，乘彼未还，拔其根本，父子竭力，殄族抗渠，今正其时，机不可失。今来昊贼犯边，卿俟诏到日，辖领手下军，径往贼界同共剪除杀戮，如能有心荡来得昊贼，即当授卿银、夏等州节制，仍差心腹人赍起发兵马日数文字报与缘边经略安抚司，以凭发兵应援。仍赐袭衣、金带、绢二万匹。"①

同时，北宋政府对唃厮啰全家又一次进行大封赏："以保顺军节度使邈川大首领唃厮啰妻安康郡李氏为尼，仍赐紫衣，妻太原郡君乔氏为永嘉郡夫人，子瞎毡为澄州团练使，磨毡角为顺州团练使，各赐紫衣、金带、器币及茶，仍每月别给彩绢各十五匹。"②

"经还，以劳擢阁门祗候。"

宝元二年（1039年）六月，鲁经从历精城返回东京，北宋政府以功擢升鲁经为"阁门祗候"。

"厮啰奉诏出兵向西凉，西凉有备，厮啰知不可攻，捕杀游逻数十人亟还，声言图再举。"

唃厮啰在得到北宋的诏书之后，派四万五千人向西夏占领的河西地区发动进攻，由于西夏早有准备，唃厮啰无功而返，同时向北宋政府保证如有机会将继续出兵牵制西夏。康定元年（1040年）二月，北宋又一次下诏唃厮啰出兵西夏，诏书全文如下：

朕以昊贼猖獗，侵掠边隅，卿累世称藩，资忠效顺，高牙巨节，保我西陲，愤兹丑羌，尝议讨伐，所宜早兴师旅，往袭空城，乘彼未还，据其根本，父子竭力，殄灭凶渠，今也其时，几（机）不可

① （清）徐松辑：《宋会要辑稿》第一百九十九册，《蕃夷》六之三。
② （宋）李焘：《续资治通鉴长编》卷一百二十三，宝元二年四月癸亥。

失，等诏到日，刷领手下军马，径往贼界，同力剪除，如能成功，当授卿银、夏等州节制。宜令腹心人以起发日，关报缘边经略安抚司，以凭举兵应援。仍赐对衣带、绢二万匹。①

然而，北宋诏书到达青唐城之后，唃厮啰对出兵却非常谨慎，"虽被诏，然卒不能行也"②。

"元昊既屡寇边，仁宗召对鲁经，欲再遣，经固辞，贬经为左班殿直。"

从宝元二年（1039 年）开始，西夏李元昊又发动了对北宋的大举进攻，北宋军队屡战屡败，边将多被西夏捕杀或俘获，西北战局十分危急。面对西北日益吃紧的战事，康定元年（1040 年），宋仁宗于便殿召见曾出使过唃厮啰地的鲁经，想派鲁经再次出使青唐城，说服唃厮啰出兵击元昊，从而减轻西夏对北宋的军事压力，鲁经拒绝前往，"经辞不行，甲申，降为右（左）班殿直，落职，监吉州税"③。

"募敢使者，屯田员外郎刘涣应诏。"

北宋政府面对西北战场的危局一筹莫展，在朝廷上下展开了激烈的讨论。吴育提议应该"募机辨有胆略者，使多方招诱，莆离其党，此伐谋之要也。若经唃厮啰及他蕃部，亦密谕以朝廷之意，使并力以攻，均其恩赐，同其功利，以情料之，无不听命者"④。石延年亦提出："宜募愿使其国者，护发其兵，如有功，则加以王爵，置榷场，许市易羊马以通货财。"⑤ 最后北宋朝廷上下在这一问题上达成了一致意见，即要联合契丹、吐蕃、回鹘等周边的几个少数民族地方政权的力量方能制服西夏，在这几个少数民族地方政权之中，唃厮啰政权是首先招募出使官员的一个。康定元年（1040 年）八月，屯田员外郎刘涣应诏出使唃厮啰地区。

---

① （宋）佚名：《宋大诏令集》卷二百三十九《政事》。
② （宋）李焘：《续资治通鉴长编》卷一百二十六，康定元年二月庚寅。
③ 同上书，康定元年春正月癸未，
④ 同上书，康定元年三月辛酉。
⑤ （宋）李焘：《续资治通鉴长编》卷一百二十七，康定元年四月丁亥。

"涣至，斯啰迎导供帐甚厚，介骑士为先驱，引涣至庭。"

刘涣奉诏出使青唐城的路线，在沈括的《梦溪笔谈》中有比较详细的记载："出古渭州，循末邦山至河州国门寺，绝河逾廓州至青唐。"① 一路上，刘涣历尽艰辛，"或整日不得食，于佩囊中得风药数粒，咀润咽喉"②。为确保能够平安到达，刘涣甚至乔装改扮成僧人模样，"蕃法唯僧人所过不被拘留，资给饮食。涣乃落发僧衣以行"③。

刘涣一行到达青唐城之后，受到唃厮啰的热情接待，"唃厮啰迎导，供帐甚厚，介骑士为先驱，引涣至庭"④。

"厮啰冠紫罗毡冠，服金线花袍、黄金带、丝履，平揖不拜，延坐劳问，称'阿舅天子安否'。"

唃厮啰接见刘涣的穿着反映出了当时吐蕃上层在服饰方面汉化的程度，吐蕃人的传统服装为"荷毡而被毳"⑤。此处所记载唃厮啰却"紫罗毡冠""金线花袍""黄金带""丝履"，俨然一副汉家王子的气势。之所以出现这种情况，是与长期以来唃厮啰大力发展与汉族地区的贸易密不可分的，在北宋政府的赏赐中，锦袍银带是必不可少的一种物品，唃厮啰衣汉服也就不足为奇了。

此外，唃厮啰还沿用唐朝时期吐蕃王朝与唐王朝结亲的关系，称呼北宋皇帝为"阿舅"，这也从另一个侧面反映出了唃厮啰欲与北宋王朝保持良好关系的愿望。

"道旧事则数十二辰属，曰兔年如此，马年如此。"

吐蕃历法纪年沿用的是藏历阴阳历纪年法，"吐蕃不识天干，惟以地支，属相纪年"⑥，即以金木水火土五行配以属相纪年的方法。这种方法

---

① （宋）沈括：《梦溪笔谈》卷二五《杂志二》。
② （宋）王圣涂：《渑水燕谈录》卷二，文渊阁四库全书本。
③ （宋）周辉：《清波杂识》卷十，文渊阁四库全书本。
④ （宋）李焘：《续资治通鉴长编》卷一百二十八，康定元年八月癸卯。
⑤ （宋）毛滂：《东堂集》卷一，文渊阁四库全书本。
⑥ 《西藏记》卷上，上海商务印书馆 1936 年版。

显然是受汉族五行学说和属相的影响。这种简单的纪年方法,自宋天圣五年丁卯年（1027 年）藏历阴火兔年开始,每六十年为一个"饶迥",到宋元祐元年丙寅年（1086 年）藏历阳火虎年,就是一个"饶迥",唃厮啰统治时期正是处在这一"饶迥"之中。

"涣传诏,已而厮啰召酋豪大犒,约尽力无负,然终不能有大功。"

刘涣在会见唃厮啰时向唃厮啰宣读了北宋的诏书,其诏书全文为:

> 国家建德以锡（赐）其土封,进律以重其闻制,眷吾良师,实殿外藩,能体怀柔之仁,素坚恭顺之节,特盻丕制,申告群伦,西蕃邈川首领保顺军节度、洮州管内观察处置等使、金紫光禄大夫、检校太尉、使持节洮州诸军事、洮州刺史、兼御史大夫、上柱国、武威郡开国公、食邑二千户、食实封三百户唃厮啰,志蕴沉雄,性资端亮,禀金方之劲气,控榆谷之遐区,向膺授钺之征,遂享苴茅之宠,护邈川之豪而恩信甚笃;制夏台之猾而义勇弗回。铎兹凉之雄,益以汉坛之拜,载惟异数,以励壮猷。於戏,旗纛前驱,兼统二邦之旅,翰垣分寄,仍陪四履之封,其思令图,勉称明命,可特依前检校太保、使持节洮州凉州刺史、兼御史大夫、充保顺河西等军节度、洮州凉州管内观察处置押蕃落等使。①

唃厮啰接诏后,当即向刘涣表示自己的忠心,表示要"誓死捍边",同时又派人把刘涣护送出境,并献上地图,"遣骑护出境,得其誓书与西州地图以献"②。刘涣返回京师后,向朝廷详细汇报了湟水之行的细节,深为仁宗称赏。刘涣也因此"加直昭文馆,迁陕西转运使"③。

---

① （宋）佚名:《宋大诏令集》卷二百三十九《政事》。
② 《宋史》卷三二四《刘涣传》,第 10493 页。
③ 同上。

"后累加恩兼保顺河西节度使、洮凉两州刺史，又加阶勋检校官、功臣、食邑，赐器币鞍勒马。"

庆历元年（1041 年）之后，北宋政府又数次下诏对唃厮啰进行封赏，其诏书如下：

唃厮啰加恩制庆历四年十一月

门下：朕渭选至日，大报园丘，循三岁之常典，率九州之助职，上帝来享，群望普怀，已解玉銮之严，遂布金鸡之庆，或扞城宣力，或景从陪祠，均叙乃勤，并论而赏，具官唃厮啰，朴质有守，忠孝不回，光胙西土之良，训定中军之教，亭候完谨，民物阜安，奉宣朝献，协底贡艺，乘车束马，则躔及有司，垂橐偃节，则坐固吾围，佥咨舆议，诚谓有劳，用当厘事之成，昭进宠阶之等，拓封大邑，加食爰租，於戏，天介鸿休，式覃雷雨之施，国有繁奖，庸厚金石之臣，进膺恩章，益奋志概，勿休勿怠，以究成勋。可。

唃厮啰加恩制即位

门下：朕膺天宝命，纂国鸿图，内则股肱大臣，以维社稷之固，外则蕃卫群后，以絜封疆之冲，矧当视政之初，敢后畴庸之典，诞孚廷涣，宣穆师金。具官某，气概沉雄，知怀明果，世宅西方之劲，心勤内府之输，忠义贯于神明，威声慑于区落，师才占胜，则专铁钺之征，盟府书劳，旧载山河之誓，肆承先帝之序，中霑有邦之遐，进驭贵之崇阶，均班朝之伟望，陪之多户，衍以真租，并懋宠光，以昭异等。於戏，勋屏王室，固无外阃之虞，命契天心，适及景风之候，盖恢世烈者誉其永，更民始者泽非常，勉绥顺猷，钦服徽数。可。

唃厮啰授依前保顺河西节度加食邑实封功臣制郊祀

门下：夫宅天下之尊，必伤上神之报，笃人子之孝，必严先烈之思，朕亲执豆笾，只见郊庙，乘一气之复，以体天地之仁，合万灵之休，以孚汗涣之号，畴庸丕制，首暨诸蕃。具官某，蚤承世封，躬履侯度，作屏于外，自雄夷落之师，述职于中，有爱王府之贡，肆若初之抚御，尤不失其顺祇，适骏祀于园丘，宜册勋于大寝，爰益褒之数，用闳守土之声，斥以爰田，陪之真赋，并推异数，庸答素劳。於戏，维皇德泽之均，始于近而加于远，维臣忠义之节，善其初者惟其终，勤宣令猷，永锡蕃祉。可。①

北宋对唃厮啰的册封是一个循序渐进的过程，是随着唃厮啰实力的不断增强而加大了册封的力度。"宋朝继承了汉唐'内臣化'册封的做法，授予境外诸国和政权首领、使节宋朝内臣官衔，所封官衔种类既有继承又有增益。"② 总体来说，宋朝在汉唐基础上将给外臣册封封邑和功臣号制度化，形成了阶、官、勋、爵、封邑、功臣号六个要素。北宋时期这六个要素官衔全部受封的地方政权仅有交趾、归义军、西夏、吐蕃、高丽，唃厮啰家族就是其中之一。从北宋对唃厮啰所颁布的几份诏书来看，唃厮啰所受封的情况大致是：邈川首领检校太保、使持节洮州凉州刺史、兼御史大夫、充保顺河西等军节度、洮州凉州管内观察处置押蕃落等使（官），上柱国（勋），武威郡开国公（爵），食邑二千户，食实封三百户（封邑），宠阶（阶），实封功臣（功臣号）。

补遗

从庆历元年（1041 年）到嘉祐三年（1058 年）共计 17 年的时间，这 17 年的历史在《宋史·吐蕃传》中没有任何记载，从其他史料中可以查找到关于唃厮啰的若干记载，按年代顺序记载如下：

庆历二年（1042 年）

二月，北宋朝廷决定以后"秦州自今唃厮啰及外国进奉人并约定人数令赴阙，其所进方物以本城军士传送之，勿令自雇庸人"③。同月，西夏李元昊与唃厮啰长子瞎毡交战，唃厮啰坐视不救。"是时，元昊筑城阿干城，河帝距宛谷七十里，中国命瞎毡为缘边巡检使，出兵图之。元昊恶其逼，遣将攻宛谷，大破之，唃厮啰不能救。"④

庆历三年（1043 年）

十二月，韩琦上书为唃厮啰不能出兵援助其子瞎毡不平，"元昊破瞎

---

① （宋）佚名：《宋大诏令集》卷二百三十九《政事》。
② 黄纯艳：《宋朝对境外诸国和政权的册封制度》，《厦门大学学报》2013 年第 4 期。
③ （宋）李焘：《续资治通鉴长编》卷一百三十五，庆历二年二月庚辰。
④ （清）吴广成：《西夏书事》卷十五。

毡，而唃厮啰不敢出战，既不能救其子，况能为秦州之援乎？惟朝廷速择将帅而深计之"①。

庆历四年（1044 年）

正月，唃厮啰次子磨毡角遣使入贡。

十二月，唃厮啰长子瞎毡遣使入贡。

庆历六年（1046 年）

三月，唃厮啰派人献方物。

四月，唃厮啰次子磨毡角贡方物。

庆历七年（1047 年）

五月，唃厮啰长子"瞎毡别作一城住坐，欲绝往来进奉之路，恐与元昊相通，亦虑夏国有结亲之好……"②

十月，磨毡角进贡方物。

皇祐二年（1050 年）

十二月，唃厮啰派人进贡方物。

皇祐五年（1053 年）

十二月，赐西蕃唃厮啰次子磨毡角进奉人方物。

嘉祐元年（1056 年）

磨毡角进贡。

嘉祐二年（1057 年）

瞎毡并诸族进贡。

嘉祐三年（1058 年）

唃厮啰长子瞎毡、次子磨毡角相继去世。

"嘉祐三年，撩罗部阿作等叛厮啰归谅祚，谅祚乘此引兵攻掠境上，厮啰与战败之，获酋豪六人，收橐驼战马颇众，因降陇逋、公立、马颇三大族。"

嘉祐三年（1058 年），唃厮啰内部发生剧烈动荡，其部族撩罗部阿作等率部叛逃西夏，西夏谅祚遂以"讹庞令阿作为向导，攻掠西蕃，围青

---

① （宋）李焘：《续资治通鉴长编》卷一百四十五，庆历三年十二月辛丑。
② （清）徐松辑：《宋会要辑稿》第一百九十九册，《蕃夷》六之三。

唐城，与唃厮啰战，大败，酋豪被获者六人，失马驼甚众。"① 这次战役遂以唃厮啰的胜利而结束。

此处所提及的陇逋、公立、马颇三族，均居于熙河兰会区，其中陇逋族影响很大。

陇逋族最初是一个相对独立的吐蕃部落，河湟吐蕃政权和宋朝政府均想对其进行直接和有效的管理，为维护自己的独立地位，陇逋族既和河湟吐蕃政权又和北宋发生过多次战争。大中祥符九年（1016年），李立遵所率领的河湟吐蕃政权和宋朝进行的三都谷战役激战正酣之时，为寻求沿边蕃部的支持，增加自己与北宋抗衡的力量，李立遵派兵到大、小洛门地区招降蕃部，强令他们纳质归顺。迫于李立遵的军事压力，大多数吐蕃部落纳质归降，唯独陇逋族和图沙玛族拒绝投降，并且在北宋政府的支援之下大败李立遵大将马巴咱尔，取得胜利。"宗哥昨遣马波叱腊率兵到大、小洛门，胁诱熟户，寻呼集令纳质于永宁寨，有隆波、他厮麻二族不至。……二族合众拒战，破马波叱腊，斩首二百余级。晚度渭河水涨失道，为蕃众所袭，溺死者二十五人，伤死者百人。"② 庆历元年（1041年），北宋欲征服陇逋族，派秦凤署司攻打陇逋族，最终亦以失败告终，"秦凤署司打隆波族，亡九十六人，各获首一级"③。

嘉祐三年（1058年），唃厮啰所领导的青唐吐蕃政权日渐强大，"向时唃厮啰、瞎毡、磨毡角分据地界，各统部族，今既并合为一，力量足见强盛"④。强大的唃厮啰政权已经不容许其统治区有任何反叛的势力存在，恰在此时，唃厮啰境内发生擦罗族叛逃西夏之事，西夏谅祚趁机率军犯边，唃厮啰率军追击叛逃的擦罗族并与西夏军大战，最终唃厮啰取得胜利。这次战役之后，唃厮啰招降了陇逋等三族，陇逋族自此真正地归于唃厮啰政权的统治之下。

熙宁年间，王韶对西北吐蕃诸部发动熙河之役，陇逋族成为被重点进攻的部落之一，熙宁七年（1074年）刘昌祚和徐禹臣因讨伐陇逋族

---

① （清）吴广成：《西夏书事》卷二十。
② （宋）李焘：《续资治通鉴长编》卷八十八，大中祥符九年九月己酉，
③ （宋）李焘：《续资治通鉴长编》卷一百三十二，庆历元年五月甲戌。
④ （宋）张方平：《乐全集》卷二二《秦州奏唃厮啰事》。

而受赏，"皇城副使兼阁门通事舍人知阶州刘昌祚为西京作坊使，走马承受供奉官徐禹臣为供备库副使寄资，赏讨阶州峰贴硖陇逋族蕃部之劳也"①。

北宋势力退出河湟地区之后，陇逋族最初投降于西夏，后又降金，"庄浪族陇逋、庞拜二门，从西蕃首领结什角叛降于金"②。降金之后，陇逋等四族共推结什角为王子，结什角被害之后又拥立结什角之侄赵师古为首领。③

陇逋族最早居于秦州沿边地区，宋、元、明、清时期不断西迁，居住地不断变化，陇逋族的一支甚至后来迁居至现在青海玉树地区，成为玉树藏族的先源之一。陇逋族的迁徙在宋金吐蕃诸部中是非常有代表性的。下面为陇逋族主要居住过的地区：

大、小洛门地区。陇逋族最初居于大、小洛门地区，这一地区最有实力的吐蕃部落为默星族，大、小洛门两寨后来由默星族献与宋朝，宋真宗天禧元年十月，秦州修建大、小洛门两寨，"本州所修大、小洛门两寨，献地及蕃官军主末星族郢城斯纳等补本族都军主，月给钱三千"④。大、小洛门位于秦州渭水之南，"唐末以来，居于渭水之南，大洛、小洛门寨，多产良木"⑤。大、小洛门的具体位置当在今武山县洛门镇、鸳鸯镇一带。

阶州、迭州、岷州。陇逋族归降唃厮啰政权之后，开始南迁和西迁，阶州峰贴硖（今甘肃舟曲县峰迭乡）和迭州（今甘肃迭部）成为陇逋族新的居地。熙宁七年（1074 年），陇逋族迁居于阶州，被称作"阶州峰贴硖陇逋族"⑥，峰贴硖为阶州古寨之一，"峰贴峡寨，在州西一百二十里。与番戎相接，宋置寨于此，为戍守要地，产良马。即今西固峰贴城，在州西二百三十里"⑦。峰贴硖的具体位置"即今舟曲县峰迭乡，位于白

---

① （宋）李焘：《续资治通鉴长编》卷二百五十五，熙宁七年八月己巳。
② （清）吴广成：《西夏书事》，卷三十七。
③ 《金史》卷九十一《结什角传》，第 2018 页。
④ （宋）李焘：《续资治通鉴长编》卷九十，天禧元年十月辛卯。
⑤ 《宋史》卷二百六十六《温仲舒传》，第 9182 页。
⑥ （宋）李焘：《续资治通鉴长编》卷二百五十五，熙宁七年八月己巳。
⑦ （清）叶恩沛修，吕震南纂：《阶州直隶州续志》，兰州大学出版社 1987 年版。

龙江的冲积扇上，古城寨遗址尚存，宋熙宁八年（1075 年）于此置茶马互市①。此后，陇逋族继续西迁，淳熙十六年（1189 年），陇逋族和另外三个吐蕃部族袭杀宋官之时居住于叠州，"叠州陇逋、青厮逋、心捹等三族蕃部，累次出没过掩杀五功官兵乞行推赏"②。陇逋族此后尽管又数度迁徙，但是有一支一直居住于叠州地区，明朝时期此地还有陇逋族，《明实录》中就多次出现"叠州陇卜族"的记载。③ 不仅在叠州，明时在岷州（今甘肃岷县）亦有陇逋族居住。④

青唐城及其附近。阿里骨承继为青唐吐蕃政权的赞普之后，陇逋族因追随溪巴温反对阿里骨而再次西迁至青海湖附近，因此又被称为"西海陇逋"⑤。陇捹继位之后，陇逋族迁居青唐城（今青海西宁）。在青唐城之时，陇逋族首领陇逋驴还参与了吐蕃部族密谋反叛宋军的行动，最终以失败告终。明朝时期，西宁卫还有陇逋族居住。⑥

积石山以北、玉树地区。唃厮啰政权崩溃之后，陇逋族一部南迁至积石山以北地区，另一部则西迁至青海玉树地区。金统治时期，结什角在陇南地区建立吐蕃政权，史载结什角居地"北接洮州、积石军，其南陇逋族，南限大山，八百余里不通人行"。⑦ 此处所指大山即积石山（阿尼玛卿山），可知陇逋族居地在积石山以北。迁至玉树的陇逋族明清时又被称为迭达部，为青海玉树 25 部中的四大百户之一，其居地"横跨通天河，其大部在河西，河东有迭达等八庄。东与称多、扎武属地及拉布部落等为界；南与扎武部落、拉秀部落为界；西北与扎武属地及安冲部落辖界"⑧。陇逋族成为今日玉树藏族的先源之一。

① 蔡副全：《石门沟古栈道遗址与宋代茶马贸易》，《农业考古》2014 年第 2 期。
② （清）徐松辑：《宋会要辑稿》第一百八十一册，《兵》一九之三九。
③ 《明英宗实录》卷37，正统二年十二月辛未和《明英宗实录》卷55，正统四年五月辛未。
④ 陈庆英主编：《中国藏族部落》，中国藏学出版社1991年版，第625页。
⑤ （清）徐松辑：《宋会要辑稿》第一百九十九册，《蕃夷》六之二五。
⑥ 陈庆英主编：《中国藏族部落》，第613页。
⑦ 《金史》卷九十一《结什角传》，第2017页。
⑧ 陈庆英主编：《中国藏族部落》，中国藏学出版社1991年版，第35页。

"会契丹遣使送女妻其少子董毡，乃罢兵归。"

10 世纪初，我国东北地区的契丹崛起，其大首领阿保机于公元 916 年称帝，建立契丹国。阿保机取得政权后，随即进行大规模的对外战争，兼并邻近诸部族，以扩大自己的统治地盘。在南侵中原的同时又挥兵西向，进入河西走廊。到 11 世纪，西夏政权兴起之后，西北地区形成宋、辽、西夏三足鼎立的局面，局势变得错综复杂。唃厮啰政权建立之后，他所控制的河湟地区由于其特殊的地理位置成为各方争夺的一个重要区域。由于辽国与西夏势均力敌，因此都想争取唃厮啰这支新生力量以壮大自己与对方竞争的砝码。但是西夏和辽国所运用的策略却是截然相反。西夏对唃厮啰更多使用的是战争与征服，这就让唃厮啰走向了与辽国联盟的一面。基于共同抵抗西夏的原因，双方实现了联姻。"秦凤经略司言：西蕃唃厮啰与契丹通姻。"① 双方联姻之后，出于共同对付西夏的目的，辽"数遣使由回鹘路至河湟间，与唃厮啰约举兵取河西"②。辽要求唃厮啰出兵凉州，拔掉西夏在河西的大本营，并要求派董毡驻守。但是由于各种原因，这一目的并没有实现。但是毫无疑问的是，唃厮啰与辽的联姻在一定程度上减轻了自己的军事压力，使自己在与西夏的战争中获得更多喘息的机会。

"治平二年夏，羌邈奔及阿叔溪心以陇、珠、阿诺三城叛谅祚归厮啰，厮啰不礼，乃复归谅祚，请兵还取所献地，谅祚不之罪，为出万余骑随邈奔、溪心往取，不能克，但取邈川归丁家五百余帐而还。"

从嘉祐七年（1062 年）起，唃厮啰把政权基本移交给其三子董毡处理，"邈川首领唃厮啰既老，国事皆委其子董毡"③。因此，治平二年（1065 年）所发生的事情完全是由董毡来处理的。这年五月，邈奔素跋扈看到西夏与唃厮啰屡战屡败，感觉没有前途，于是与其叔溪心以陇珠、阿诺等三城叛西夏而归唃厮啰，以董毡主政的唃厮啰政权并非如《宋史·吐蕃传》所记载的"厮啰不礼"，而是受降，但是年轻的董毡没有对

---

① （宋）李焘：《续资治通鉴长编》卷一百八十八，嘉祐三年九月乙亥。
② 同上。
③ （宋）李焘：《续资治通鉴长编》卷一百九十七，嘉祐七年八月癸未。

这些受降人员加以重用，从而引发了他们的不满，"邈奔等以地附厮啰，冀重用，不为礼，复归谅祚，宥不诛，请兵还取陇珠三城地，以万骑往，不克，收降丁五百帐而还"①。从这件事上完全可以看出初出茅庐的董毡在一些大事的处理上还是很幼稚的。

"厮啰其年冬死，年六十九，第三子董毡嗣。"

治平二年（1065 年）冬，唃厮啰去世，第二年五月二日下葬。② 唃厮啰去世后，其三子董毡继位。

附录一 唃厮啰编年事辑

公元 997 年（宋太宗至道三年）

唃厮啰出生于高昌磨榆，即今西藏自治区阿里地区的芒域。

公元 1008 年（宋大中祥符元年）12 岁

河州大酋何郎业贤至高昌（郭仓）贸易，将唃厮啰带回河州后又为大姓耸昌厮均移居移公城（一公城，后改为循化城）。

公元 1013 年（宋大中祥符六年）17 岁

唃厮啰先后娶李立遵女儿和侄女为妻。

公元 1014 年（宋大中祥符七年）18 岁

五月，宋朝授唃厮啰为殿直充巡检使。

十二月，李立遵、唃厮啰、温布奇聚兵六七万，与赵德明为敌，希望宋朝给以爵命俸给，宋朝拒绝。

公元 1015 年（宋大中祥符八年）19 岁

二月，唃厮啰、李立遵、温逋奇、摩罗木丹向宋贡名马，赐唃厮啰

---

① （清）吴广成：《西夏书事》卷二十一。

② 对唃厮啰去世的时间，在《宋史·吐蕃传》中有明确记载："厮啰其年（治平二年即1065 年）冬死，年六十九。"《稽古录》卷二十、《皇宋十朝纲要》卷六记载："（治平二年）十月己亥，唃厮啰卒，董毡袭位。"《续通鉴纲目》卷六亦记载："（治平二年十一月）吐蕃嘉勒斯赍死。"在《文献通考》卷三五五中则更为明确记载，"厮啰其年（治平二年）十月三日卒"。对唃厮啰去世时间在《九朝编年备要》中却有不同的说法，"去岁（治平元年），唃厮啰卒"。但是大部分的史籍记载是相同的，那就是唃厮啰去世于治平二年（1065 年）冬天十月或是十一月。

等锦袍、金带、供帐什物、茶药等，凡中金七千两，他物称是。

八月，唃厮啰遣使告捷。

八月，唃厮啰娶甘州回鹘可汗女不成，宗哥联盟与回鹘怨隙。

九月，唃厮啰立文法，聚数十万，派人入奏，愿讨平夏以自效，宋朝不许。

十二月，唃厮啰甚畏秦州近边丁家、马家二族，筑宗哥城御之。

公元 1016 年（宋大中祥符九年）20 岁

正月，唃厮啰、李立遵遣使贡谢恩马五百八十二匹，宋朝回赐以器币、缗钱总万二千计。

三月，李立遵上书向宋朝求"赞普"号，宋朝不准，唃厮啰与李立遵的矛盾公开化。

三月，苏都杀死唃厮啰舅尚杨丹。

四月，唃厮啰遣使入贡。

六月，唃厮啰派人至渭州缘边，扇摇熟户，并要求各熟户纳质于唃厮啰政权。

九月，唃厮啰与李立遵等率众三万余人入寇伏羌砦，与曹玮大战于三都谷，为曹玮所败。

公元 1017 年（宋天禧元年）21 岁

九月，唃厮啰向宋朝贡马，乞和断。

公元 1018 年（宋天禧二年）22 岁

二月，唃厮啰为穆尔锡里库所败，部族离散，河州诸族皆破宗哥族所立文法。

四月，崆裕勒、斯节博等族归附唃厮啰。

公元 1019 年（宋天禧三年）23 岁

二月，唃厮啰派僧景遵至宋朝进贡。

公元 1020 年（宋天禧四年）24 岁

闰十二月，唃厮啰复作文法，东山再起。

公元 1021 年（宋天禧五年）25 岁

九月，唃厮啰遣蕃部入宋请和，欲归附。

公元 1022 年（宋乾兴元年）26 岁

十一月，唃厮啰遣使求内附。

公元 1023 年（宋天圣元年）27 岁

二月，宋朝许唃厮啰岁一入贡。

公元 1024 年（宋天圣二年）28 岁

十二月，唃厮啰、李立遵派大首领斯多正进贡。

公元 1025 年（宋天圣三年）29 岁

唃厮啰为其妻族纳斯结等窃诱往邈川城投奔温逋奇所住坐，唃厮啰政权第一次分裂。

公元 1031 年（宋天圣九年）35 岁

十二月，唃厮啰通和。

公元 1032 年（宋明道元年）36 岁

唃厮啰三子董毡出生。

八月，唃厮啰被宋朝加封为宁远大将军、爱州团练使。

八月，温逋奇发动政变，囚唃厮啰于阱中。守阱人释放唃厮啰，唃厮啰集合部族讨杀温逋奇后迁居青唐城。

公元 1035 年（宋景祐二年）39 岁

十二月，宋朝加封唃厮啰为保顺军留后，仍旧邈川首领。

同年，元昊派部奖苏奴儿率兵进攻唃厮啰，败死略尽。元昊遂亲率大军进攻唃厮啰。唃厮啰率兵进行青唐城保卫战，最终取得胜利。

公元 1036 年（宋景祐三年）40 岁

唃厮啰家庭分裂，长子瞎毡迁居龛谷，后居于河州。次子磨毡角迁居宗哥城。同年，元昊复举兵进攻唃厮啰政权所辖兰州地区，筑城瓦川会，唃厮啰与宋朝的联系中断。

公元 1037 年（宋景祐四年）41 岁

十一月，唃厮啰遣使李博木、喇干等来贡方物。

公元 1038 年（宋宝元元年）42 岁

十二月，宋朝以唃厮啰为节度使。

十二月，诏赐唃厮啰彩绢十匹、角茶十斤、散茶千五百斤。

公元 1039 年（宋宝元二年）43 岁

二月，宋朝派左侍禁鲁经出使青唐城，谕唃厮啰使背击元昊，并赐帛二万匹。

四月，宋朝赐唃厮啰妻李氏紫衣，加封乔氏为永嘉郡夫人。唃厮啰长子瞎毡为澄州团练使，次子磨毡角为顺州团练使，各赐紫衣、金带、器币及茶，仍每月分别给予彩绢各十五匹。

公元 1040 年（宋康定元年）44 岁

二月，宋朝诏唃厮啰乘西夏空虚进攻元昊，唃厮啰卒不能行。

四月，宋朝任命唃厮啰三子董毡为会州刺史。

四月，唃厮啰次子磨毡角称有兵二万，愿取西凉府。宋仁宗诏嘉之。

八月，宋屯田员外郎刘涣出使青唐城，谕唃厮啰助讨西夏。

九月，遣三班借职杜赟谕西蕃瞎毡族令出兵讨贼。

公元 1041 年（宋庆历元年）45 岁

正月，宋朝加唃厮啰为检校太保，充保顺河西等军节度使。

四月，以唃厮啰进奉人兰章家军主策拉诺尔为珍州刺史。

四月，刘涣谕唃厮啰举兵取西凉府。

公元 1042 年（宋庆历二年）46 岁

二月，元昊与唃厮啰长子瞎毡大战于凫谷，瞎毡大败。

公元 1043 年（宋庆历三年）47 岁

正月，唃厮啰次子磨毡角入贡。

公元 1044 年（宋庆历四年）48 岁

十二月，唃厮啰长子瞎毡遣使入贡马九十匹、金二十两、铁甲一副。

公元 1046 年（宋庆历六年）50 岁

三月，唃厮啰派人献方物。

四月，唃厮啰次子磨毡角派人入贡。

公元 1047 年（宋庆历七年）51 岁

五月，唃厮啰长子瞎毡别作一城住坐，绝进奉之路。

十月，唃厮啰次子磨毡角遣使贡方物。

公元 1050 年（宋皇祐二年）54 岁

十二月，唃厮啰遣使进贡方物。

公元 1053 年（宋皇祐五年）57 岁

十二月，赐唃厮啰次子磨毡角进奉人衣物。

公元 1054 年（宋至和元年）58 岁

四月，唃厮啰长子瞎毡派人贡马，宋给他月增大彩五匹、角茶五斤，封其妻李萨勒邑号。

公元 1056 年（宋嘉祐元年）60 岁

正月，唃厮啰次子磨毡角进贡方物。

公元 1057 年（宋嘉祐二年）61 岁

四月，唃厮啰长子瞎毡派人进贡方物，宋朝廷回赐金箔药物。

公元 1058 年（宋嘉祐三年）62 岁

是年，唃厮啰长子瞎毡、次子磨毡角相继去世。

四月，唃厮啰所属擦罗部阿作叛归西夏。

五月，宋朝授磨毡角之子瞎撒欺丁为顺州刺史。唃厮啰之妻李氏惧孤懦不能守，乃献皮帛入库，廪文籍于唃厮啰，唃厮啰受之。

六月，西夏以阿作为向导举兵进攻唃厮啰，唃厮啰率众抵抗，大获全胜。

九月，西夏属部陇逋、公立、马颇三族归附唃厮啰，唃厮啰率兵进攻西夏。此时，契丹派使者送公主与董毡成亲，因此罢兵。

十月，宋朝授瞎毡子木征为河州刺史。

十二月，唃厮啰与董毡迁居历精城。

公元 1059 年（宋嘉祐四年）63 岁

十月，契丹遣使由回鹘路至河湟，约唃厮啰举兵攻夏国，且欲徙董毡居凉州唃厮啰以道远，兵难合，乃止。

十二月，宋仁宗下令，今后唃厮啰进奉首领赴殿宴，升其坐近北一间。

公元 1060 年（宋嘉祐五年）64 岁

三月，宋朝封唃厮啰妻乔氏为定安郡夫人。

公元 1062 年（宋嘉祐七年）66 岁

七月，唃厮啰老，国事皆委其子董毡。

公元 1063 年（宋嘉祐八年）67 岁

三月，赐唃厮啰金束带、盘球晕锦衣，银器二百两，白绢二百匹，角茶、散茶各百斤。

八月，唃厮啰蕃僧马取逋厮鸡死。

公元 1064 年（宋治平元年）68 岁

六月，诏增唃厮啰年赐大彩百匹、角茶二百斤、散茶三百斤。

公元 1065 年（宋治平二年）69 岁

夏，羌遒奔及阿叔溪心以陇、珠、阿诺三城叛谅祚归唃厮啰，唃厮啰不礼，乃复归谅祚。

十月，唃厮啰去世，年六十九，三子董毡继位。

公元 1066 年（宋治平三年）70 岁

五月，唃厮啰下葬。

附录二 唃厮啰的历史功绩

一 唃厮啰改变了西北地区的政治格局

唃厮啰来到河湟地区之前，西北吐蕃诸部由于吐蕃王朝的崩溃而引发混乱，正所谓"族种分散，大者数千家，小者百十家，无复统一矣"①。政局的混乱给当地居民带来了深重的灾难，百姓饱受战乱之苦，苦不堪言。六谷蕃部虽然在局部统一了河西地区，但是其政权很快便在西夏的进攻之下被颠覆。同时，由于北宋政府在立国之初无意于河湟地区的经略，更有甚者把这一地区视为"化外"，"吐蕃言语不通，衣服异制，朕以化外视之。自唐室以来颇为边患，以国家兵力雄盛，聊举偏师便可驱逐数千里多，但念其种类蕃息，安土迁，傥加攘却，必致杀戮，所以置于度外，存而勿论也"②。对西夏的崛起，在刚开始时也没有给予足够的重视，甚至认为"党项号为小蕃，非是劲敌"③。北宋政府的这种在西北边境地区碌碌无为的指导思想，实际上把西北吐蕃置于十分危险的境地。正是在这样一种思想的指导之下，在六谷蕃部屡次请求宋军援助之时，北宋政府仅仅是给六谷蕃部一些空衔，而无实际的军事行动，其最终的结果就是六谷联盟被西夏瓦解，西凉吐蕃政权，被推翻，西夏完全控制了河西这片富庶的土地。

唃厮啰正是在这样一种复杂的情况之下来到河湟地区"立文法"，建立自己的政权的。虽然在其年少之时，他先后被李立遵和温逋奇当成傀儡，但是整个河湟吐蕃正是在唃厮啰这面大旗之下统一起来，也才使得

---

① 《宋史》卷四百九十二《吐蕃传》，第 14151 页。

② （宋）李焘：《续资治通鉴长编》卷二四，太平兴国八年九月庚午。

③ 《宋史》卷二六四《宋琪传》，第 9130 页。

李立遵和温逋奇势力得到空前的发展，也才初步有了与党项集团抗衡的资格，"时宗哥立遵、唃厮啰、温逋奇等帐族甚盛，胜兵六七万，与赵德明抗敌"①。到唃厮啰迁居青唐掌握大权之后，唃厮啰坚决地制定了联宋抗夏的政策，不畏强敌，坚决与西夏抗衡，在他的领导之下，河湟吐蕃人民在景祐二年（1035 年）和景祐三年（1036 年）长达两年的激战中终于在青唐保卫战中大获全胜，给李元昊以重创，保住了重建的政权。此后，唃厮啰又和西夏数次战争，基本上是胜多负少，"数以奇计破元昊，元昊遂不敢窥其境"②。

唃厮啰控制河湟地区改变了西北地区的政治格局，他与西夏战争的胜利不仅保住了自己的政权，而且牵制了西夏大部分兵力，使得西夏在与北宋的战争中产生了后顾之忧，不能全身心地投入兵力与北宋决战，"自元昊拒命，终不敢深入关中者，以唃厮啰等族不附，虑为后患也"③。可以设想，如果没有唃厮啰对河湟地区的统一，西夏必然统一整个西北，然后定会大举侵宋，而以北宋的积弱积贫来看，是很难抵抗的，这在北宋政府给唃厮啰的诏令中亦说得非常清楚："（唃厮啰）志蕴沉雄，性资端亮，禀金方之劲气，控榆从之遐区，向膺授钺之征，遂享苴茅之宠，护邈川之豪而恩信甚笃；制夏台之猾而义勇弗回。择兹凉土之雄，益以汉坛之拜，载惟异数，以励壮猷。"④

二 唃厮啰维护了中西交通线的畅通

11 世纪初，西夏的势力崛起之后，迅速将进攻的矛头指向了河西走廊。宋景祐三年（1036 年），西夏完全控制了"丝绸之路"的咽喉要道河西走廊，从此便对过境的商人横征暴敛，"夏国将吏率十中取一，择其上品，商人苦之。后以物美恶杂贮毛连中，然所征亦不赀"⑤。这样，取道河西走廊的丝绸之路被迫中断。

唃厮啰政权兴起之后，他在自己所控制的地区采取了保护过往商人

① （宋）李焘：《续资治通鉴长编》卷八十三，大中祥符七年十二月甲戌。
② 《宋史》卷四百九十二《吐蕃传》，第 14161 页。
③ 《宋史》卷二百九十五《孙甫传》，第 9840 页。
④ （宋）佚名：《宋大诏令集》卷二百三十九《政事》。
⑤ （清）吴广成：《西夏书事》卷十五。

的政策，其至派人把西域的商人送往汉地，"先是夜落纥累与夏州接战，每遣使入贡，即为德明所掠。自四年后，宗哥诸族皆感朝恩，多遣人防援以至"①。正是由于唃厮啰的保护贸易的措施使得中西交通重新恢复，这条新的交通线由于是经由唃厮啰所统治的地区，因此被称作"青海路"②。

唃厮啰极力维护"青海路"的畅通，一方面他派兵保护过往的商客，另一方面他还允许过往商人在其首都青唐城建屋居住，甚至定居经营商业，在青唐城内定居的商户有几百家之多，"四统往来贾贩之人数百家"③，俨然成为一座国际贸易都市。

三 唃厮啰促进了汉藏文化交流

唃厮啰时期，河湟吐蕃加强了与内地的经济文化交流，唃厮啰通过贡赐贸易和茶马互市这两种方式加强了与中原内地的联系。这两种方式不仅使汉藏之间在经济上互通有无，而且促进了汉藏之间文化方面的交流，发展了汉藏之间的友好关系。据不完全统计，从宋真宗大中祥符元年（1008 年）到哲宗元符元年（1098 年）的九十年中，唃厮啰政权共进贡三十九次，进贡的物品有马、金、珍珠、宝石、玉石、象牙等几十种之多。每次进贡，北宋政府均要按其数量和质量进行估价并回赐许多物品。很显然，这种贡赐实际上就是一种变相的官方贸易，也是当时汉藏人民进行经济交流的主要渠道之一。

唃厮啰时期，由于与内地交流的频繁，大量汉地的丝织品进入唃厮啰统治的地区，改变了吐蕃上层的生活方式。宋朝使者刘涣出使青唐城时，见唃厮啰"冠紫罗毡冠，服金线花袍、黄金带、丝履"④，这种装束很显然是受汉地影响而然。同时，唃厮啰时期，大量的汉族进入河湟地

---

① （清）徐松辑：《宋会要辑稿》第一百九十七册，《蕃夷》四之六。
② 青海路，又称吐谷浑路，有两条路线：一是进入新疆后，经河西走廊的北面地区，由居延海南下横贯河西走廊，经大斗拔谷，进入河湟地区，再经熙河地区入秦州；二是进入新疆后，经河西走廊的南面地区，沿祁连山南麓，经青海湖，进入河湟地区，再经熙河地区入秦州。参见汤开建《解开"黄头回纥"与"草头鞑靼"之谜——兼谈宋代的"青海路"》，《青海社会科学》1985 年第 3 期。
③ （宋）李远撰，马忠辑注：《青唐录》，第 10 页。
④ 《宋史》卷四百九十二《吐蕃传》，第 14162 页。

区，有的是为了经商，有的则是为了耕种，唃厮啰对这批人采取了来者不拒的态度，使他们在唃厮啰统治地区生存下来。这些人不仅给吐蕃人民带来了茶叶、盐、绢帛等生活必需品，他们还带来了先进的生产技术，促进了当地农业的发展。

唃厮啰大力地发展与汉地的贸易使得汉藏之间的交流日趋频繁。一方面是像唃厮啰这样的上层人物服汉服，受汉地的影响非常明显。另一方面即使是普通的吐蕃百姓也受汉文化的影响很深，一些吐蕃人把自己的名字改为汉族名字，为自己取汉姓，"见今更有蕃官攀援陈乞，盖是自来未有禁约，致蕃部无故自以衷私擅改汉姓"①。为此北宋政府下令禁止蕃部私自为自己取汉姓汉名。再一方面就是在唃厮啰统治时期，汉蕃之间的通婚有增长的趋势，"又多与汉人婚姻"②，为此，北宋政府也不得不颁布法令禁止蕃汉通婚。

四　唃厮啰促进了河湟地区的经济发展

唃厮啰统一河湟地区之后，一个强有力的政权的存在使得河湟地区逐渐从吐蕃王朝灭亡之后的战乱中走向了一个相对稳定和相对和平的时期。为了增强与西夏争夺的实力，唃厮啰大力发展自己的经济，在他统治时期，河湟地区的经济获得了长足的进步。

在农业方面，唃厮啰政权大力发展河湟地区的农业，到瞎征统治时期，青唐城的粮食存储已经非常惊人，瞎征自己说："吾畜积甚多，若汉兵至，可支一万人十年之储。"③ 仅青唐城一地就有如此之多的粮食积蓄，唃厮啰政权统治之下的农业当十分发达。

在畜牧业方面，这是唃厮啰政权的传统经济支柱，在唃厮啰统治时期也获得了长足的发展。唃厮啰时期每年都向北宋政府供应大量马匹，"国家买马岁二万匹，而青唐十居七八"④。

在手工业方面，唃厮啰统治区大力发展了铁甲制造业和采盐业。特别是铁甲制造业，"青堂（唐）羌善锻甲，铁钯青黑，莹彻可鉴毛发。以

---

① （宋）赵汝愚：《宋名臣奏议》卷一百二十五《兵门》。
② 同上。
③ （宋）李焘：《续资治通鉴长编》卷五百十五，元符二年九月己未。
④ （宋）赵汝愚：《宋名臣奏议》卷一百四十一《边防门》。

麝皮为绲旅之，柔薄而韧。镇戎军有一铠甲，匮藏之，相传以为宝器。韩公帅泾原，曾取试之，去之五十步，强弩射之不能入。尝有一矢贯札，乃是中其钻空，为钻空所刮，铁皆反卷，其坚如此"①。唃厮啰政权的采盐业主要是在岷州和通远军。在通远军一地所产之盐"日获利可市马八百匹"②。

总体而言，唃厮啰统治时期，整个河湟地区的经济都获得了长足的发展。经济发展的一个重要体现就是唃厮啰统治地区人口的急剧增长，据一些学者研究，唃厮啰统治时期，河湟地区的人口总数至少要在 210 万以上。③ 人口的增殖，是社会经济欣欣向荣的重要标志之一，也从另一个方面反映了唃厮啰对河湟地区所做的贡献。

---

① （宋）沈括：《梦溪笔谈》卷十九《器用》。

② （宋）李焘：《续资治通鉴长编》卷一百七十五，皇祐五年闰七月己丑。

③ 参见汤开建《宋金时期安多吐蕃人口数据与统计——兼谈宋金时期安多藏族人口发展的原因》，《西北民族研究》2007 年第 3 期。

第 三 章

《宋史·吐蕃传附董毡传》笺证

　　董毡（1032—1083 年）①，唃厮啰三子，为唃厮啰妻乔氏所生，唃厮啰政权的第二任赞普。董毡即位之后，始终坚持唃厮啰所制定的"联宋抗夏"的既定国策，与宋朝保持友好关系。宋朝也对董毡继嗣十分关注，很快就承认了董毡的地位。这种政治环境让董毡成为继唃厮啰之后河湟吐蕃又一位极有影响力的人物。

　　"董毡母曰乔氏，厮啰三妻。"

　　天圣二年（1024 年）唃厮啰迁居邈川城。在邈川期间，唃厮啰一方面以温逋奇为"论逋"，利用温逋奇在邈川实力复立文法；另一方面迁居邈川之后，为发展自己的势力，唃厮啰与当地乔家大族完成了联姻，即娶第三妻乔氏，时间可能就是天圣八年（1030 年）以前。② 乔氏为唃厮啰生子董毡。"初，唃厮啰娶李立遵女，生二子，曰瞎毡，曰磨毡角。又娶乔氏，生子曰董毡"③。

---

　　① 对董毡的出生之年，《宋史·吐蕃传》不见记载，但是有一句话却可以给我们提供一些线索："董毡自九岁厮啰为请于朝，命为会州刺史，而乔氏封为太原郡君。"同样的事迹记载于《续资治通鉴长编》卷一二七，康定元年四月辛亥条下："以邈川首领嘉勒斯赉子董毡为会州刺史。董毡方九岁其父为请之。"由此可以看出，康定元年，即 1040 年，董毡九岁，上推九年，那么董毡出生之年当为仁宗明道元年，即 1032 年。参见顾吉辰《邈川首领董毡生卒年考》，《西藏研究》1983 年第 4 期。

　　② 参见刘建丽《宋代西北吐蕃研究》，甘肃文化出版社 1988 年版，第 183 页。

　　③ （宋）李焘：《续资治通鉴长编》卷一百十九，景祐三年十二月辛未。

"乔氏有色，居历精城，所部可六七万人，号令明，人惮服之。"

乔氏家族为吐蕃大族，势力强大。乔氏家族的游牧范围很广，历精城为其势力范围的核心地区。历精城，即林擒城、林金城、哩沁城、临谷城，宋人改称为宁西城。据李文实先生考证，林金城即汉代临羌城，唐代临蕃城。宋代有林金城、林擒城或历精城等称呼。故址当在青海湟中多巴一带。① 但是顾祖禹《读史方舆纪要》卷六十《河州·平彝城》记载："历精城在州西，近西宁城。"《大清一统志》记载："历精城在河州西南……"按照这几种文献记载，林金城在青海循化以南地区。另外，《宋史·地理志》记载："（河州）循化城……南至下乔家族地分一百余里。""洮州西至乔家族生界二百余里。"② 从这两段记载来看，历精城在青海循化以南地区似乎更为合理。

由于吐蕃民族的游牧特征，乔家族并非限定在一个地区，在洮、岷、迭、宕地区均有乔家族分布。唃厮啰四世孙结什角后来就成为乔家族的首领，"再除临洮尹，招降乔家族首领结什角"，结什角的居地在河南地区，"其地北接洮州、积石军。其南陇逋族，南限大山，八百里不通人行。东南与叠州羌接。其西丙离族，西与卢甘羌接。其北厖拜族，与西夏容鲁族接"③。在河州西南地区亦有乔家族，"河州西南有乔家关，当以乔氏得名"④。陇南地区宕昌马土司统辖番人 16 族，其中官鹅族又称乔家族。⑤

乔家族与唃厮啰家族联姻不仅提高了自己在青唐吐蕃政权中的政治地位，也得到了北宋政府的数次册封，唃厮啰妻乔氏曾先后被宋朝政府册封为永嘉郡夫人⑥和安定郡夫人⑦。除乔氏之外，乔家族还有几个亦在河湟吐蕃政权中崭露头角，熙宁十年（1077 年）乔家族首领乔巴裕担任

---

① 参见李文实《青海地方史札记》，《青海地方史志研究》1984 年第 1 期。

② 《宋史》卷八十七《地理三·秦凤路》，第 2166 页。

③ 《金史》卷九十一《结什角传》，第 2017 页。

④ （清）陈士桢等修：《兰州府志》，道光十三年刻本。

⑤ 马登昆·万玛多吉编撰：《甘南藏族部落概述》之《舟曲县藏族部落》页 12，载《甘南文史资料》1994 年第 11 期。

⑥ （宋）李焘：《续资治通鉴长编》卷一百二十三，宝元二年四月癸亥，

⑦ （宋）李焘：《续资治通鉴长编》卷一百九十一，嘉祐五年三月壬寅。

右军蕃官，立下战功，"右军蕃官军主乔巴裕等四十四人各斩获下溪首级，赐银有差"①。元丰四年（1081年），乔家族首领乔阿公曾率三万余人进攻西夏，"董毡首领李叱纳钦等入贡，称董毡遣首领洛施军笃乔阿公及亲兵首领抹征尊等，以七月十六日部三万余人赴党龙耳江、笺南及陇朱、珂诺等处击夏国"②。

乔家族与唃厮啰家族的联姻是北宋时期西北吐蕃之间最重要的联姻，也是比较成功的联姻。除唃厮啰家族和乔家族的联姻之外，西北吐蕃部族之间还有许多联姻，如唃厮啰家族和包家族也数度联姻，唃厮啰之长孙木征就娶瞎药之妹包氏为妻，还有赵怀恩妻包氏③，赵阿令结之妻包氏④，等等。事实上，由于宋金时期吐蕃部落长期处于"族种分散，不相君长"⑤的状态，大大小小的部落之间存在着比较复杂的政治、经济等各种利益关系，各部落为了自身的生存和发展就需要与其他部落结成联盟，大酋之间的联姻就是结盟最好的方式。

"方董毡少时，择酋长子年与董毡相若者与之游，衣服饮食如一，以此能附其众。"

从这句话可以看出，唃厮啰对董毡寄予厚望，把董毡作为自己的接班人来培养。董毡并非唃厮啰长子，他的两个哥哥瞎毡和磨毡角更有资格继承唃厮啰赞普之位。然而董毡出生之后，唃厮啰政权又一次出现分裂。景祐三年（1036年），宗哥族李立遵去世，宗哥族的势力受到又一次致命的打击。本来就与李立遵有矛盾的唃厮啰此时把对李立遵的怨恨转移到其妻李氏身上，从而导致其家庭出现分裂，"立遵死，李氏宠衰，斥为尼，置廓州。锢其二子瞎毡及磨毡角。母党李巴全窃载其母出奔，瞎毡据河州，磨毡角据邈川城，抚有其众，唃厮啰不能制"⑥。瞎毡和磨毡角均离开唃厮啰，留在唃厮啰身边的只有三子董毡，这样董毡自然便成

---

① （宋）李焘：《续资治通鉴长编》卷二百八十二，熙宁十年五月癸亥。

② （清）徐松辑：《宋会要辑稿》第一百九十九册，《蕃夷》六之一六。

③ （宋）李石：《方舟集》卷16《赵怀恩墓志铭》，文渊阁四库全书本。

④ （清）徐松辑：《宋会要辑稿》，第五十册，《仪制》一〇之一四〇。

⑤ （宋）韩琦：《韩魏公集》卷20《家传》，商务印书馆1936年版。

⑥ （宋）李焘：《续资治通鉴长编》卷一一九，景祐三年十二月辛未。

为唃厮啰和其妻乔氏重点培养的接班人了。

"董毡自九岁厮啰为请于朝，命为会州刺史，而乔氏封太原郡君。"

康定元年（1040 年），唃厮啰上书北宋，为其子董毡请封。北宋政府为了继续拉拢唃厮啰，遂"以邈川首领唃厮啰子董毡为会州刺史"①。

董毡受北宋册封为会州刺史，各种文献记载均相同。对其母乔氏却有着很大的不同。乔氏册封为太原郡君应该在宝元二年（1039 年）之前，具体时间并不清楚，"以保顺军节度使邈川大首领唃厮啰妻安康郡君李氏为尼，仍赐紫衣，妻太原郡君乔氏为永嘉郡夫人……"② 由此可见，在宝元二年之前，董毡母乔氏早已被封为太原郡君，宝元二年又改封为永嘉郡郡夫人。《宋史》此处的记载显然有误。

董毡母乔氏后来又数次受封，嘉祐五年（1060 年），乔氏又被封为定安郡夫人，"封唃厮啰妻太原郡乔氏为定安郡夫人"③。

"其二妻皆李立遵女也，生瞎毡及磨毡角。"

唃厮啰到达河湟地区之后，率先控制唃厮啰的是宗哥族首领李立遵。李立遵有了唃厮啰这面旗帜之后，遂"部族浸强"，人心所向，势力大增，"族帐甚盛，胜兵六七万"④。为进一步控制唃厮啰，李立遵采取了与唃厮啰联姻的方式，把自己的两个女儿嫁给唃厮啰，这就是唃厮啰的第一次婚姻。

唃厮啰先后娶李立遵两个女儿的说法在其他文献中有不同的记载，例如在《续资治通鉴长编》中记载"唃厮啰又娶立遵侄女"⑤。唃厮啰娶李立遵侄女的说法在《宋会要辑稿》中得到印证，"唃厮啰又娶立遵侄女"⑥。在另一本史籍《太平治迹统类》中则记载"厮啰初娶立遵妹"⑦。

---

① （宋）李焘：《续资治通鉴长编》卷一百二十七，康定元年四月辛亥。

② （宋）李焘：《续资治通鉴长编》卷一百二十三，宝元二年四月癸亥。

③ （宋）李焘：《续资治通鉴长编》卷一百九十一，嘉祐五年三月壬寅。

④ （元）马端临：《文献通考》卷三五五《四裔考十二·吐蕃》。

⑤ （宋）李焘：《续资治通鉴长编》卷八十七，大中祥符九年一月甲子。

⑥ （清）徐松辑：《宋会要辑稿》第一百九十七册，《蕃夷》四之七。

⑦ （宋）彭百川：《太平治迹统类》卷十六《神宗开熙河》。

这几种说法互相矛盾，还需要新的史料来做进一步的考证。

唃厮啰娶妻之后，生下二子，即瞎毡和磨毡角。这一点在各种文献的记载均是相同的，即瞎毡为长子，磨毡角为次子。

"立遵死，李氏宠衰，斥为尼，置廓州，锢其子瞎毡。"

景祐三年（1036年），宗哥族李立遵去世，宗哥族的势力受到又一次致命的打击。本来就与李立遵有矛盾的唃厮啰此时把对李立遵的怨恨转移到其妻李氏身上，迫使李氏在廓州（今青海化隆回族自治县群科古城）出家为尼并禁锢其子，从而导致其家庭出现分裂。对唃厮啰家庭的这次分裂，各种史籍记载略有差异。如《续资治通鉴长编》就记载唃厮啰把其两个儿子均加以禁锢，"立遵死，李氏宠衰，斥为尼，置廓州。锢其二子瞎毡及磨毡角"①。还有的文献则认为并不存在禁锢之事，唃厮啰把其妻"斥为尼"之后，瞎毡和磨毡角均逃离青唐城，"自母失宠为尼，即俱遁去"②。

"磨毡角结母党李巴全窃载其母奔宗哥，厮啰不能制，磨毡角因抚有其众。"

唃厮啰对李氏母子的打压最终导致其政权的又一次分裂。磨毡角在李立遵旧部李巴全的协助之下将李氏和瞎毡救出并逃往宗哥城。由于宗哥城是李立遵经营多年的地方，尽管李立遵已经去世，宗哥族的实力犹存，李氏和磨毡角的到来自然得到李立遵旧部的拥护，再加上赞普之子的身份，磨毡角迅速成为这一地方的领袖就是顺理成章的了。

有些文献中记载磨毡角在救出其母之后先去了邈川，"母党李巴全窃载其母出奔，瞎毡据河州，磨毡角据邈川城，抚有其众，唃厮啰不能制"③。从当时的情况来看，温逋奇死后，其子一声金龙在邈川的势力仍然非常强大，"一声金龙有众万余，最为强盛，乃与昊贼结姻"④。一声金

---

① （宋）李焘：《续资治通鉴长编》卷一一九，景祐三年十二月辛未。
② （宋）彭百川：《太平治迹统类》卷十六《神宗开熙河》。
③ （宋）李焘：《续资治通鉴长编》卷一一九，景祐三年十二月辛未。
④ （宋）李焘：《续资治通鉴长编》卷一百三十二，庆历元年五月甲戌。

龙与唃厮啰有杀父之仇,磨毡角不可能到邈川。相反,宗哥城是李立遵经营多年的根据地,尽管李立遵与唃厮啰同样有矛盾,但是作为李立遵的外孙与女儿来到宗哥城,理应会受到李立遵亲信的帮助与拥戴,所以磨毡角到宗哥应该更合情合理。

　　唃厮啰政权一分为三后,大大削减了抵御西夏的力量。本来青唐保卫战之后唃厮啰政权的形势一片大好,此时不得不又要面对严峻的局面。一方面,西夏的李元昊一直把唃厮啰视作自己与北宋战争的后顾之忧。景祐三年(1036年),元昊趁唃厮啰家庭内讧之际又一次率军进攻唃厮啰政权,"举兵攻回纥,陷瓜、沙、肃三州,尽有河西故地。将谋入寇,恐唃厮啰拟其后,复举兵攻兰州诸羌……"① 这一次元昊进兵取得的战果是辉煌的,"南侵至马衔山,筑路瓦蹳凡川会留兵镇守,绝吐蕃与中国相通路"②,这样,西夏切断了唃厮啰政权与北宋之间联系的通道,使唃厮啰与北宋失去联系。同时,元昊又趁唃厮啰家庭内乱之机,行反间计,"闻厮啰二子怨其父,因以重赂间之,且阴诱诸酋豪"③。在邈川,与唃厮啰有杀父之仇的一声金龙也拥兵万余,"温博奇乃唃厮啰亲信首领之豪,其子一声金龙,有众万余,最为强盛,乃与昊贼结姻,唃厮啰日益危弱"④。这样,西夏元昊北面占据凉州,东面扼制了兰州,邈川重镇则被一声金龙控制,宗哥城掌握在其次子磨毡角之手,河州地区则被长子瞎毡掌握。唃厮啰所在的青唐城完全陷入三面受敌,迫不得已,景祐三年(1036年)年底,唃厮啰放弃青唐城而西迁至其妻所在的历精城以自保⑤。唃厮啰在历精城生活了很长一段时间,这段时间北宋与唃厮啰的来往都是绕道渭州去历精城,"唃厮啰西徙,中阻瓦川城,不复通中国,仁宗遣左侍禁鲁经自古渭州抵历精城,加厮啰保顺节度"⑥。

---

① (宋)彭百川:《太平治迹统类》卷七《康定元昊扰边》。
② (宋)李焘:《续资治通鉴长编》卷一百十九,景祐三年十二月辛未。
③ 同上。
④ (宋)赵汝愚:《宋名臣奏议》卷一三二《边防门》。
⑤ 同上书,田况《上仁宗兵策十四事》称:"自昊贼破牦牛城,筑瓦川会,而唃厮啰远窜历精城偷安苟息。"
⑥ (清)吴广成:《西夏书事》卷十三。

"李氏以宝元二年恩赐紫衣。"

唃厮啰政权分裂之后，北宋政府亦是忧心忡忡。唃厮啰父子相仇的局面大大削弱了对抗西夏李元昊的力量，北宋政府希望唃厮啰父子精诚团结，共同对抗日益强大的西夏。这一点在这年二月北宋政府给唃厮啰所颁布的诏书中写得非常清楚，"朕以昊贼僭狂，侵扰边境，卿资忠济勇，效顺输诚，授任高牙，保我西略，愤兹丑类，尝议剪除，相得传闻，共深仇嫉，所宜早兴师旅，往袭空虚，乘彼未还，拔其根本，父子竭力，殄族抗渠，今正其时，机不可失"①。

正是在这种背景之下，宝元二年（1039 年），北宋政府对唃厮啰政权的上层进行了一次大规模的封赏："以保顺军节度使邈川大首领唃厮啰妻安康郡君李氏为尼，仍赐紫衣，妻太原郡君乔氏为永嘉郡夫人，子瞎毡为澄州团练使，磨毡角为顺州团练使，各赐紫衣、金带、器币及茶，仍每月别给彩绢各十五匹。"② 北宋政府希望通过对瞎毡和磨毡角的封赏换来他们的支持，更好地来牵制西夏。

"磨毡角亦累奉贡，初补严州团练使，后以思州团练使卒。"

《宋史·吐蕃传》在此处记载磨毡角"初补严州团练使"，从其他史籍记载来看，磨毡角应该是顺州团练使而不是严州团练使。如前文提到的《续资治通鉴长编》记载磨毡角为顺州团练使，在《西夏书事》中亦记载："宝元中，朝欲兼抚之，命为顺州团练使。"③ 可见，《宋史·吐蕃传》此处记载值得商榷。

磨毡角与唃厮啰分道扬镳之后，迅速成为宗哥部族的首领，在宗哥城站稳了脚跟。西夏李元昊和北宋政府均竭力拉拢磨毡角，宝元二年（1039 年），北宋政府册封磨毡角为顺州团练使。康定元年（1040 年），磨毡角决定与北宋共同抵抗西夏，"磨毡角请遣使护讨西贼"④。关于磨毡角彻底倒向北宋政府一方，在《西夏书事》中记载得更为详细："磨毡角与父唃厮啰猜阻，虽各治一城，别立文法，然终不能统摄诸蕃。宝元中，

---

① （清）徐松辑：《宋会要辑稿》第一百九十九册，《蕃夷》六之三。
② （宋）李焘：《续资治通鉴长编》卷一百二十三，宝元二年四月癸亥。
③ （清）吴广成：《西夏书事》卷十四。
④ （宋）李焘：《续资治通鉴长编》卷一百二十七，康定元年四月癸巳。

朝欲兼抚之，命为顺州团练使，磨毡角感恩，上表言：有兵二万，愿取西凉，请遣使护。仁宗诏嘉之。"①

磨毡角此后在军事上并没有太大的作为，史籍记载更多的是他与北宋的朝贡，如庆历四年（1044 年）、庆历六年（1046 年）、庆历七年（1047 年）、皇祐五年（1053 年）磨毡角数次遣使入贡。②

关于磨毡去世的确切时间，在《乐全集》中有明确记载："嘉祐三年（1058 年）二月中，瞎毡、磨毡角并因患亡殁。"③ 对磨毡角去世的时间各种史籍记载并没有不同之处，但是对其死因却有不同的记载，有的文献记载两人均被董毡杀害，"董毡尤桀黠，杀二兄而并其众"④。在《太平治迹统类》一书中亦有类似说法，"（董毡）年长杰黠，遂杀二兄"。⑤

"所部立其子瞎撒欺丁，李氏惧孤弱不能守，乃献皮帛、入库廪文籍于厮啰，厮啰因受之。"

嘉祐三年（1058 年）磨毡角去世之后，其子瞎撒欺丁尚年幼，被宗哥族立为首领。然而李氏觉得居住在宗哥城身单力孤，遂决定回到唃厮啰身边。此时的唃厮啰在政权分裂之后，处境亦非常艰难，也迫切地希望能与宗哥族缓和关系。基于这样情形，双方终于摒弃前嫌，重新走到了一起。从文献记载来看，李氏和瞎撒欺丁并不是迁到唃厮啰所在的青唐城，而是唃厮啰迁到宗哥城，这年十二月，唃厮啰"离本住青唐，即日见在宗哥耶卑城，与李氏并瞎只欺丁同居"⑥。

---

① （清）吴广成：《西夏书事》卷十四。

② 参见（宋）李焘《续资治通鉴长编》卷一百四十六，庆历四年正月壬申；卷一百五十八，庆历六年四月甲戌；卷一百六十一，庆历七年十月戊申；以及（清）徐松辑《宋会要辑稿》第一百九十九册，《蕃夷》六之四。

③ （宋）张方平：《乐全集》卷二二《秦州奏唃厮啰事》。对磨毡角去世时间，李焘《续资治通鉴长编》卷一百二十三，宝元二年四月癸亥条下引用佚书《唃厮啰本传》："磨毡角以恩团卒于嘉祐三年五月。"

④ （宋）司马光：《涑水记闻》卷十二，中华书局 1989 年版。

⑤ （宋）彭百川：《太平治迹统类》卷十六《神宗开熙河》。

⑥ （宋）张方平：《乐全集》卷二二《秦州奏唃厮啰事》。

"嘉祐三年,命欺丁为顺州刺史。"

嘉祐三年(1058 年),瞎撒欺丁重新回到唃厮啰身边,唃厮啰政权实现了部分统一,宋朝遂册封瞎撒欺丁承袭磨毡角的职位顺州刺史,"以故西蕃恩州团练使磨毡角子瞎撒欺丁为顺州刺史"[1]。

瞎毡居宄谷,屡通贡,授澄州团练使,先卒。

唃厮啰长子瞎毡离开青唐城之后,并非一直居于宄谷(今甘肃榆中),而是辗转多地,最后定居于宄谷。各种文献对瞎毡的记载如下。

《续资治通鉴长编》卷一一九,景祐三年十二月辛未:

> 立遵死,李氏宠衰,斥为尼,置廓州。锢其二子瞎毡及磨毡角。母党李巴沁窃载其母出奔,瞎毡据河州,磨毡角据邈川城,抚有其众,唃厮啰不能制。

沈括:《梦溪笔谈》卷二五,《杂志》二:

> 李氏失宠,去为尼,二子亦去其父,瞎毡居河州,磨毡角居邈川。

张方平:《乐全集》卷二二《秦州奏唃厮啰事》:

> 唃厮啰有长男瞎毡,第二男磨毡角,皆叛其父。瞎毡在河州,磨毡角与母安康郡李氏在宗哥耶卑城住坐,分据土地、部族,各立文法。

彭百川:《太平治迹统类》卷十六:

---

[1] (宋)李焘:《续资治通鉴长编》卷一百八十七,嘉祐三年五月壬午。

自母失宠为尼，即遁去。瞎毡居河州龛谷①，生木征。磨毡角居宗哥城。

宋庠：《元宪集》卷二七《内制·赐置勒斯赉诏》：

瞎毡等各往宗噶尔城并兰州住坐。

从文献的记载来看，瞎毡离开青唐城之后先后去过三个地方，即龛谷、兰州和河州。为何会出现这样的情况呢？从地形上来分析，龛谷地近兰州，是吐蕃与西夏交战的前沿阵地。由于连年的征战，这一带经常受到西夏人的侵扰，因此吐蕃人的统治势力也比较薄弱，需要有一个比较有号召力的大首领来领导族人抗夏以自保。瞎毡看到了这一点才迁到龛谷，并很快成为当地的大首领。因此瞎毡居于龛谷可以说是合情合理的。为什么会出现河州呢？瞎毡死后，其子木征又率众迁到河州。河州的政治、经济、军事远比龛谷优越，所以时人把河州当作瞎毡的活动地盘来记述也是顺理成章之事。

瞎毡到达龛谷后，很快成为当地的大首领并具有了一定的实力，瞎毡沿袭了唃厮啰联宋抗夏的政策，宝元二年（1039 年）接受了宋朝册封的澄州团练使一职，并屡次上表称自己将并力讨西夏。宋朝对瞎毡也是大加赞赏，"汝款塞输诚，举宗效顺，奉宣王略，式遏边虞，侦狡寇之陆梁，谋成师之犄角，忠情壮节，朕甚嘉之"②。但是，瞎毡与唃厮啰分裂之后，毕竟身单力孤，庆历二年（1042 年），瞎毡在与西夏的战斗中大败，"是时，元昊筑城阿干城，河旁距龛谷七十里，中国命瞎毡为缘边巡检使，出兵图之。元昊恶其逼，遣将攻龛谷，大破之，唃厮啰不能救"③。瞎毡兵败之后，其势力大减，再无力量组织与西夏进行大规模的对抗了。

---

① 原文作合龙谷，应为龛谷，今甘肃榆中县境。
② （宋）宋庠：《元宪集》卷二二八《内制》，商务印书馆 1933 年版。
③ （清）吴广成：《西夏书事》卷十五。

"子木征居河州，母弟瞎吴叱居银川。"

嘉祐三年（1058 年）瞎毡去世。其子木征遂率部迁居河州。木征迁居河州，实际是不得已而为之，"自囊霄破龛谷，瞎毡众弱，既死。木征不能自立，徙居河州，复徙安江城"①。关于木征生平在后文《赵思忠传笺证》有详细交代，在此不作重复。

"厮啰地既分，董毡最强，独有河北之地，其国大抵吐蕃遗俗也。"

唃厮啰政权一分为三之后，西夏元昊北面占据凉州，东面扼制了兰州，邈川重镇则被一声金龙控制，宗哥城掌握在其次子磨毡角之手，河州地区则被长子瞎毡掌握。治平二年（1065 年）冬，唃厮啰去世后，其三子董毡继位。董毡实际控制的地区即河（黄河）北地区。

关于唃厮啰政权的风俗习惯，史籍记载并不多，大致与吐蕃王朝时期相同，但是由于河湟地区处于汉藏交界地区，其风俗习惯与吐蕃王朝时期又有不同。

"怀恩惠，重财货，无正朔。"

河湟地区在唃厮啰统一之前在政治上处于分裂状态，部落之间经常发生战争，个人必须依附于一定的部落才能有安全感，这种情况就决定了唃厮啰政权建立之前的奴隶制社会性质。唃厮啰政权建立之后，奴隶制社会的性质有所改变，"唃厮啰的社会发展不可能原原本本地重演奴隶制，而只能在原本社会发展的基础上向前发展，即由奴隶制向封建农奴制过渡"②。这种社会性质就决定了唃厮啰政权时期的文化也是一种由奴隶制向封建农奴制过渡的文化。

由于各部族散处在河湟之间，各部族之间相互对抗的事时有发生，这就形成了彼此之间的恩怨关系，"蕃族之情最重酬赛"③。对己有恩的便"计其思报之心未尝一日忘"④，对其有仇的则"以不报仇恶为耻"⑤。

---

① （清）吴广成：《西夏书事》卷二十一。

② 祝启源：《唃厮啰——宋代藏族政权》，青海人民出版社 1988 年版，第 285 页。

③ （宋）赵汝愚：《宋名臣奏议》卷一二五《上仁宗乞用泾原熟户札子》。

④ （宋）苏辙：《栾城集》卷四十一《论西事状》，商务印书馆 1936 年版。

⑤ （宋）韩维：《南阳集》卷二十六《论息兵弃地札子》，文渊阁四库全书本。

当吐蕃人内部出现争执之时，可以以一种约定俗成的法规来处理，即使是杀了人，也可以以牛羊来抵命，这就是《宋史》中"重财货"的由来，"點羌杀人，辄以羊马自赎"①。到后来，汉人杀死吐蕃人时，也可以依蕃法进行赔偿，如宋熙宁五年（1072 年），宋兵杀死"弥羌人闷笆"，为息事宁人，赔"骨价钱三千三百缗"②。

"市易用五谷、乳香、硇砂、毯、马牛以代钱帛。"

唃厮啰统治时期民族市场大量出现，但是市场基本上是以物易物的状况。这种情况的出现并非是偶然的，也不能说明当时吐蕃人没有货币的概念，其主要原因是当时青唐吐蕃政权所辖地区既缺乏铜、铁又无铸造钱币的能力，"蕃部无钱，止以米及银绢杂物卖钱买茶"③。

"贵虎豹皮，用缘饰衣裘。"

吐蕃人喜欢"衣皮毛"，"荷毡而被毳"④。在动物的皮毛中，吐蕃人最看重的虎豹皮。吐蕃人称虎为"大虫"，把老虎看成勇猛顽强的象征，因此虎豹皮也颇受吐蕃人的青睐和推崇，并以有之而为荣。景德元年（1004 年）西凉府潘罗支为其部族首领阁藏请北宋赐虎皮翻披，其根本原因就是"西蕃之俗，受此赐者，族人推奉"⑤。

"妇人衣锦，服绯紫青绿。"

随着唃厮啰政权与汉地交流的增多，吐蕃人受汉文化的影响日益严重，穿丝绸衣服在吐蕃妇女和上层人士中愈加普遍，一个突出的表现就是不再"衣皮毛"，而是变为穿绢缯帛缎之类，但是其式样仍然是"番服"，如元符三年（1100 年）陇拶、夏国公主、回鹘公主等觐见大宋皇

---

① （宋）宋庠：《元宪集》卷三四《曹玮墓志铭》。
② （宋）李心传：《建炎以来朝野杂记》乙集卷十九《边防二·曳失索之变》，丛书集成本。
③ （清）徐松辑：《宋会要辑稿》第一百三十六册，《食货》三〇之二六。
④ （宋）毛滂：《东堂集》卷一《恢复河湟赋》。
⑤ （清）徐松辑：《宋会要辑稿》第一百九十五册，《方域》二一之一九。

帝时，"僧尼、公主皆蕃服、蕃拜"①。

"尊释氏。"

唃厮啰政权从建立之初就非常重视佛教，从一开始就大力发展佛教并以此来维护自己的统治。因此，"尊释氏"成了唃厮啰政权的一个重要政策。"尊释氏"这一政策主要表现在以下几个方面：

第一，唃厮啰政权大量吸收僧人参与政权的组织活动。

唃厮啰政权建立伊始，僧人在其政权中就发挥着不可替代的作用，具有非常高的政治地位。作为唃厮啰政权建立之初的两大基础集团首领的李立遵就是一位僧人。② 他在唃厮啰政权建立之初发挥了重要作用，作为宗哥族的首领，强盛之时，曾经"统众三十万"③。另一位有影响的人物温逋奇则可能为苯教的一位高僧，④ 他占据邈川，所属部族亦为数庞大，"所管部族二十八，有兵六万四千人"。⑤ 正是由于他们的支持，唃厮啰政权才得以建立和发展壮大。

唃厮啰政权建立之后，其政权中也活跃着大量的僧人，"从三班奉职到指挥使、都指挥使，充本族军主、副军主皆有之"⑥。这些参政的僧人，利用其优越的地位，干预各个部落的军政事务，参加争夺部落领导权的斗争，甚至有些僧人直接参与军事指挥活动，"西蕃犯塞，候骑报虏将至……（曹玮）上马出城，望见虏阵有僧奔马往来于阵前检校"⑦。有些僧人则代表唃厮啰出访北宋，"宗哥族唃厮啰、立遵遣僧景遵来贡"⑧。

在日常政务的处理当中，唃厮啰政权中的僧人也发挥着巨大的作用，

---

① （清）徐松辑：《宋会要辑稿》第一百九十九册，《蕃夷》六之三八。

② 对李立遵的僧人身份，各种典籍记载是一致的。李立遵名字中的遵，就是藏语对僧人的尊称，这在孔平仲《谈苑》卷一，《羌人构计自相君臣》中曾经提及，"吐蕃谓僧曰'遵'"。

③ （宋）李焘：《续资治通鉴长编》卷八十六，大中祥符九年正月乙丑。

④ 参见汤开建《唃厮啰统治时期青唐吐蕃政权历史考察》，载《宋金时期安多吐蕃部落史研究》，上海古籍出版社 2007 年版，第 188 页。

⑤ （清）徐松辑：《宋会要辑稿》第一九九册，《蕃夷》六之九。

⑥ 祝启源：《试述唃厮啰时期的文化与宗教》，载《唃厮啰藏学研究文集》，中国藏学出版社 2002 年版，第 24 页。

⑦ （宋）司马光：《涑水纪闻》卷二。

⑧ （宋）李焘：《续资治通鉴长编》卷九十三，天禧三年二月丁酉。

"吐蕃重僧，有大事必集僧决之"①。事实上，这一时期世俗集团与僧侣集团已经形成一种互相依存的关系。"宋金时期安多地区割据性家族势力发展迅速……世俗家族势力则依靠佛教的势力，发展实力，扩大领区；而佛教领袖又想依赖家族势力来发展佛教，建立自己的门派。这样佛教内部的宗派势力与地方家族势力结成一体，形成了若干独立的势力雄厚的社会宗教集团。"②

第二，大建佛教场所，提高僧人的社会地位。

唃厮啰定居青唐城之后，在青唐大建佛寺，从而使得青唐城成为河湟地区吐蕃的宗教中心。李远的《青唐录》对青唐城的宗教特色记载得非常清楚，在唃厮啰处理政事的大殿中，"傍设金治佛像，高数十尺，饰以真珠，覆以羽盖"。在青唐城的正南方，"有坛三级，纵广亩余，每三岁祭天于其上"。青唐城中居住着大量的僧侣，"城中之屋，佛舍居半"③。

在青唐城之外，唃厮啰政权在一些经济比较发达的地区也建立了寺院，像在河州建有"积庆寺"，在王韶兵进河州之时，当地百姓曾经据守积庆寺抵抗宋军，"会降羌反变，复围香子，而诸羌结集，屯积庆寺以应之"④。小型的宗教场所更是遍布各地。由于唃厮啰时期经济实力尚处在发展之中，不可能在各地大批地建寺，再加上这一时期佛教的特点，"妻子具而淫杀不止，口腹纵而荤酣不厌"⑤，僧人并非全部居于寺院，因此唃厮啰也只能适当地建一些寺院和宗教场所。

在唃厮啰政权之中，僧人享有特殊权力，除了政治上的特权之外，唃厮啰政权的统治之下，僧人还享有其他一些权力。

首先，在唃厮啰统治之下，僧人具有法律豁免权，"僧丽（罹）法无不免者"⑥。这就可以看出，僧人犯法可以被豁免，免于法律的制裁。即使是世俗人触犯法律，只要是出家为僧尼，同样可以免予制裁。唃厮啰

① （宋）李远撰，马忠辑注：《青唐录》，第10页。
② 汤开建：《唃厮啰统治时期青唐吐蕃政权历史考察》，《中国藏学》1992年第1期。
③ （宋）李远撰，马忠辑注：《青唐录》，第10页。
④ （宋）李焘：《续资治通鉴长编》卷二百四十三，熙宁六年三月丁未。
⑤ （民国）张维：《陇右金石录》卷三《广仁禅院碑》，民国甘肃省文献征集委员会铅印本，甘肃省图书馆藏。
⑥ （宋）李远撰，马忠辑注：《青唐录》，第10页。

政权的继承者瞎征在宋军大兵压境之时，曾经到城西佛舍出家，其原因就是"蕃俗为僧尼者例不杀，辖正但欲逃死耳"①。

其次，"蕃法，唯僧人所过不被拘留，资给饮食"②。也就是说，僧人在唃厮啰统治区内可以自由通行，并且有人提供饮食。

"不知医药，疾病召巫觋视之，焚柴声鼓，谓之'逐鬼'。"

唃厮啰统治时期，其风俗习惯大多沿袭了吐蕃王朝时期的风俗，带有明显的苯教色彩。苯教是藏族的原始宗教，在民间广为流传。苯教巫师尚咒术，重鬼神，也崇拜自然。这就为苯教在医药缺乏、文化落后、自然灾害以及战争频繁的河湟吐蕃地区广泛传播提供了条件。生病之后不寻医问药而是采取"逐鬼"驱病的方式，反映的正是吐蕃民族当时文化相对封闭与落后之下苯教盛行的状况。但是随着吐蕃与汉民族交往的增多，这种落后的风俗逐渐得到改变。如大中祥符三年（1010年），西凉地区发生瘴疫，觅诺族首领向北宋政府求助药品，于是"赐觅诺族首领温逋药，以所部瘴疫，从其请也"③。能够向北宋政府请求赐药本身就说明吐蕃单纯"逐鬼"来治病的习俗已开始改变。

"信咒诅，或以决事，讼有疑，使诅之。"

"咒诅盟誓"亦是吐蕃民族很早就有的一种风俗习惯，唃厮啰政权沿袭了吐蕃时期"祭天"盟誓的方式来加强联系。在青唐城，专门设有"祭天"的坛，"直南大衢之西，有坛三级，纵广亩余，每三岁冕祭天于其上"④。

这种盟誓的方式，在吐蕃时期就已经存在，在《新唐书·吐蕃传》中对这种祭天的仪式记载得比较详细：

---

① （宋）李焘：《续资治通鉴长编》卷五百十四，元符二年八月戊子。
② 《清波杂志》卷十《唃厮啰》，转引自汤开建《宋金时期安多吐蕃部落史研究》，上海古籍出版社2007年版，第427页。
③ （清）徐松辑：《宋会要辑稿》第一百九十五册，《方域》二一之二三。
④ （宋）李远撰，马忠辑注：《青唐录》，第10页。

赞普与其臣岁一盟，用羊、犬、猴为牲；三岁一大盟，夜肴诸坛，用人、马、牛、间为牲。凡牲必折足裂肠，陈于前，使巫告神曰："渝盟者有如牲。"

唃厮啰时期的"盟誓"仪式在文献中并没有比较明确的记载，但是在李焘《续资治通鉴长编》中却记载有渭州蕃部"盟誓"的仪式：

故事，蕃部私誓，当先输抵兵求和物，官司籍所掠人畜财物使归之，不在者增其贾，然后输誓，牛、羊、豕、棘、未稆各一，乃缚剑门于誓场，酋豪皆集，人人引于剑门下过，刺牛、羊、豕血歃之。掘地为坎，反缚羌婢坎中，加未稆及棘于上，投一石击婢，以土埋之，以巫师诅云："有违誓者，当如此婢。"

"讼者上辞牍，藉之以帛，事重则以锦。亦有鞭笞杻械诸狱具。"

唃厮啰政权建立之后，为解决百姓的纠纷，在政权内部建立了法庭和监狱。从这句话可以看出，吐蕃百姓在诉讼时用帛或锦写成的状纸，打官司时也有刑具。吐蕃百姓在诉讼请求时可以写状纸，有状纸就意味着有法庭的存在，有刑具自然意味着有监狱的存在。唃厮啰时期的监狱很可能就是唐代吐蕃时期的地牢，"其狱，窟地深数丈，内囚于中，二三岁乃出"[1]。唃厮啰时期也确实存在着这样的地牢，在邈川首领温逋奇与唃厮啰的权力争斗中，温逋奇"囚厮啰置穽中"[2]，这里的"穽"，很可能就是"窟地深数丈"的地牢。

事实上，在唃厮啰政权统治时期，还存在着一些约定俗成的法规，即"蕃法"，来专门处理各种矛盾纠纷，大致说来，就是杀人之后，可以以牛羊来赎死，"黠羌杀人，辄以羊马自赎"[3]。为解决部落内部的纠纷，唃厮啰时期甚至设置了专门处理此类事务的官员，称为"和断官"，"蕃

---

① 《新唐书》卷二百一十六《吐蕃传》，第 6073 页。
② 《宋史》卷四百九十二《吐蕃传》，第 14161 页。
③ （宋）宋庠：《元宪集》卷三四《曹玮墓志铭》。

族有和断官，择气直舌辩者为之，以听公之曲直"①。

"人喜啖生物，无蔬茹醯酱，独知用盐为滋味，而嗜酒及茶。"

由于长期居住于高寒的青藏高原，吐蕃民族形成了以肉类糌粑为主食、蔬菜水果缺乏的饮食习惯。由于茶叶可消肉乳之腻，解青稞之热，补充微量元素和维生素。久而久之，吐蕃人便形成了嗜茶的习俗，"茶之为物，西戎、吐蕃古今皆仰之"②，茶叶对于生活在青藏高原上的吐蕃人来说，可以说是须臾不可离开的生活必需品。

"嗜酒"是吐蕃人另一项重要的生活习俗。吐蕃民族多生活于高寒地带，饮酒可以抵御高原的凛冽酷寒，又表现了游牧民族豪爽的性格特点，每逢聚会、盟誓、庆贺，甚至起兵聚众，吐蕃民族总要以酒助兴，离不开酒。河湟吐蕃部族同样具有这一习俗，如大中祥符三年（1010年），"环州蕃族酿酒，如内属户饮之，欲诱其背叛"③。王韶在通远军曾收蕃部"酒坊三十余处"④，由此可见吐蕃酿酒之盛，嗜酒之烈，证明吐蕃饮酒已久成习俗。

"独知用盐"是吐蕃人饮食中的另一特点。吐蕃人就连饮茶时，也离不开盐，要先将茶熬到极红，"加酥油、盐搅之"⑤，然后再饮。由于对盐的需求过大，在西北地区引发了对于盐井的争夺。吐蕃大酋讷芝临占世居古渭州，其先世跨有九谷，拥有盐井之利，后来被青唐族占领，"据其盐井，日获利可市马八百匹"⑥，产盐之多，销量之大，可见一斑。

"居板屋，富姓以毡为幕，多并水为秋千戏。"

吐蕃人的居住大致分为四种，即瓦屋、土屋、板屋、毡帐。瓦屋多为宫殿。土屋多为吐蕃统治者妻妾所住之所。⑦《宋史·吐蕃传》此处提

---

① （宋）曾巩：《隆平集》卷二十，载赵铁寒主编《宋史资料萃编》第一辑，台北文海出版社1967年版。

② （明）顾炎武：《天下郡国利病书》第六五册《四川·王廷相严茶议》，四部丛刊本。

③ （宋）李焘：《续资治通鉴长编》卷七三，大中祥符三年五月癸卯。

④ （宋）李焘：《续资治通鉴长编》卷二三三，熙宁五年五月辛卯。

⑤ 《西藏记》下卷。

⑥ （宋）李焘：《续资治通鉴长编》卷一七五，皇祐五年闰七月己丑条。

⑦ 参见刘建丽《宋代西北吐蕃研究》，甘肃文化出版社1998年版，第382页。

及的板屋为一般平民所居住的房屋，这种房屋四墙一般都用粗石和土坯垒成，或用土夯成厚厚的墙，屋内四壁镶着木板，屋顶梁橼都是粗木，屋顶一般为平顶。毡帐则为一般游牧部族的住所。然而这句话中所提及的"以毡为幕"在其他文献中并没有相关的记载，从一些零星的记载来看，这绝不是一般普通百姓所用的毡帐，而是工艺复杂、考究豪华的高级住所。

"荡秋千"为西北民族久已流行的一种游戏，并且一直延续至今。今青海地区还保留有春节期间荡秋千的习俗。但是这种游戏在其他的文献中并没有相关的记载。

"贡献谓之'般次'，自言不敢有贰则曰'心白向汉'云。"

吐蕃人崇尚白色，形成了一种尚白的风俗习惯。吐蕃人尚白与信仰佛教是密不可分的，佛教释义白色为"光明""纯洁""正直""胜利"的象征，最重佛法的吐蕃人由此而产生了将白色视为圣色、奉为至上的民族信仰心理，在其日常生活及言语行动中常常离不开白色，以"心顺为心白人"①，有的吐蕃人甚至把自己的名字改为白姓，如"伊格为白守忠"②。

到北宋之时，北宋统治者也看到了吐蕃人尚白这一风俗，如宋王朝表彰吐蕃青唐王子瞎征、陇拶等人忠顺，划分赏赐等级时，就是"瞎征、陇拶以忠顺、余外忠勇及心白为三等，仍等第赐以银袍带"③。

以上这几句文字清楚地记载了北宋时期河湟吐蕃的饮食、居住、宗教等方面的文化特色，非常珍贵，是研究北宋时期河湟吐蕃文化不可多得的重要史料。但是这段文字仍然有一定的缺陷，那就是对北宋时期河湟吐蕃的语言和文字并没有提及。北宋时期汉藏之间交流频繁，而且双方有很多的往来文书，那么河湟吐蕃的语言文字是一种什么状况呢？尽管《宋史·吐蕃传》没有涉及此方面的内容，在其他一些史籍中还是有少量涉及，因此在这里也有必要对河湟吐蕃的语言和文字初步地进行探

---

① （宋）孔平仲：《谈苑》卷一，齐鲁书社 2014 年版。
② （宋）李焘：《续资治通鉴长编》卷四七六，元祐七年八月壬戌。
③ （清）徐松辑：《宋会要辑稿》第一九九册，《蕃夷》六之三五。

索与研究。

北宋之初的河湟地区，基本上继承了吐蕃王朝时期的传统文化，并在这一基础上有所发展。语言上使用的是藏语，文字上则通用藏文，时人称之为"蕃字"和"蕃书"。唃厮啰政权建立之后，其官方文书几乎全是藏文，这一点在大量的历史文献中均有记载。元丰三年（1080 年），鬼章为阻止北宋修筑岷州城，曾"以蕃字与知河州齐昌祚云：'我言勿兴土功，乃更修岷州城，我欲往岷州理会'"①。元丰五年（1082 年）董毡给熙河路官员致信："董毡、阿里骨遣使以蕃字来告，夏人通好，已拒绝之，且训练兵马以俟入讨。"② 董毡去世后，阿里骨给宋朝廷上报时亦用"蕃字"，"西蕃阿里骨差首领结厮鸡赍到蕃字译称……"③

当然，也有一些文书是直接用汉文写成的，如元丰三年（1080 年），蕃部禹藏结逋药和巴鞠给熙河路的文书即直接用汉文写成，"西界首领禹藏结逋药、蕃部巴鞠等以译书来告，夏国集兵将筑撒逋达宗城于河州界黄河之南、洮河之西"④。显然，这里的译书即是汉文。

由此看来，北宋时期西北吐蕃部族给北宋的官方文书基本上是采取"蕃书""蕃字"为主，以汉文为辅。那么北宋给唃厮啰政权的官方文书用的是汉文还是蕃文呢？这一点，各种史料的记载并不是很明确。从零星的记载来看，熙河路由于处于北宋和唃厮啰政权交往的最前方，可能集中了大量通晓汉蕃两种文字的人员，因此给唃厮啰政权的官方文书以吐蕃文居多，如元丰七年（1084 年）熙河兰会路经略司给北宋朝廷的上书中说，"董毡遣人以蕃书来，已回蕃书，约令引兵深入摩灭缅药家"⑤。北宋在给熙河兰会路的回复中专门提及给董毡回复之事，"委李宪自今所与蕃书，不须过当督责"⑥。可以看出，当时熙河路给唃厮啰政权的回复基本上用的是"蕃书"，而不是汉文。

北宋时期，西北吐蕃部族在交往中所用的语言是蕃语，这一点从现

① （宋）李焘：《续资治通鉴长编》卷三百六，元丰三年七月壬申。
② （清）徐松辑：《宋会要辑稿》第一百九十九册，《蕃夷》六之一七。
③ （宋）李焘：《续资治通鉴长编》卷三百六十三，元丰八年十二月丙子。
④ （宋）李焘：《续资治通鉴长编》卷三百六，元丰三年七月庚寅。
⑤ （清）徐松辑：《宋会要辑稿》第一百九十九册，《蕃夷》六之一八。
⑥ 同上。

存文献中所遗留的大量的藏文词汇中可见一斑，如吐蕃人自称"倘"，谓僧曰"尊"①，"贡献谓之般次"②，称首领妻为"掌牟"，即"迷蒙""末蒙"之异译。③ 当时吐蕃地区的一些地名亦以藏文命名，如聚卜结隆川，"西人语谓十八为聚卜结，谓谷为隆，盖言诸谷共凑一川耳"④。此处的西人即指吐蕃，聚卜结隆是典型的吐蕃语。⑤

西北吐蕃部族之间交流所使用的蕃语在文献中有时记作"羌语"，如元符三年（1100 年），宋军占领青唐城之后，大酋心牟钦毡欲联合吐蕃部族密谋反叛，企图夺回青唐城，"心牟钦毡日集羌百余人于伪宫禁前比马首而语，解羌言者潜听之皆不可闻，人知其必叛"⑥。

北宋熙宁年间，王韶发动"熙河之役"，熙河地区的大量吐蕃部族成为北宋熙河路管辖下的部族。大量驻军和汉族人口涌入熙河地区，为了与汉族进行交往，一些吐蕃部族开始学习汉语汉文。就唃厮啰家族而言，唃厮啰长孙木征这一代人尽管仍以"蕃语"和"蕃字"为主要的交流和使用工具，但是他们渐渐地学会了汉语汉文，木征可能是唃厮啰家族中最早学会汉语汉文的，其晚年任职秦州钤辖时，"不厘职，依熙州例供给存恤，教诸子以中国文字"⑦。

"其后，河州、武胜军诸族浸骄，闭于阗诸国朝贡道，击夺般次。诏边将问罪。已而董毡遣使奉贡入谢，上慰纳焉。初，厮啰死，董毡嗣为保顺军节度使、检校司空。"

嘉祐七年（1062 年），"邈川首领唃厮啰既老，国事皆委其子董

---

① （宋）孔平仲：《谈苑》卷一。

② （宋）李焘：《续资治通鉴长编》卷八五，大中祥符八年八月丙戌。

③ 《唐国史补》，卷下云："西蕃呼赞普妻为朱蒙。"《新唐书·吐蕃传》亦记载："赞普妻曰末蒙。"

④ （宋）李焘：《续资治通鉴长编》卷四百七十，元祐七年二月辛巳。

⑤ 刘建丽老师对此进行过专门考证："此谓'西人语'并非西夏语，夏语'十八'音'雹盈'，音'谷'为'姑'。也并非'河西语'，河西语音'十八'为'哦阿尔'。'聚卜结隆'为'十八谷'，这是典型的藏语音，藏语'十八'音'bcobrgrad'，谷为'lung'，与'聚卜结隆'音极近。"参见刘建丽《宋代西北吐蕃研究》，甘肃文化出版社 1998 年版，第 393 页。

⑥ （宋）李焘：《续资治通鉴长编》卷五百十六，元符三年闰九月壬辰。

⑦ （宋）李焘：《续资治通鉴长编》卷二百五十八，熙宁七年十二月丁卯。

毡"①。从此，董毡便掌握了唃厮啰政权的实权。治平元年（1064年），北宋政府又一次册封董毡为顺州防御使，"以邈川首领唃厮啰子诚州团练使董毡为顺州防御使"②。治平二年（1065年），唃厮啰去世之后，董毡正式继承王位。

"神宗即位，加太保，进太傅。"

唃厮啰去世，董毡承袭的消息传到北宋政府之后，宋神宗立即承认董毡河湟吐蕃赞普的身份，"赐西蕃邈川首领保顺军节度使、洮州管内观察处置押蕃落等使董毡，依唃厮啰例支请俸"③，除继承唃厮啰的一切赏赐之外，还对董毡追加封赏，"西蕃邈川首领保顺军节度使、检校司空董毡除检校太保"④。

"熙宁元年，封其母安康郡太君，以其子蔺逋比为锦州刺史。"

熙宁元年（1068年），宋神宗对董毡之母和其子进行封赏，"封西蕃邈川首领董毡母奉化县君心牟氏为安康郡太君，以其子都军主欺丁磨彪苏南兰逋叱为锦州刺史"⑤。令人难以理解的是董毡母亲在各种文献中明确记载为乔氏，在此却记载为心牟氏，这可能又是一处明显的错误。

"三年，夏人寇环庆，董毡乘虚入其境，大克获。"

董毡嗣位之时，西夏政权亦处于更迭之中，夏惠宗（秉常）于1067年即位（次年改元乾道），年仅七岁，由后党梁氏实操权柄，并继续奉行对外扩张的政策。熙宁二年（1069年），"夏人入秦州，陷刘沟堡，杀范愿，"⑥ 宋夏之间战争又起。此时的董毡继续坚持其父在世时所奉行的联宋抗夏的基本国策，屡次出兵帮助宋军，给西夏军队以重创，"昨夏人聚

① （宋）李焘：《续资治通鉴长编》卷一百九十七，嘉祐七年八月癸未。
② （宋）李焘：《续资治通鉴长编》卷二百二，治平元年七月丙子。
③ （宋）佚名：《宋大诏令集》卷二百三十九《政事》。
④ （清）徐松辑：《宋会要辑稿》第一百九十九册，《蕃夷》六之六。
⑤ 同上书，《蕃夷》六之七。
⑥ 《宋史》卷四百八十六《夏国传下》，第14007页。

兵犯环庆，谍报西蕃董毡尝乘虚深入其境，虏获甚多……"①

"赐玺书袍带奖激之。"

宋朝对董毡的出兵相助大加奖赏，多次派人前往青唐城对董毡进行封赏，并多次为董毡颁发诏书。现摘录部分如下：

赐董毡加食邑实封告敕示谕诏

敕董毡：卿材推种豪，代袭邦爵，乃眷守方之勤，特颁爵律之恩，往奉徽章，永绥外围，今赐卿加恩官敕牒，到可祗受，故兹诏示，想宜知悉。

赐起复董毡官敕牒对衣等示谕诏

敕董毡：卿材雄种落，世守方隅，眷恪奉于王输，宜嗣膺于考服，特起苴麻之制，更专铁钺之征，往厉忠图，永绥休命，已降制命，除授卿起复冠军大将军、右金吾卫大将军、员外置同正员、充保顺军节度押蕃落等使，今赐卿官告敕牒，并节衣金带银器衣着，具如别录，至可领也。

董毡落起复依前保顺军节度使加食邑实封制

门下：田封之守，仗许国之素勋，三年之丧，为报亲之达礼，乃眷西屏，时惟伟臣，方终慕于戎缲，盍还仪于命敨，我有明制，格乎丕彝。具官某，以材资之雄，自高于部落，以诚节之劲，蛮卫于王家，独探神韬之奇，时归宰诱之贡，适靖边琐，奄离父艰，起素经于庐中，属骈旄于阃外，铭在金石，具将一心之勤，誓如山河，尽荒先正之履，维是苴麻之饰，亦既日月之除，肆下书于外庭，式加宠于旧服，昨以爰田之户，陪之真井之租，用嘉乃劳，不显亦世。於戏，白驹过隙，忽惊祥事之陈，金钺传家，更赡元戎之略，忠孝并务，夫不美欤，可。②

熙宁四年（1071年），宋朝又一次对董毡进行封赏，"赐董毡加食邑

---

① （清）徐松辑：《宋会要辑稿》第一百九十九册，《蕃夷》六之七。
② （宋）佚名：《宋大诏令集》卷二百三十九《政事》。

一千户，实封三百户"①。对此时，宋朝对董毡的封赏已经达到了新的高度，甚至超过了对其父唃厮啰的封赐，"可特授特进，依前检校太保、使持节洮州诸军事、洮州刺史，兼御史大夫，充保顺军节度、洮州管内观察处置押蕃落等使，仍旧西蕃邈川首领，加食邑一千户，食实封三百户，勋封如故，主者施行"②。

"王韶既定熙河，其首领青宜结鬼章寇河州踏白城，景思立死焉。"

宋神宗即位之初，虽然对西北吐蕃仍然沿用的是北宋立国之初的羁縻政策，但是宋神宗赵顼却是一位年轻有为、奋发进取的皇帝。他即位之后，立即起用王安石任参知政事，支持他在政治、经济、军事诸方面进行一系列改革。也正是在这一时期，由于宋夏之间近百年的战争使得西夏国力虚耗，更加上秉常继位之后，后党梁氏独揽朝纲，使得政局不稳，从而军事力量大大削弱，再也无力发动大规模的进攻，对北宋王朝从攻势转入守势。这样，宋夏之间的强弱转换给了宋神宗及其改革派进讨西夏的千载难逢的良机。王韶所发动的熙河之役亦正是在这样一种形势下发生的。

熙河之役从熙宁元年（1068 年）二月宋神宗"以韶管幹秦凤经略司机宜文字"③ 赴秦州开始，到熙宁六年（1073 年）八月王韶又一次占领了河州结束，宋军共"修复熙（今甘肃临洮）、河（今甘肃临夏）、洮（今甘肃临潭）、岷（今甘肃岷县）、叠（今甘肃卓尼）、宕（今甘肃宕昌）等州，幅员二千余里，斩获不顺蕃部一万九千余人，招抚大小蕃族三十余万，各降附者"④。王韶给熙河地区的吐蕃部族以沉重打击，也让北宋和唃厮啰政权之间由友好关系转变为战争关系。

熙河之役后，北宋获得了对熙河地区的控制，董毡领导的唃厮啰政权受到直接的威胁。于是董毡趁宋军立足未稳之时派属下大将鬼章率众数万进入河州、岷州、洮州等地做策反工作试图与木征内外呼应，以图收复失地。熙宁七年（1074 年）二月，鬼章"诱胁赵、常、杓家等三族

---

① （清）徐松辑：《宋会要辑稿》第一百九十九册，《蕃夷》六之七。
② （宋）佚名：《宋大诏令集》卷二百三十九《政事》。
③ 《宋史》卷三百二十八《王韶传》，第 10580 页。
④ （宋）王安石：《临川先生文集》卷五六《表·百寮贺复熙河路表》。

集兵西山，袭杀河州采木军士，害使臣张普等七人"①，并以书激怒景思立，于是景思立率领蕃汉兵六千进攻踏白城②，踏白城战役正式开始。

踏白城战役开始之时，景思立正是如日中天，熙河战役结束后，以功而"迁四方馆使、河州团练使、知其州"③。相反，鬼章却是名不见经传，因此景思立根本没有把鬼章放在心上。当属下韩存宝及瞎药劝其谨慎从事之时，景思立"不听。自将中军，使存宝及魏奇为先锋，王存将左，贾翊将右。"④鬼章率军二万，分筑三城以抗宋军。这场战斗打得非常惨烈，从清晨辰时一直打到下午未时，最终宋军大败，景思立、王宁、李元凯和降宋吐蕃首领包约皆战死，"惟存宝、粲、思谊得脱"⑤。

踏白城之役，宋军失败的原因是多方面的，一个最重要的原因就是众寡悬殊，鬼章率军两万，而景思立仅有六千人。即使这六千人也被景思立分成了三部分，这就不可能集中兵力来对敌作战。踏白城战役是熙河之役以来吐蕃诸部对宋军取得最大胜利的一次战役，学术界普遍认为："这次胜利，对唃厮啰政权的存亡有极其重要的意义，经董毡、阿里骨两代，宋军未能插足河湟，当与此有关。"⑥

"帝命边臣招来之。"

踏白城之役后，鬼章又以岷州铁城堡（后改滔山）为根据地，继续

---

① （宋）李焘：《续资治通鉴长编》卷二百五十，熙宁七年二月甲申。

② 踏白城，据《大清一统志》卷一九九《兰州府二》记载位于"河州西北……州志：城在银川驿西"。

③ 《宋史》卷四百五十二《景思立传》，第 13287 页。

④ 同上。

⑤ （宋）李焘：《续资治通鉴长编》卷二百五十，熙宁七年二月甲申。对踏白城之役的时间，各种史籍记载并不统一，《皇宋十朝纲要》卷十记载景思立死于"二月乙未"，而《九朝编年备要》卷十九则是"七年三月"。对这次战役的过程在《长编》中记载特别详细，现摘录如下：自辰及未，血战十合，贼从山下沿沟出困，中军宁战死，存宝及存亦被围。思立使人谓粲奈何纵贼马肩过，粲不应。元凯死之，思立等溃围而出，与殿后合，思立已三中箭，存宝、奇各重伤。众议曰晚兵疲，宜移陈东坡为砦，思立以奇重伤，令先移军岭上，又谓弟思谊及效用冯素曰："兵非重兵无得动。"复将百余骑血战，走蕃兵数千人，方追之，而殿后兵动，思谊不能止，前阵欲战者见之皆溃。思立与奇百余骑，且战且退至东岭上，与宣合，官军尚五千余人。思立曰："我适以百骑走蕃兵千余人，诸人无助我者，军败矣，且自到以谢朝廷。"众止之。思立少顷，再激厉士卒，转战数合不能解，遇害。惟存宝、粲、思谊得脱。

⑥ 祝启源：《唃厮啰——宋代藏族政权》，青海人民出版社 1988 年版，第 93 页。

在熙、河、岷一带活动，给宋军造成了很大的压力。熙宁九年（1076年），北宋政府高价悬赏鬼章等人："诸人及生熟蕃部得鬼章首来献，授左藏库使，赏钱五千缗，与本族巡检使。得冷鸡朴，授东头供奉官，赏钱三千缗，与本族巡检。如生得鬼章、冷鸡朴，赏格外，更与优奖。鬼章、冷鸡朴如能悔过归顺，官赏亦如之。令熙河路经略司牓谕。"①

"十年，以鬼章及阿里骨皆为刺史。"

熙河之役对北宋和青唐吐蕃政权均产生了重要的影响。对宋政府来说，尽管从此占有熙河地区，然而这一地区却逐渐地成为宋政府的一个负担，为维持驻扎的军队和官吏，宋政府要向这一地区每年投入"人粮马豆三十二万斛，草八十万束"②。这让本来就积弱积贫的宋政府不堪民力。自熙河战役开始以后，宋政府在经济上可以说付出昂贵的代价，"自开建熙河，岁费四百万缗，七年以来财用出入稍可，会岁常费三百六十万缗"③。无怪乎时人邵伯温说："自开熙河以来，陕西民日困，朝廷财用益耗。独岷州、白石、大潭、秦州属县有赋税，余无斗粟尺布，惟仰陕西州郡及朝廷帑藏供给耳。"④ 另外，更重要的一个方面是熙河之役使得茶马互市中断，宋朝的战马来源受到严重影响，"今西戎既叛，马不出市，国家每岁所失二万余匹，数年之后，马必甚阙"⑤。战马的缺少必然影响到宋军的军力，正因为如此，宋军取熙河之后，便再不能前进一步，而力图"复河湟以断西夏右臂"的王韶至死也未踏入湟水流域一步。

对董毡所领导的青唐吐蕃政权来说，一方面，熙河地区的丧失使得唃厮啰政权失去了一道天然屏障。熙河与湟水流域本来就是互为一体，唇齿相依，熙河地区的丧失让唃厮啰政权直接处在了北宋政府的武力威胁之下。

另一方面，熙河战役开始之后，唃厮啰政权与北宋政府的政治往来基本断绝；经济往来，如与内地的主要贸易渠道茶马互市也被迫中止，

---

① （宋）李焘：《续资治通鉴长编》卷二百七十九，熙宁九年十二月庚戌。

② （宋）李焘：《续资治通鉴长编》卷二百五十四，熙宁七年六月丁丑。

③ （宋）李焘：《续资治通鉴长编》卷二百五十三，熙宁七年五月甲辰。

④ （宋）邵伯温：《邵氏闻见录》卷十三，中华书局1983年版。

⑤ （宋）赵汝愚：《宋名臣奏议》卷一百二十五《马政》。

这就使得以牧业为生的唃厮啰政权治下的吐蕃百姓生活受到极大的影响。从长远利益来说，长期与宋对峙，对唃厮啰政权来说是不利的。

从北宋和青唐吐蕃政权双方的利益出发来说，可以说是和则两得，斗则两伤，从熙宁十年（1077 年）双方又开始谋求友好关系。

熙宁十年（1077 年），鬼章率部与李宪在铁城激战，鬼章大败。面对失败董毡决心与北宋结束战争，"遣首领入朝谢罪"①。十月十四日，董毡和鬼章又"使人进贡，令寓止同文馆"②。这是熙河之役以来董毡首次与北宋通贡，也是唃厮啰政权向北宋示好的又一次举动。熙河之役后北宋政府已是不堪重负，也希望早日结束熙河用兵，以此来缓解财政困难，因此北宋对董毡的主动示好非常高兴，马上加封"青宜结鬼章为廓州刺史，阿里骨为松州刺史，大首领拔藏党令结等四人并与郎将，小首领一人与副军主，特用进奉首领赴阙例也"③。

"董毡贡真珠、乳香、象牙、玉石、马，赐以银、彩、茶、服、缗钱，改西平节度使，遣供奉官郭英赍诏书、器币至其国。"

在赏赐鬼章和阿里骨等人之后，北宋政府又对董毡进行封赏，"以西蕃邈川首领保顺军节度使董毡为西平军节度使"④。熙宁十年十二月，董毡又进珍珠、乳香、象牙、玉石、马等。北宋政府对这次进贡按照惯例"依例估价，特回赐银、彩及添赐钱，仍赐对衣、金腰带、银器、衣着、茶等，仍加功臣食邑移镇，除旧请外，岁添赐大彩四百匹，角茶二百，散茶二百斤"⑤。可以看出，北宋对董毡的封赏是不遗余力。也正是在这一年，北宋对董毡的加封达到顶峰，"可特授依前检校太傅、使持节鄯州诸军事、行鄯州刺史、兼御史大夫、西平军节度、鄯州管内观察处置押蕃落等使，仍旧西蕃邈川放领、加食邑一千户、赐推诚顺化功臣"⑥。

---

① （清）徐松辑：《宋会要辑稿》第一百七十六册，《兵》九之一。

② （清）徐松辑：《宋会要辑稿》第一百九十九册，《蕃夷》六之一三。另见李焘《续资治通鉴长编》卷二百八十五，熙宁十年十月辛卯。

③ （宋）李焘：《续资治通鉴长编》卷二百八十五，熙宁十年十一月庚午。

④ （宋）李焘：《续资治通鉴长编》卷二百八十六，熙宁十年十二月戊子。

⑤ （清）徐松辑：《宋会要辑稿》第一百九十九册，《蕃夷》六之一三。

⑥ （宋）佚名：《宋大诏令集》卷二百三十九，《政事》。

此次封赏之后，董毡和其父唃厮啰一样，宋朝册封制度中的阶（特进）、官（西蕃邈川首领、保顺军军节度、洮州管内观察处置押蕃落等使、金紫光禄大夫、检校太保、使持节洮州诸军事、洮州刺史兼御史大夫、使持节鄯州诸军事、行鄯州刺史、西平军节度、鄯州管内观察处置押蕃落等使）、勋（上柱国）、爵（常乐郡开国公）、封邑（食邑五千一百户、食实封一千一百户）、功臣号（推诚顺化功臣）六个要素也已全部齐备，并且全部超过了唃厮啰。

"方鬼章犯境时，列帐讷儿温及禄尊率部族叛附之。"

尽管董毡与北宋关系基本恢复正常，但是董毡恢复熙河地区的努力却没有停止，于是一些投降北宋的熙河地区的部族就成为董毡策反的对象，瞎乌叱（即赵绍忠）、讷儿温及禄尊等即是其中的一部分。元丰元年（1078 年），赵绍忠私通董毡首先被北宋察觉，北宋政府当即把赵绍忠押赴秦州，"熙河路选使臣押崇仪使岷州蕃部钤辖赵绍忠赴秦州经略司知管，毋得辄纵出城"①。紧接着便是讷儿温和禄尊之事的暴露。讷儿温和禄尊在鬼章进攻熙河之时"率部族叛附鬼章，及边事继息，乃来降"②。

"既来降，又阴与董毡通。"

讷儿温和禄尊投降北宋之后，于元丰元年（1078 年）也秘密派人与董毡、鬼章联系，企图作为熙河内应帮助董毡复夺熙河地区。讷儿温和禄尊的书信及董毡的书信被种谔获得，种谔随即逮捕两人并把信呈交北宋朝廷，"上董毡所与禄尊蕃字"③，两人试图谋反之事从而得以败露。

"元丰初，诏知岷州种谔集酋长斩之，以妻女田产赐降将俞龙珂。"

北宋政府得到种谔奏报之后，迅速做出了处理结果："众论所犯凌迟处死，妻田田产并赐包诚（即俞龙珂），子年十五以上配广南牢城，十四

---

① （清）徐松辑：《宋会要辑稿》第一百九十九册，《蕃夷》六之一四。
② （宋）李焘：《续资治通鉴长编》卷二百九十一，元丰元年八月癸卯。
③ （清）徐松辑：《宋会要辑稿》第一百九十九册，《蕃夷》六之一四。

以下听随行。哥吴补三班奉职，赐绢二百，锦袍、带一。"①

此处所提及的俞龙珂为北宋时期西北吐蕃部族中非常著名的首领，降宋后北宋赐之包姓，俞龙珂部及其后人遂以包为姓，到明清时期发展为岷州地区的包土司。九百多年来，俞龙珂家族的政治身份随朝代的更迭不断嬗变，反映的正是河湟地区数百年的时代变迁。

1. 从酋豪到蕃官：北宋时期俞龙珂家族的政治嬗变

俞龙珂家族被赐姓之前居于秦州，被称为"秦州上丁族"，部族首领为厮铎心与其子瞎药。皇祐末年，由于宋朝修筑古渭寨，秦州上丁族厮铎心率部叛宋，北宋将厮铎心质于秦州十余年，直到熙宁二年（1069年）才将其放回，"（熙宁二年六月）诏谕：已令秦州放瞎厮铎心归本族。先是铎心作过，质于秦州十余年"②。厮铎心被质于秦州十余年，其子瞎药大为不满，秦州上丁族与北宋之间的关系日趋紧张，瞎药与唃厮啰长孙木征联合，甚至欲借西夏的力量抗宋，"秦州上丁族瞎药怒质其父厮铎心，乃逃去与木征相和……其木征、瞎药更与自来秦州多点集不起、广有力量青唐族相结，谋立文法，去西界所建西市城甚近，阴与夏人通款。"③为增强自己抗宋的实力，瞎药将唃厮啰长孙木征迎居洮州，重立文法，"（瞎药）迎木征居洮州，欲立文法，秦州逐之，复还河州，地与西使城近。谅诈阴诱之，遂与青唐等族并附"④。为更好地控制木征，瞎药甚至把自己的妹妹嫁于木征，"瞎毡舅李都克占与瞎药争班，瞎药以妹妻木征，木征右瞎药"⑤。

瞎药兄俞龙珂亦为秦州蕃部首领，居于古渭地区，即现甘肃漳县附近，陇西县之南的盐井地区，势力强大，"蕃部俞龙珂在青唐最大"⑥。俞龙珂部控制着古渭地区的盐井，收益巨大，"日获利可市马八百匹"⑦。由于盐井所带来的巨大的经济利益，成为各方争夺的焦点，西夏、秦州以

① （清）徐松辑：《宋会要辑稿》第一百九十九册，《蕃夷》六之一四。另见《续资治通鉴长编》卷二百九十一，元丰元年八月癸卯。

② 同上书，《蕃夷》六之七。

③ （宋）韩琦：《韩魏公集》卷15《家传》。

④ （清）吴广成：《西夏书事》卷二十一。

⑤ （宋）李焘：《续资治通鉴长编》卷一百八十八，嘉祐三年十月辛丑。

⑥ 《宋史》卷三百二十八《王韶传》，第10579页。

⑦ （宋）李焘：《续资治通鉴长编》卷一百七十五，皇祐五年闰七月己丑。

西的吐蕃诸部以及北宋均欲把盐井收归己有，为此而展开激烈的争夺战。① 正因如此，俞龙珂部和这几方的关系都不睦，与北宋朝廷的关系亦是如此，北宋早就打算以武力解决俞龙珂部，"时青唐俞龙珂大族难制，议请讨且城之"②。

宋神宗熙宁五年（1072 年），王韶在王安石的支持之下发动"熙河之役"，瞎药和俞龙珂弟兄和北宋之间的关系彻底转变。王韶到达秦州后，采用软硬兼施的策略。一方面他在沿边蕃部中招纳弓箭手进行屯田，并在古渭州设立市易司，开展对蕃部的贸易。另一方面，王韶又招抚当地的大首领，俞龙珂部被王韶列为首先招抚的吐蕃部族。王韶数骑轻身，直抵俞龙珂营帐劝降，"韶因按边，引数骑直抵其帐，谕其成败，遂留宿。明旦，两种皆遣其豪随以东。久之，龙珂率属十二万口内附，所谓包顺者也"③。俞龙珂降宋之后，北宋加封他为西头供奉官，俞龙珂上表称"平生闻包中丞朝廷忠臣，今既归汉，乞赐姓包"，北宋朝廷答应俞龙珂的请求，"上如其请，遂赐之姓包，赐名顺"④。俞龙珂部此后便以包为姓，并在明清时期发展成岷州非常有名的包土司。

俞龙珂投降之后，瞎药作为木征手下重要的将领随木征与北宋的战争中屡战屡败，熙宁五年（1072 年）八月，王韶攻破武胜城，瞎药弃城逃走，"酋领瞎药弃城夜遁，唯曲散四王阿南阿出降，乃城武胜"⑤。十一月，大势已去的瞎药降宋，北宋加封他为内殿崇班本州蕃部都监，赐名包约，"河州首领瞎药等来降。诏以为内殿崇班本州蕃部都监，仍赐姓包，名约。约者，顺之兄，木征谋主也。木征既败，约始熙河听命"⑥。

俞龙珂和瞎药降宋之后，由吐蕃部族酋豪转变为北宋熙河路蕃官，俞龙珂和瞎药及其后人在宋朝的历次开边战争中屡立战功，宋哲宗时期的绍圣开边、宋徽宗时期的元符开边，包家族都参与其中，整个家族功勋卓著，成为北宋时期熙河地区的一支重要的政治力量。

---

① 参见任树民《北宋缘边吐蕃部族保卫盐井及反盐税斗争》，《西藏研究》1995 年第 1 期。

② （宋）彭百川：《太平治迹统类》卷十六《神宗开熙河》。

③ 《宋史》卷三百二十八《王韶传》，第 10579 页。

④ （宋）彭百川：《太平治迹统类》卷十六《神宗开熙河》。

⑤ 同上。

⑥ （宋）李焘：《续资治通鉴长编》卷二百四十，熙宁五年十一月癸丑。

俞龙珂降宋之初，宋朝最初加封他为西头供奉官，这是一个很小的官职，从八品。此后，俞龙珂与包家族另一位重要的人物包诚①尽心效力，官职步步提升。熙宁六年（1073 年）四月俞龙珂升职为西京左藏库副使，包诚为内殿承制。②熙宁七年（1074 年）四月，由于俞龙珂在岷州之战中立下战功，宋朝政府对其进行嘉奖，加封他为内藏库使，"西京左藏库使包顺为内藏库使，赐金带，上锦袍绢三百，余迁官赐绢有差，录岷州破贼之功也"③。熙宁八年（1075 年）之前，俞龙珂已任皇城使，这年六月，俞龙珂再次升职，"皇城使包顺为青唐一带并岷、洮等州蕃部巡检使"④。此后，包顺和包诚两人均率兵与鬼章在熙河一带激战，熙宁十年（1077 年）二月包顺与包诚二人同时受赏，包顺被封康州刺史，包诚被封为供备库使。自降宋之后，包顺与包诚在熙河地区率军尽心效力，"战多之最，锡以官荣，庸劝忠义"⑤。包顺与包诚的忠心得到了秦凤、熙河路两地官员的公认，"山西得功蕃官皇城使康州刺史包顺忠白向汉，众所推服，昨日岷南出兵，兼旬深入，竭数点集，差次功状不在行营将副之下，今所推赏，未厌众论"⑥。此次进兵之后，北宋加封包顺为荣州团练使、包诚为文思使。此后，包顺和包诚一直驻守岷州，元丰八年（1085 年）包顺又被授予阶州防御使，包顺则被授予岷州刺史兼领恩州团练使。元祐二年，北宋五路出兵大战鬼章，其中的一路即是种谊和包顺，"种谊洮东，以岷蕃包顺为前锋，由奇龙谷会通远蕃兵，夜济邦金川，黎明至洮州城，版筑未毕，一鼓破之，获首领九人，俘馘数千，遂生擒鬼章"⑦。战争结束之后，包顺和包诚双双受赏，"蕃官西上阁门使阶州防御使包顺为四方馆使，皇城使登州防御使包诚为东上阁门使，人赐银绢各五百"⑧。这样，包顺已从降宋之初的从八品升职为从五品的四方馆使，这

---

① 关于包诚，各种文献中并没有明确记载其与俞龙珂的确切关系，也无蕃名。从各种文献对其记载来看，均是以"包顺、包诚"并列出现，很可能包诚为包顺之弟。

② （宋）李焘：《续资治通鉴长编》卷二百四十四，熙宁六年四月丁亥。

③ （宋）李焘：《续资治通鉴长编》卷二百五十二，熙宁七年四月有己卯。

④ （宋）李焘：《续资治通鉴长编》卷二百六十五，熙宁八年六月癸巳。

⑤ （宋）王安礼：《王魏公集》卷2《制敕》，文渊阁四库全书本。

⑥ （宋）李焘：《续资治通鉴长编》卷二百八十三，熙宁十年六月壬辰。

⑦ （宋）彭百川：《太平治迹统类》卷二十一《哲宗禽鬼章》

⑧ （宋）李焘：《续资治通鉴长编》卷四百六，元祐二年十月庚子。

也是包顺生平所取得的最高职位。

俞龙珂家族的另一位重要人物瞎药降宋之后被封为内殿崇班本州蕃部都监，在熙州任职。熙宁七年（1074年）在踏白城之役中由于景思立的错误指挥，宋军大败，瞎药战死，北宋追封瞎药为忠州刺史，"赠礼宾副使包约为忠州刺史。约，蕃官也。初从景思立河州战没，或诬为降贼，走马承受张佑等言约实中箭死。诏王韶考实，如佑等言，故有是命"①。

除包顺和包诚之外，他们的第二代亦随父在熙河路任职，包顺的几个儿子先后获得北宋的封赏，早在熙宁八年（1075年）二月，宋朝就已加封包顺子嘉卜卓为三班奉职，"蕃官皇城使包顺子嘉卜卓补三班奉职。熙河经略司言，其随父战龙公川有功也"②。熙宁十年（1077年）九月，包顺另一子结逋脚被封为内殿崇班，"录蕃官皇城使荣州团练使包顺子东头供奉官结逋脚为内殿崇班"③。绍圣四年（1097年）包诚在熙河督军时被蕃部伏兵所杀，为表彰包诚的战功，北宋先是追赠他为虔州观察使，同时加封他十三个儿子④官职，"包海特与转一官，除遥郡刺史差充岷州一带蕃部同巡检，包明等四人各特转一官，差充本族巡检，内包文泾原路有功，候奏到仍别与推恩，斯结木磋等八人特与三班借职差充同巡检，先支与请受，仍并赐名"⑤。对包诚及其十三个儿子一一加封并赐汉名，这是北宋时期除唃厮啰家族之外唯一的吐蕃部族。自俞龙珂降宋之后，俞龙珂家族被册封且有名可考者达38人，⑥足以看出俞龙珂家族在西北吐蕃部落当中的重要地位。

2. 金统治之下俞龙珂家族（包家族）的政治嬗变

俞龙珂家族被赐姓包之后，史籍遂将其改称为包家族。宋高宗绍兴元年（1131年），原属于宋朝的熙、河、兰、会、巩、洮、湟、鄯、积石等州军之地均被金人攻占，包家族中居于熙州的一部遂改由金统治，金

① （宋）李焘：《续资治通鉴长编》卷二百五十三，熙宁七年五月壬子。

② （宋）李焘：《续资治通鉴长编》卷二百六十，熙宁八年二月丙寅。

③ （宋）李焘：《续资治通鉴长编》卷二百八十四，熙宁十年九月癸丑。

④ 包诚的十三个儿子分别为：包海、包明、包喜、包猛、包文、包忠（斯结木磋）、包信（结星）、包才（结默）、包良（嘉木错）、包武（莽布）、包勇（济实木）、包强（蒙诺木）、包毅（开佐）。

⑤ （宋）李焘：《续资治通鉴长编》卷四百八十九，绍圣四年六月己酉。

⑥ 参见《续资治通鉴长编》《宋史》《宋会要辑稿》及相关宋人文集资料。

改熙州为临洮府，设临洮府总管治之。此时包家族的包长寿袭父包永之
职为本族都管，泰和六年（1206 年），金完颜纲发动对宋朝吴曦的战争，
包长寿率领"绯翩翅军"① 参与战事立下战功，"泰和伐宋，充绯翩翅军
千户，取床川寨及祐州、宕昌、辛城子，以功进官二阶"②。自此之后，
以包长寿为代表的包家族成为金朝在西部边陲最为倚重的吐蕃部落，包
长寿及其家族的政治地位也不断升迁。

　　泰和六年（1206 年），包长寿仅仅为绯翩翅军千户这样一个不入流的
小官，从贞祐元年（1213 年）至贞祐三年（1215 年），包长寿先后参与
金与西夏的战争、金与北宋的战争，战功赫赫，一路升迁，从千户而升
万户，副统，都统，安定、定西、保川、西宁马军都弹压，同知陇州防
御事，世袭本族都巡检。③ 贞祐三年（1215 年），包家族的政治地位又获
提升，因军功而获赐金朝国姓乌古论姓，金宣宗特赐"包世显、包疙瘩
为乌古论氏"④。尽管此处并未提及包长寿赐姓乌古论，但《乌古论长寿
传》明确记载包长寿"三年，赐今姓"⑤。所以包疙瘩可能即是包长寿之
小名。包家族作为一个吐蕃家族先后获得北宋和金朝的赐姓，这在西北
诸多吐蕃部落之中是绝无仅有的。

　　贞祐三年（1215 年）之后，包长寿在与夏人的战事中屡建奇功，先
后升迁为宣武将军，遥授通远军节度副使、怀远大将军，升提控。兴定
元年（1217 年），又迁平凉治中，兼节度副使，充宣差巩州规措官，遥授
同知凤翔府事，兼同知通远军节度使、提控；兴定二年（1218 年），包长
寿迁同知临洮府事，与提控洮州刺史纳兰记僧分兵伐宋，此次战事之后，
"长寿遥授陇安军节度使，同知通远军、提控如故。顷之，长寿升总领都
提控，改通远军节度使"⑥。从泰和六年（1206 年）到兴定二年（1218
年）短短的十二年间，包长寿从一介小小的千户晋升为节度使，足以反
映出包长寿军功之多及金朝对其家族的器重。

---

① 绯翩翅，是军名的一种，《金史·完颜纲传》记载："绯翩翅，军名也。"
② 《金史》卷一百三《乌古论长寿传》，第 2271 页。
③ 同上书，第 2272 页。
④ 《金史》卷十四《宣宗》上，第 313 页。
⑤ 《金史》卷一百三《乌古论长寿传》，第 2272 页。
⑥ 同上书，第 2272 页。

包长寿之弟包世显降金之后亦是战功赫赫,兴定二年(1218年)被授五品刺史之衔,兴定四年(1220年),夏人攻陷会州,包世显不得已投降西夏,"八月,夏人陷会州,刺史乌古论世显降,复犯兔谷,夹谷瑞连战败之,夏人乃去"①。包世显降西夏并没有给其兄包长寿及其家人的政治前途带来灭顶之灾,夏人欲以包世显为人质逼迫包家族投降,包家族却借机显示了自己对金人的忠心,政治地位进一步提升。"夏人执世显至定西城下,谓长寿曰:'若不速降,即杀汝弟。'长寿不顾,奋战,夏兵退,加荣禄大夫,赐金二十五两、重币三端。"②金朝不仅褒奖包长寿,对降西夏的包世显两个儿子包公政和包重寿也予以赦免,"宣宗嘉长寿守定西功,释公政兄弟,有司廪给之"③。

包家族自泰和六年仕金以后,对金朝始终忠心耿耿,金宣宗也给予包家族最大限度的优厚与恩抚。除了上面提及的包家族所立下的赫赫战功之外,包家族受恩宠的另一个重要原因是包家族在吐蕃部落中的影响力及包长寿在吐蕃部落中深得人心,具有很高的威望,金王朝需要利用他来招降吐蕃部落附金。"宋境山州宕昌东上拶一带蕃族,昔尝归附,分处德顺、镇戎之间。其后,有司不能存抚,相继亡去。近闻复有归心,然不招之亦无由自至。诚得其众,可以助兵,宁谧一方。臣以同知通远军节度使乌古论长寿及通远军节度副使温敦永昌皆本蕃属,且久镇边鄙,深得彼心,已命遣人招之。"④包长寿亦多次利用自己的影响力招降吐蕃部落,"招降诸蕃族及熟羊寨秦州逋亡者"⑤。

3. 元明清时期的包土司

俞龙珂弟兄降宋之后,包家族一直定居于岷州地区。陇拶降宋之后,宋哲宗询问他欲往何处居住,他要求去岷州,理由即是"无他,欲与包顺、赵怀义家部族相依耳"⑥。包家族居于岷州参与修建了岷州广仁禅院,

---

① 《金史》卷一百三十四《外国上·西夏》,第2874页。
② 《金史》卷一百三《乌古论长寿传》,第2273页。
③ 同上。
④ 《金史》卷一百十三《白撒传》,第2485页。
⑤ 《金史》卷一百三《乌古论长寿传》,第2272页。
⑥ (清)徐松辑:《宋会要辑稿》第一百九十九册,《蕃夷》六之三八。

"郡之酋豪曰赵醇忠、包顺、包诚，皆施财造像"①。

包长寿之后，包家族中见于史籍记载者并不多见。元朝建立之后，在脱思麻路设置十八族元帅府，②归巩昌路便宜都总帅府管辖。十八族又称"西番十八族"，"曾长期活跃于宋、金、元、明等朝，是甘、青、川地区著名的吐蕃大族，对当地的政治、文化产生过较大的影响"③。元末明初，包家族意外地以十八族首领的身份再次在史籍中出现，明洪武五年（1372年），"十八族千户包完卜乩等来朝贡马"④。包完卜乩之后，包锁南也曾经担任过十八族千户之职，"其十八族地方亦养马多，除端王旧管阙阙当差不科外，其余包锁南等一了不曾当差人民，见一户出马一疋，少有不从"⑤。明朝初年，十八族千户所隶属于河州卫，为当时河州卫所辖 8 个千户所之一，洪武十一年岷州卫设置之后，十八族军民千户所改隶岷州卫统辖。十八族的主要首领一直由包家族担任，除前文述及的包完卜乩和包锁南之外，还有几人，至今仍悬挂于岷县二郎山钟亭的二郎山铜钟，铸于明洪武十六年，其铭文清楚地记载了包家族在十八族千户所任职的情形：

十八族军千户所
武略将军副千户：包旺
昭信校尉百户：马珍、包木明肖、包辇占肖、包阿速、包答蛮、郎扎即、包扎秀、赏占密
忠显校尉所镇抚：陈坚、谈谷智
忠翊校尉都管：成那速、包□、包辇占、包速南党、成先宜、□速南党只……
吏目：谭□⑥

① 张维：《陇右金石录》卷三《广仁禅院碑》。
② 《元史》卷九十一《百官七》，第 2309 页。
③ 关于十八族的考证，参见武沐《明代吐蕃十八族考》，《西藏研究》2010 年第 2 期。
④ 《明太祖实录》卷七二，洪武五年四月壬寅。
⑤ （明）姚士观等编校：《明太祖文集》卷 6《敕》之《谕曹国公李文忠西平侯沐英等敕》。
⑥ 此碑现存于岷县博物馆，碑文载于《岷县志》编纂委员会编《岷县志》，甘肃人民出版社 1995 年版，第 669 页。

从碑文所记来看，包家族在十八族千户所中担任主要的官职，碑文中所提及的包阿速在明清时期被称为包土司，《岷州乡土志》对包阿速记载如下：

> 包氏，宋神宗时，青唐蕃俞龙珂率其属内附。自言闻包中丞朝廷忠臣，乞赐姓包氏。帝如其请，赐姓名包顺，遂居岷。高遵裕刺岷时，曾遣包顺出西门击吐番；又与包诚出赀修广仁禅院（见宋《王钦臣记中》）。明有指挥同知包阿速，阿速子鬼儿，鬼儿孙海，海子虎，虎子美，俱袭。名世英者，美子也，隆庆间袭有。国朝失其职。今本城及西南路包氏，宜是其后裔。①

《甘肃青海土司志》中亦有关于包阿速的记载，与《岷州乡土志》记载略有不同：

> 岷州卫指挥同知包阿速
> 波戍国三叠族人。（当为土伯特异译）。
> 包鬼儿　阿速子，□□□时袭指挥同知。
> 包曾　　鬼儿子，□□□□时袭职。
> 包海　　曾子，□□□□□时袭职。
> 包虎　　海子，□□□□□时袭职。
> 包贵　　虎子，□□□□□时袭职。
> 包世英　贵子，隆庆时袭职，委管操屯局。
> 以档卷毁失，世袭年代及事迹及何时停袭，均无考。

除包阿速及其后人之外，明清时期西北地区还有不少包家族的后人在西北地区建功立业，延续着家族的辉煌，明朝时期包家族中包思恭、包举、包天福担任岷州副千户之职，担任百户的有包启龙。② 明朝时包家

---

① 《岷州乡土志》，《陇右稀见方志三种》，上海书店 1984 年影印版。

② （清）汪元纲：《岷州志》第十三卷《职官下》，载张羽新主编《中国西藏及甘青川滇藏区方志汇编》，第二十六册，学苑出版社 2003 年版。

族中考取贡士的有包秀和包兴，其中包秀曾担任明鸿胪寺序班，清康熙四十一年包应举考取贡士，后任陕西朝邑县训导。① 包世禄中光绪丙子科举人，包文炳中光绪辛卯科举人，包玉中光绪丁酉科举人。② 特别是包世禄，以孝义闻名于当世，《岷州续志采访录》对其生平记载如下：

> 包世禄，字子康，本城人。光绪丙子举人。性安雅，幼不好弄。稍长，嗜读书，终日展卷微吟。同学或戏之，不怒亦不语，即有言，呐呐然如不出诸其口。中年，颓然如不胜衣。兄世福，岁贡生，世禄事之甚谨，每事不问不敢专；兄亦友爱笃至，至老无间言。岷人论天伦之乐，以包氏昆仲为最焉。③

在今天西北地区还有包家族后人居住的村庄，笔者 2014 年夏在陇南调研时曾经专门去过陇南西和县石堡乡包集村，这个村庄有四千人口，村民中超过一半姓包。甘肃礼县亦有一个村庄为包家村，村民也主要以包姓为主。这两处地方距离礼县盐官镇都不远，包家族先人俞龙珂早年控制的盐井就在此处，因此可以断定，包集村和包家村的包姓村民均为包家族后人。遗憾的是笔者实地采访时，当地的包家族后人对自己家族早年的历史均一无所知，历史记忆已经中断。此外在临夏回族自治州还有两个包家村，一个是汪集乡包家村，另一个是东塬乡包家村，可能也是包家族后人聚居的两个村庄。

"二年，遣景青宜党令支贡方物，以令支为珍州刺史，赐董毡钱万缗，银、彩千计。"

从熙宁十年（1077 年）董毡与北宋政府恢复友好关系之后，董毡数次派人到北宋进献方物，《宋史》此处所记载为元丰二年三月的一次。这年三月一日，董毡派遣景青宜党令支向北宋进贡，宋神宗问景青

---

① （清）汪元纲：《岷州志》第十五卷《选举》，载张羽新主编《中国西藏及甘青川滇藏区方志汇编》，第二十六册，学苑出版社 2003 年版。

② 《岷州续志采访录》，载岷县志编纂委员会办公室《岷州志校注》，甘肃省图书馆藏 1988 年版，第 448、449 页。

③ 同上书，第 464 页。

宜党令支的来意，景青宜党令支回答："董毡蒙恩许贡，故遣使来谢。"① 北宋政府对董毡的这次进贡进行了大量封赏并回赐大量钱财，"赐董毡钱一千二百缗，银、彩各千、对衣、金带、银器、衣着等，补进奉大首领景青宜党令支珍州刺史，刘勇丹结古扶州刺史，余有官者迁一资，未命者补职名有差，岁增大首领大彩十七匹，小首领五匹，散茶各十斤"②。

景青宜党令支等人在六月返回青唐，宋神宗对董毡进贡的行为表示满意，并许诺董毡可以继续派人到宋交易，"归告董毡，所遣贡春人甚恭恪，今已许汝纳谷，此后可数遣人来，任便交易"③。

此后几年，董毡又数次进贡，见于文献记载的主要有：

元丰三年（1080年）闰九月二十七日：

> 董毡遣人入贡。

元丰四年（1081年）九月二日：

> 董毡首领李叱纳等入贡……

元丰五年（1082年）二月二十一日：

> 诏：西蕃邈川首领、西平军节度押蕃落等使董毡封武威郡王，赐金束带一，银器二千两，色绢绅三千，岁赐增大彩五百匹，角茶五百斤。阿令骨为肃州团练使，鬼章甘州团练使，心牟钦毡伊州刺史，各赐金束带一、银器二百两，彩绢三百。进奉使李叱腊钦廓州刺史，增岁赐茶、彩有差。④

---

① （宋）李焘：《续资治通鉴长编》卷二百九十七，元丰二年三月庚午朔。
② （清）徐松辑：《宋会要辑稿》第一百九十九册，《蕃夷》六之一五。
③ （宋）李焘：《续资治通鉴长编》卷二百九十八，元丰二年六月甲寅。
④ 以上分别见于《宋会要辑稿》第一百九十九册，《蕃夷》六之一四、一五、一六、一七等。

"三年，邈川城主温讷支郢成及叔溪心、弟阿令京等款塞，以郢成为会州团练使，溪心内殿崇班，令京西头供奉官，余族人皆殿直奉职。"

元丰三年（1080 年）西夏国主秉常看到董毡复与北宋和好，青唐吐蕃政权又一次成为自己的后顾之忧，遂采取先发制人的策略，调集军队向邈川发起进攻，"秉常以西蕃董毡复臣中国，受西平军节度使职，遣众谋袭邈川"①。邈川城主温讷支郢成看到形势危急，遂率部归降北宋。温讷支郢成归附宋朝，使西夏军队面临腹背受敌的境地，秉常于是下令撤兵息战。北宋政府对温讷支郢成等人进行了封赏，"补温讷支郢成为会州团练使，邈川蕃部都巡检使温锡心为内殿崇班，温声腊抹为右班殿直，并邈川蕃部同巡检；阿笃为本族副军主，僧禄遵为禄厮结族都虞侯，月给茶帛有差"②。六月，北宋政府又对邈川城内的一些部族首领进行封赏，"补邈川城主会州团练使温纳支郢成叔溪心、弟阿令京为西头供奉官，溪心男乐厮波温、弟阿罗为右班殿直，族弟溪巴温为三班奉职，妹婿搭令波为借职，月给茶彩有差"③。

"四年，王师讨夏，会其兵。"

元丰四年（1081 年），西夏政局发生动荡，秦人李清"说秉常以河南地归宋，国母知之，遂诛清而夺秉常政"④。西夏政局的动荡让北宋统治者觉得有机可乘，于是出兵三十万，兵分五路大举进攻。为进一步地壮大声势，北宋统治者诏谕董毡出兵相助，"已指挥熙河路都大经略司径道攻西贼巢穴，或北取凉州，与董毡兵会，董毡知"⑤。

"董毡遣酋长抹征等率三万人赴党龙耳江及陇、朱、珂诺，又集六部兵十二万，约以八月分三路与官军会。"

董毡答应了北宋政府的要求，同意出兵，为确保这次出兵的万无一失，董毡派李叱纳钦等人入贡并告知北宋朝廷，"遣首领洛施军笃乔阿公

① （清）吴广成：《西夏书事》卷二十四。
② （宋）李焘：《续资治通鉴长编》卷三百二，元丰三年正月癸巳。
③ （宋）李焘：《续资治通鉴长编》卷三百五，元丰三年六月戊戌。
④ 《宋史》卷四百八十六《夏国传下》，第 14010 页。
⑤ （清）徐松辑：《宋会要辑稿》第一百九十九册，《蕃夷》六之一六。

及亲兵首领抹征尊等，以七月十六日部三万余人赴党龙耳江、馓南及陇朱、珂诺等处击夏国"①。北宋政府慎重地考虑了出兵的时间之后，最后与董毡约定在八月十五日正式出兵，"已期约董毡点集六部族兵马十三万，取八月半分三路与官军会"②。然而，这次战役刚开始取得了一些局部胜利，西夏军队首先进攻西啰城（今兰州市西北），董毡派阿里骨驰援西啰城，击溃西夏军队，"西平节度使董毡使养子阿里骨，率兵击之，斩三百级，降百二十三人"③。其后，董毡又在李宪攻取兰州时牵制了西夏西部大量兵力，使得李宪顺利地攻取兰州。

"帝以其协济军威，事功可纪，由常乐郡公进封武威郡王，鬼章、阿里骨、党令支皆团练使，心牟钦毡、阿星、李叱腊钦为刺史。"

宋朝上下对董毡出兵进攻西夏非常满意。"诏：昨遣师问罪夏国，其西蕃董毡亦遣亲信首领部勒兵马来济军威，事功可既，董毡见议策勋，其立功首领亦当推赏。委苗授遣人因般次告谕董毡、阿令骨、鬼章。"④元丰五年（1082年）二月，北宋政府对此次战役中参战的吐蕃官兵进行大规模封赏，"西蕃邈川首领、西平军节度押蕃落等使董毡封武威郡王，赐金束带一，银两二千两，色绢绸三千，岁赐增大彩五百匹，角茶五百斤。阿令骨为肃州团练使，鬼章甘州团练使，心牟钦毡伊州刺史，各赐金束带一、银器二百两，彩绢三百。进奉使李叱腊钦廓州刺史，增岁赐茶、彩有差"⑤。

"夏人欲与之通好，许割赂斫龙以西地，云如归我，即官爵恩好一如所欲。"

面对北宋和董毡的双重打击，西夏深感不安。为打破北宋和董毡的联盟，西夏对董毡采取了软硬兼施的策略，一方面军事打击，另一方面进行拉拢。元丰五年（1082年），西夏派使臣到青唐城，"欲与之通好，

---

① （清）徐松辑：《宋会要辑稿》第一百九十九册，《蕃夷》六之一六。
② （宋）李焘：《续资治通鉴长编》卷三百十四，元丰四年七月丁未。
③ （清）吴广成：《西夏书事》卷二十五。
④ （清）徐松辑：《宋会要辑稿》第一百九十九册，《蕃夷》六之一六。
⑤ 同上书，《蕃夷》六之一七。

许割斫龙城以西地。约云：如归我，即官爵恩好一如所欲"①。此后，西夏又多次派人出使青唐，提出的条件一再提高，声称要以喀罗以西地割让给董毡作为回报。元丰五年（1082 年）四月，西夏甚至"邀辽国使者同至青唐说之"②。

"董毡拒绝之，训整兵甲，以俟入讨，且遣使来告。"

董毡面对西夏的示好，表现得立场坚定，坚决地执行联宋抗夏的既定国策，并把西夏示好的消息告诉北宋政府并表明自己的立场以寻求北宋政府的支援，"董毡、阿里骨使以蕃字来告，夏人通好，已拒绝之，且训练兵马以俟入讨"③。西夏在得知董毡拒绝的消息之后，曾试图出兵，但是此时"神宗诏苗授、李宪等师行有期，预以告，梁氏惧而止"④。

"帝召见其使，使归语董毡尽心守圉；每称其上书情辞忠智，虽中国士大夫存心公家者不过如此。"

自熙宁十年（1077 年）董毡与北宋重归于好之后，董毡所率领的唃厮啰政权始终站在了北宋一面，坚持联宋抗夏的政策，数度出兵助宋抗夏，为宋朝减轻了许多边防压力，董毡对北宋朝廷可以说是毕恭毕敬。面对西夏的诱惑，董毡严词拒绝，这令北宋政府深感满意，元丰六年（1083 年），宋神宗在得到李宪所抄录的董毡上书之后发出感慨，"其上书情辞忠智，虽中国士大夫存心公家者不过如此"⑤。宋神宗甚至把董毡与昔日击杀李继迁的六谷蕃部首领潘罗支和厮铎督相比，"昔六谷首领潘罗支、厮铎督输中朝廷，协力击战，后终成奇功，杀李继迁于三十九井，当时朝廷报赏甚厚。今董毡、阿里骨效诚如此，宜更激勉，使深入贼境，求如上功，以称朝廷抚厚之意"⑥。

---

① （清）吴广成：《西夏书事》卷二十六。
② 同上。
③ （清）徐松辑：《宋会要辑稿》第一百九十九册，《蕃夷》六之一七。
④ （清）吴广成：《西夏书事》卷二十六。
⑤ （元）马端临：《文献通考》卷三百三十五《四裔考十二》。
⑥ （清）徐松辑：《宋会要辑稿》第一百九十九册，《蕃夷》六之一八。

"知邈川事力固不足与夏人抗，但欲解散其谋，使不与结和而已，故终不能大有功。"

其实在北宋政府的眼里，对董毡的实力是非常清楚的。宋朝政府并没有把抵抗西夏的宝押在董毡身上，只要董毡保持中立就已经是对西夏的牵制了，"朝廷知董毡事力不能大抗西贼，但不与夏人结和于边防有助"①。尽管不被北宋政府所重视，董毡抗夏的决心却是坚定的，元丰五年（1082 年）十月，董毡又趁西夏后方空虚，大举入侵，"令养子阿里骨，首领鬼章攻斫龙、龊哆等城，破之，尽俘其众，遣使入熙河献捷"②。

"哲宗立，加检校太尉。"

元丰八年（1085 年），宋哲宗赵煦继立，次年改元元祐。应该说，哲宗继立之时，董毡已经去世，但是由于阿里骨匿丧不发，继续以董毡的名义发号施令，北宋朝廷对此并不知晓。宋哲宗即位之后，为进一步拉拢青唐吐蕃政权，于这年八月，加封董毡为检校太尉。在加封的诏书中，宗哲宗对董毡进行了较高的评价，其全文如下：

> 门下：朕席二仪之蜷命，荷六圣之诒谋，君临万邦，思享安荣之实，泽及四海，固无远迩之殊，矧惟藩卫之邦，控我河湟之塞，特疏宠渥，用劝忠嘉，具官某，保有一隅，长雄诸部，旄旌世守，能坚事大之诚，玉帛继来，不替修方之旧，属缵承于洪绪，思颁布于徽章，视秩掌武之宗，行赋爱田之入。于戏，承天发政，朕方念于永图，保国垂荣，尔益坚于亮节，勉循恭恪，用副眷怀。③

"元祐元年，卒。"

关于董毡去世时间，《宋史》此处记载为元祐元年（1086 年）。但是从其他史籍记载来看，《宋史》记载明显有误，顾吉辰先生在综合各种文

---

① （清）徐松辑：《宋会要辑稿》第一百九十九册，《蕃夷》六之一八。

② （清）吴广成：《西夏书事》卷二十六。

③ （宋）佚名：《宋大诏令集》卷二百三十九《政事》。

献记载之后考证董毡去世时间应为元丰六年（1083 年）十月。①

"蔺逋叱已死，养子阿里骨嗣。"

董毡生有一子名蔺逋叱，又称为欺丁磨彪苏南兰逋叱。对董毡这一子，史籍记载十分模糊，并不知为董毡哪一房妻子所生。从时间上来推算，蔺逋叱很可能为契丹公主所生。"熙宁元年，封其母安康郡太君，以其子蔺逋比为锦州刺史。"② 熙宁元年（1068 年），董毡仅仅是三十七岁，董毡娶契丹公主时是嘉祐三年（1058 年），如果是契丹公主所生，那么蔺逋叱只能出生于嘉祐四年（1059 年）之后，熙宁元年时仅仅九岁，而董毡受封为会州刺史时正是九岁。③

董毡对其子蔺逋叱也是寄予厚望，除为其向北宋请封外，还为其和亲于西夏和回鹘。但是，由于董毡晚年体弱多病，大权逐渐落入养子阿里骨之手。为了夺取唃厮啰家族政权的大权，阿里骨袭杀董毡子蔺逋比。"董毡先有子奇鼎，夏人及回鹘皆以女妻焉。奇鼎性轻佻，好易服微行，阿里骨阴使人贼杀奇鼎。"④ 董毡去世之后，阿里骨则顺利地成为青唐政权的继承人。

附录 董毡编年事辑

公元 1032 年（宋明道元年）

董毡出生。

公元 1040 年（宋康定元年）9 岁

四月，宋朝加封董毡为会州刺史。

公元 1058 年（宋嘉祐三年）27 岁

九月，契丹之妻董毡也，遣使送之，入留不还，间而蛊其妻，董毡

---

① 顾吉辰：《邈川首领董毡生卒年考》，《西藏研究》1983 年第 4 期。

② 《宋史》卷四百九十二《吐蕃传》，第 14164 页。另见《宋会要辑稿》第一百九十九册，蕃夷六之七：以其子都军主欺丁磨彪苏南兰逋叱为锦州刺史。

③ （宋）李焘：《续资治通鉴长编》卷一百二十七，康定元年四月辛亥记事：以邈川首领嘉勒斯赍子董戬为会州刺史。

④ （宋）李焘：《续资治通鉴长编》卷三百四十，元丰六年十月庚子。

知之，杀其使，置其妻不见。母乔氏喻董毡宜以契丹故，亲其妻，董毡不从。

公元 1062 年（宋嘉祐七年）31 岁

七月，唃厮啰年老，国事皆委其子董毡。契丹以董毡杀其使者为借口与青唐吐蕃政权绝交。谅祚乘机率兵攻吐蕃，战于青唐，败还后，恐唃厮啰攻，筑堡于古渭州侧，以兵戍守。

公元 1065 年（宋治平二年）34 岁

十月，唃厮啰去世，董毡承继为青唐吐蕃政权的第二任赞普。

公元 1067 年（宋治平四年）36 岁

二月，宋朝加封董毡为邈川首领、保顺军节度使、洮州管内观察处置押蕃落等使，检校太保。

十二月，董毡进贡。宋朝回赐，依治平元年赐唃厮啰例，赐董毡妻银器五十两，衣着百匹。

公元 1068 年（宋熙宁元年）37 岁

二月，宋朝封董毡母乔氏为安康郡太君，董毡子蔺逋比为锦州刺史。

公元 1069 年（宋熙宁二年）38 岁

宋神宗谕河州木征进奉首领张纳儿潘等，令其转告木征，其妻父瞎厮铎心已归本族。

公元 1070 年（宋熙宁三年）39 岁

十二月，董毡乘夏人犯环庆之际深入其境，虏获甚多，宋朝赐诏奖谕并衣、带、鞍马。宋朝赐玺书袍带奖激之。赠特进。

公元 1071 年（宋熙宁四年）40 岁

七月，董毡遣首领进贡。宋朝差供奉官郭英赍诏书慰谕，及赐对衣金带银器衣着各三百匹两。

八月，因董毡、木征与僧亲善，宋朝遣僧智缘随王韶驱使，赐银三百两，置洮河安抚司。

九月，宋朝赐董毡加食邑一千户，实封三百户。

公元 1072 年（宋熙宁五年）41 岁

二月，郭逵往投董毡，结连蕃部来巡边。

二月，木征对王韶所发动的熙河之役向宋朝提出抗议。王韶不听，继续用兵熙河地区。

五月，董毡子与西夏国主秉常妹联姻并于是年十二月成婚，董毡与西夏正式结亲。

公元 1073 年（宋熙宁六年）42 岁

二月，董毡、辽国与西夏联姻，成掎角之势。

公元 1074 年（宋熙宁七年）43 岁

二月，董毡派鬼章入河州支援木征抗宋。

四月，踏白城之役。知河州景思立、李元凯战死。

公元 1075 年（宋熙宁八年）44 岁

四月，董毡不犯边鄙。

公元 1076 年（宋熙宁九年）45 岁

二月，董毡以旗号、蕃字至洮州、叠州诱胁顺汉蕃部，双方展开激战。

七月，获董毡蕃僧旺遵等。

公元 1077 年（宋熙宁十年）46 岁

五月，李宪生擒蕃官隆吉卜，董毡惧，作旁行书谕之，遂遣使入贡。因此上书派使者进贡。

十月，董毡派使者进贡。

十一月，宋朝以董毡手下将领鬼章为廓州刺史，养子阿里骨为松州刺史。

十二月，以董毡为西平军节度使。

十二月，董毡贡真珠、乳香、象牙、玉石、马，赐以银、彩、茶、服、缯钱。

十二月，王君万兼经制财用，乞推示恩信，诱结董毡。诏董毡部族有愿补汉官者保明以闻。

公元 1078 年（宋元丰元年）47 岁

五月，瞎吴叱暗中与董毡联系，宋朝政府获悉之后将其押往秦州，毋得辄纵出城。

七月，董毡遣使入贡。宋朝差供奉官郭英赉诏慰谕，并赐对衣、金带、银器、衣着和三百两匹，令熙河路经略司依治平二年差使臣赐敕告例。

八月，董毡赐诏，鬼章赐敕。

公元 1079 年（宋元丰二年）48 岁

三月，董毡遣景青宜党令支等来贡方物。宋朝赐董毡钱一千二百缗，银、采各千，对衣、金带、银器、衣着等。

公元 1080 年（宋元丰三年）49 岁

六月，董毡欲修城，派人至宋朝求铁器及援兵。

闰九月，董毡遣使入贡。

公元 1081 年（宋元丰四年）50 岁

三月，董毡遣使进贡。

七月，李宪与董毡会兵进攻西夏。于阗使者进贡，董毡派人导引至熙州。

八月，夏人寇临川堡，诏董毡会兵伐之。

九月，董毡派首领李察勒沁入贡，称董毡已派洛施军笃、乔阿公等率三万人进攻西夏。

九月，董毡、李宪兵马深入西南地分。

公元 1082 年（宋元丰五年）51 岁

二月，因董毡助宋讨夏有功，诏加封董毡为武威郡王，赐金束带一、银器二千两、色绢绌三千匹，岁赐大彩五百匹。

三月，西夏欲与董毡重新通好，董毡不从，且派使臣告知宋朝，已训整兵马以俟西夏入讨。

四月，西夏屡遣使欲与董毡通好，并请契丹派人至青唐游说董毡，董毡以世受宋恩为由，不从西夏所请。

十月，董毡闻西夏兵东出，派阿里骨进兵斫龙、龊哆等城，破之，尽俘其众，派人至宋报捷。

公元 1083 年（宋元丰六年）52 岁

八月，西夏秉常派人至辽，请其再次游说董毡，欲与董毡结好，以为声援，辽再遣使者至青唐，董毡不听。

十月，董毡去世，阿里骨继立。

第 四 章

《宋史·吐蕃传附阿里骨传》笺证

阿里骨（1040—1096 年），董毡养子，北宋时期河湟吐蕃政权第三任赞普。阿里骨作为非唃厮啰家族的人物继承唃厮啰政权的"赞普"之位并长期执政，一方面证明阿里骨超常的个人能力，另一方面这一致命缺陷让阿里骨统治的唃厮啰政权走向衰落，他的统治成为青唐吐蕃政权由盛转衰的转折点。

"阿里骨，本于阗人。"

阿里骨，在有的文献中被译为阿令骨、鄂特凌古等，出生于康定元年（1040 年）。① 阿里骨并非土生土长的吐蕃人，而是出生于于阗（今新疆和田）。

"少从其母给事董毡，故养为子。"

阿里骨年少时，被其母长牟瞎卜带到青唐城。阿里骨母可能以侍妾"尝给事毡，故养阿里骨为子，及长为都督首领"②。阿里骨长大成人之后，经常跟随董毡出征西夏和降服不肯归附的蕃部，屡建战功，从而成为董毡的得力助手。北宋政府于熙宁十年（1077 年）册封阿里骨，"以西蕃邈川首领董毡都首领青宜结鬼章为廓州刺史，阿

---

① 关于阿里骨的出生时间，《宋史·吐蕃传》没有记载。但是综合《宋史·吐蕃传》和其他各种文献，阿里骨去世时间均为绍圣三年（1095 年），时年五十七岁，由此可以推断阿里骨出生时间为康定元年（1040 年）。

② （清）徐松辑：《宋会要辑稿》第一百九十九册，《蕃夷》六之二九。

令骨为崧州刺史"①。这也是史籍记载阿里骨获得北宋最早的封赏。

"元丰兰州之战最有功,自肃州团练使进防御使。"

元丰四年(1081年),西夏政权发生危机。② 以种谔为首的一些边将认为应该趁此时机一举解决西夏问题,"宜兴师问罪,此千载一时之会"③。宋神宗采纳了种谔等人的建议,决定分五路大兵④进攻西夏。《宋史·吐蕃传》所提到的兰州之战就是这次军事的行动的一部分。

北宋在五路进军西夏的同时,亦诏谕青唐的董毡,要其出兵配合,"董毡出兵,俟得蕃中要约时日,斟酌机会调发,随处驻扎"⑤。为敦促董毡出兵,北宋政府派苗履出使青唐城,苗履最终不辱使命,"入西蕃抚谕使苗履等奏,已期约董毡点集六部族兵马十三万,取八月半分三路与官军会,下泾原、环庆、鄜延路经略司并王中正照会"⑥。董毡派出配合北宋作战的将领即是阿里骨。阿里骨出师后的第一战是在西罗谷。由于北宋与董毡的联合引起了西夏的不安,西夏遂采取先发制人的策略,首先进攻青唐政权控制的斫龙城附近的西罗谷(今兰州市西北),阿里骨"率兵击之,斩三百级,降百二十三人"⑦。这也是史籍记载阿里骨参与的第一次军事行动。

北宋在东线的战事并不是很顺利,遂决定开辟西线战场以减缓东线的军事压力,七八月份,北宋一再派人催促董毡确定出兵日期,并要求

---

① (清)徐松辑:《宋会要辑稿》第一百九十九册,《蕃夷》六之一三。在李焘:《续资治通鉴长编》卷二百八十五,熙宁十年十一月庚午条下记载"阿里骨为松州刺史"。

② 关于西夏政权的危机,在《太平治迹统类》卷一五《种谔建议大举》中记载得非常清楚:"西夏国母屡劝秉常不行汉礼,秉常不从。有梁相公者与其叔母,亦相继劝之。既而秉常为李将军所激怒,欲谋杀叔母与梁相公。其言颇露,二人共谋作燕令,召秉常饮,常醉起,于后园被害。妻子及从者近百人相继遭屠戮。"但是在《宋史·夏国传》中却有不同的说法:"元丰四年四月,有李将军清者,本秦人,说秉常以河南地归宋,国母知之,遂诛清而夺秉常政。"尽管内乱说法不一,但是西夏国内发生内乱却是不争的事实。

③ (宋)彭百川:《太平治迹统类》卷一五《种谔建议大举》。

④ 这五路大军分别为:李宪总其兵,出熙河路;王中正出河东路;种谔出鄜延路;高遵裕出环庆路;刘昌祚出泾原路。

⑤ (宋)李焘:《续资治通鉴长编》卷三百十三,元丰四年六月辛巳。

⑥ (宋)李焘:《续资治通鉴长编》卷三百十四,元丰四年七月丁未。

⑦ (清)吴广成:《西夏书事》卷二十五。

阿里骨派人到宋军参与指挥，"熙河路已列定兵马，必须照应董毡，所约师期出界，蕃中出兵与否，无可为据。宜令经略司选使臣一二人入蕃军照验，仍约阿里骨首领一二人来与官军同出，庶彼此分明，不误大事"①。董毡在北宋政府的一再要求之下，终于决定出兵进攻西夏，"董毡遣首领洛施军笃乔阿公及亲兵首领抹征尊等，以七月十六日部三万人赴党龙耳江、篯南及陇朱、珂诺等处击夏国"②。由于董毡的有力配合，宋将李宪率部顺利攻取兰州，北宋政府在战后决定对董毡及其部下进行封赏，"西蕃邈川首领、西平军节度押蕃落等使董毡封武威郡王，赐金束带一、银器二千两，色绢绸三千，岁赐增大彩五百匹，角茶五百斤。阿令骨为肃州团练使，鬼章甘州团练使，心牟钦毡伊州刺史，各赐金束带一、银器二百两，彩绢三百"③。

北宋政府对青唐政权首领大规模封赏之后，又特意表彰了阿里骨，"肃州团练使阿里骨闻在羌中居鬼章之右，兰州之战又能竭力督励诸酋坚约不回，可除本州防御使"④。由此可以看出，阿里骨在董毡晚年之时已成为唃厮啰政权的第二号人物，地位已经高于鬼章。

"董毡病革，召诸酋领至青唐，谓曰：'吾一子已死，惟阿里骨母尝事我，我视之如子。今将以种落付之，何如？'诸酋听命。"

董毡晚年之时，唃厮啰政权在军事方面主要有两大人物，一为鬼章，一为阿里骨。熙宁十年（1077 年），宋朝同时册封两人，其中鬼章为廓州刺史，阿里骨为松州刺史。早期的鬼章由于直接指挥了踏白城之役，保住了董毡所领导的唃厮啰政权，地位可能更为重要一些。但是随着时间的推移，特别是由于鬼章长期率部在熙河一带作战，长期远离唃厮啰政权的政治中心，唃厮啰政权的大权逐渐落在了阿里骨的手中。到元丰五年（1082 年）董毡去世前，阿里骨在唃厮啰政权中的地位已经超过了鬼章，成为唃厮啰政权的二号人物。

但是，作为一个十分重视种姓的政权，阿里骨作为非唃厮啰家族的

---

① （宋）李焘：《续资治通鉴长编》卷三百十五，元丰四年八月乙丑。
② （清）徐松辑：《宋会要辑稿》第一百九十九册，《蕃夷》六之一六。
③ 同上书，《蕃夷》六之一七。
④ 同上。

人而掌握政权，自然让许多人产生猜疑，阿里骨继立也就有了多种版本的记载。

一种是认为如《宋史·吐蕃传》所言董毡临终委政于阿里骨，阿里骨继立符合董毡临终意愿。持此观点的还有以下《宋大诏令集》等几种文献，"昨得卿父董毡文字，称身有重患，且死，蕃家国土事，已教男阿里骨管勾"①。

另一种则认为阿里骨篡夺政权，是趁董毡去世之时勾结董毡之妻乔氏夺取了青唐政权，这也是时人及大部分史学家的观点。

李焘《续资治通鉴长编》，卷三百四十，元丰六年十月庚子：

　　及董毡死，阿里骨与乔氏匿丧，出令如它日，悉召诸族首领至青唐城，矫董毡之命曰："吾一子已死，惟阿里骨母尝事我，今当以种落付阿里骨。"仍厚赂大酋果庄、温锡沁等，于是诸族首领共立阿里骨为董毡嗣，阿里骨并取奇鼎二妻为己妻，以母事董毡妻契丹公主，其贡朝廷犹如董毡在日，未遽以丧告。

李复《潏水集》，卷三，《上章丞相书》：

　　缘辖沁（此处的辖沁应为阿里骨）本娄齐勒部族，董毡取其母，收面婢之。辖沁随母入董毡家。董毡久病不能出入，与诸首领不相见，凡措置国事，传递语言，皆命辖沁与之。久而辖沁擅权，因董毡死，果庄助而立之，非诚使之立也，姑立有待而篡尔。

张舜民《画墁集》补遗卷三，《游公墓志铭》：

　　先是，青唐酋长来告主帅，曰董毡死，阿里骨秘不发丧，诈以为嗣，当立，请封于朝廷。已而复杀董毡妻心牟氏，囚温溪心部族首领，国人怨之。

---

① （宋）佚名：《宋大诏令集》卷二百三十九《政事》。

苏轼《因鬼章论西羌夏人事宜札子》：

> 夫阿里骨，董毡之贼臣也，挟制契丹公主以弑其君之二妻。董毡死，匿丧不发。逾年众定，乃诈称嗣子，伪书鬼章、温溪心等名，以请于朝。

从上述的这几条记载可以看出，阿里骨是趁董毡病重之机掌握了青唐政权，在董毡死后联合契丹公主或乔氏而承嗣，这其中似乎还得到了鬼章的支持。

第三种则将阿里骨的继立讲得更加血腥，是阿里骨弑董毡而夺权。

彭百川《太平治迹统类》，卷二一，《哲宗朝议弃西夏地界》：

> 西蕃董毡老而无子，赵纯忠其族子也。先帝常遣苗履多持金币以纯忠见之，是时圣意盖有在矣，事既不遂，而董毡遂为阿里骨所杀。

从董毡晚年其政权内部的派系争斗来看，阿里骨继立绝非平静的，也绝不可能如《宋史》记载的那样风平浪静，相反，这里面肯定蕴含着一场腥风血雨。阿里骨掌握着青唐吐蕃政权的军政大权，但是他并不具备唃厮啰家族血统，这是他致命的弱点。要想在董毡去世之后继续掌权，阿里骨采取了几项措施：一是争取到董毡妻乔氏、鬼章等地方实力派的支持；二是设计杀害董毡子蔺逋叱，从而剪除了自己夺权继立的最大的一块绊脚石；三是在董毡死后"匿丧不发"，出令如董毡在日，造成既成事实以等时局之稳定。这也是董毡去世两年仍有文献记载其活动的最主要的原因。对这一点，长期在熙河地区与唃厮啰政权打交道的游师雄了解得非常清楚，在李焘所引其墓志铭中有这样的记载："先是青唐酋长来告主帅，曰董毡死，阿里骨秘不发丧，国人怨之。"[1] 游师雄长期与青唐吐蕃政权打交道，因此这段记载足以证明阿里骨夺权继立的事实。

---

① （宋）李焘：《续资治通鉴长编》卷四百二，元祐二年六月甲申。

"既嗣事，遣使修贡。"

阿里骨继立之后，一方面，对内加强与地方实力派的联合，对外则
匿丧不发，继续以董毡的命令发号施令，"厚赂大酋鬼章、温锡心等，于
是诸族首领共立阿里骨为董毡嗣，阿里骨并取奇鼎二妻为己妻，以母事
董毡妻契丹公主，其贡朝廷如董毡在日，未遽以丧告"①。

另一方面，阿里骨则继续坚持青唐政权一贯的"联宋抗夏"的基本
国策，维持政权的稳定。元丰六年（1083 年）十月董毡去世，十二月，
阿里骨即遣使者赴宋朝表达自己的忠心，"得录奏董毡、阿里骨蕃字，观
其情辞忠智兼尽，顾中国食禄士大夫存心公家者不过如此，绅绎再三，
嘉美无已"②。同年十二月，阿里骨又以董毡的名义到北宋进奉，阿里骨
进奉首领与北宋皇帝的一番对话表明了阿里骨上任之初在宋夏之间的立
场。"上又顾董毡首领曰：'自归属本朝后，常与夏国通和乎？'对曰：
'昨夏国屡来告，若归我，即官爵恩好如所欲。臣等拒之曰：自属圣朝，
荷国厚恩，义不也负。'上曰：'尝与夏国战否？'对曰：'西人寇边，曾
率众出战，夺得其城堡及获首级甚多。'上曰：'归报董毡，令尽心守
圉。'"③ 其实此时，董毡已经去世，这段对话可以看出阿里骨奉行的仍然
是"联宋抗夏"的政策。

**"元祐元年以起复冠军大将军、检校司空为河西军节度使，封宁塞
郡公。"**

阿里骨在夺取政权之后通过一系列措施一步步地稳住了政权。阿里
骨弑主自立的行为虽然被封锁了消息，但是北宋方面还是有所耳闻。元
丰七年（1084 年）六月，北宋已经确切地知道董毡去世的消息，但是对
由谁继立尚不得而知，"缘董毡世受朝廷爵命，其存亡理须当知，未审经
略制置司曾与不曾承准本蕃遣人传报，及伺问得即今继立者为谁，疾速
以闻"④。当得知由阿里骨继立之后，在北宋上下激起了激烈的争论。甚
至有人建议应该举兵征讨，"若中国以兵问罪于境上，当煞阿里骨以献，

---

① （宋）李焘：《续资治通鉴长编》卷三百四十，元丰六年十月庚子。
② （清）徐松辑：《宋会要辑稿》第一百九十九册，《蕃夷》六之一八。
③ （宋）李焘：《续资治通鉴长编》卷三百四十一，元丰六年十二月丙子。
④ （宋）李焘：《续资治通鉴长编》卷三百四十六，元丰七年六月乙亥。

愿立董毡之后以安国人"。对继立的人选，则认为非赵醇忠不可，"若遣赵醇忠于青唐城，依府州折氏世受封爵，则西方可保百年无变矣"①。但是，此时阿里骨已经完全掌握了青唐政权，如再行废立将难度很大，因此对来投奔的温溪沁仅仅是"善加抚慰而已，亦以夷狄攻夷之道也。边臣老将叹服睿算，于是终元手（丰）置而不论"②。北宋政府对阿里骨的继任采取了默认的态度。

元祐元年（1086年）二月，阿里骨正式向宋朝禀报董毡去世的消息。宋朝政府马上派赵济去青唐城察看"自阿里骨管事后，蕃情有无不顺事迹，其自来在董毡左右亲信任事之人及内外主兵酋首有无信服阿里骨指挥"③。赵济返回后，具奏其所见事实，"亲见阿里骨坐董毡厅，从来应事董毡之人尽事阿里骨，兼问得首领、蕃部等各服从"④。其实，经过两年的经营，阿里骨已经完全控制了青唐政权，宋朝也不得不承认这一既成事实。因此，哲宗正式承认阿里骨承袭董毡之位，对阿里骨颁布诏书进行加封，诏书全文如下：

先王成磐石之固，立封疆之界以相维，君子不夺人之亲，为金革之事则无避，睠河湟之重屏，罹苦块之大忧，稽师厥常，起授以位。故西蕃邈川首领河西军节度押蕃落等使、武威郡王董毡男银青光禄大夫、检校工部尚书、使持节肃州诸军事、肃州刺史、充本州防御使、兼御史大夫、上柱国阿里骨，材谋俊伟，器识宏深，翼戴本朝，长雄诸部，粤自先正，服勤王家，玉帛走乎中原，旄麾固于吾围，兴言济美之嗣，蓄有教忠之闻，用擢从衔恤之中，付畀维藩之寄，锡之旧履，宠以高牙总金钺以治戎，服墨缞而从政，视秩空土，衍赋爰田，於戏，河山之固永存，勿忘赐誓，弓矢之传犹在，来助专征，益懋忠嘉，以对恩渥，可起复冠军大将军、右金吾卫大将军、员外置同正员、检校司空、使持节凉州诸军事、凉州刺史、

① （宋）张舜民：《画墁集》补遗卷三《游公墓志铭》，文渊阁四库全书本。
② （宋）王巩：《甲申杂记》，此书现存见李焘《续资治通鉴长编》卷三百四十六，元丰七年六月乙亥。
③ （清）徐松辑：《宋会要辑稿》第一百九十九册，《蕃夷》六之一九。
④ 同上书，《蕃夷》六之二〇。

充河西军、凉州管内观察处置押蕃落等使、西蕃邈川首领、封宁塞郡开国公，食邑二千户、食实封一百户。"①

"里骨颇峻刑杀，其下不遑宁。"

董毡去世，阿里骨继位的消息传出之后，阿里骨无法继续以董毡的名义发号施令，他继立的合法性再次受到挑战，"阿里骨自承袭以来，元非种姓，部族不服"②。为维护自己的统治，阿里骨血腥镇压反抗他的部族，并把自己重点打击的对象对准对其威胁最大的唃厮啰家族后裔。董毡之子蔺逋比早已被其所杀，溪巴温则被迫远走他乡，"自阿里骨立，去依陇逋部，河南诸羌多归之"③。残酷的镇压使得阿里骨统治之下的吐蕃部族人人自危，对阿里骨也颇多怨言。

"诏饬以推广恩信，副朝廷所以封立、前人所以付与之意。"

北宋政府观察到了阿里骨的弱点，对阿里骨提出了善意的批评，元祐元年（1086 年）六月，北宋政府颁布诏书对阿里骨进行劝诫：

> 昨得卿父董毡文字，称身有重患，且死，蕃家国土事，已教男阿里骨管勾。朕以卿祖考忠顺朝廷，世受封爵，已降制□□，固当推广恩信，惠养一方。今闻卿自管勾以来，颇峻刑杀，部族之众，谅不遑宁，虽出传闻，未忘忧想。卿宜以继承为重，以仁厚为先，无恃宠荣，务安种落，副朝廷所以封立之意，思前人所以付与之心。④

尽管北宋政府对阿里骨进行批评，但北宋政府的出发点还是希望阿里骨的政权能够稳固。事实上，阿里骨继位之初，北宋对他还是寄予厚望的，希望他能够如唃厮啰和董毡一样在西北牵制西夏的力量，为北宋分担西北边境的军事压力，这一点从北宋元祐年间给阿里骨的另一份诏

---

① （宋）佚名：《宋大诏令集》卷二百三十九《政事》。
② （清）徐松辑：《宋会要辑稿》第一百九十九册，《蕃夷》六之二五。
③ 《宋史》卷四百九十二《吐蕃传》，第 14166 页。
④ （宋）佚名：《宋大诏令集》卷二百三十九《政事》。

书中体现得非常清楚:

> 门下:朕躬执圭币,祗祀帝亲,孝奉天仪,以答上神之况,泽均云施,以兴万物之和,眷言藩服之良,夙顺朝廷之命,宜颁褒律,以召群工。具官某,器识沉雄,性资信厚,能绍承于世美,遂褒锡于节旄,保有西陲,久载维蕃之节,翼卫中国,不忘修贡之勤,方获考于巨仪,因肆加于宠典,视秩帝保,衍食并腴。於戏,迓三神之厘,惟孝为能致飨,谨诸侯之度,惟忠可以褆身,往承宠荣,永肩恭顺。①

但遗憾的是阿里骨对北宋政府的善意批评并没有放在心上,从而使唃厮啰政权走向衰败,也辜负了北宋对他的厚望。

"二年,遂逼鬼章使率众据洮州。"

阿里骨继位之后,他一方面要继续处理好与北宋和西夏两大政权之间的关系,另一方面他还要平息内部唃厮啰家族后裔对他承袭的威胁。阿里骨虽然篡夺了唃厮啰政权的统治权,但是唃厮啰家族的势力犹存,并且在河湟地区还很有影响力。木征弟兄降宋后,一直居住在熙、河、兰、会一带,并各自有一定的实力,其中"吴叱岷州,巴毡角洮州,董谷河州"②。结吴延征投降之后,宋朝以"结吴延征为礼宾副使,充镇洮军洮河西一带蕃部钤辖"③。木征弟兄及其后人均对阿里骨篡夺政权心怀不满。阿里骨继位之时,木征已经去世,木征弟兄健在的尚有巴毡角,即赵醇忠以及董谷也就是赵继忠,另外还有木征等的后人,他们的势力均不可小视。

元丰六年(1083年),宋朝廷任命巴毡角即"左骐骥使赵醇忠为皇城使荣州刺史"④,此时在洮州有一定的实力。董毡去世之后,本来巴毡

---

① (宋)佚名:《宋大诏令集》卷二百三十九《政事》。
② (宋)彭百川:《太平治迹统类》卷十六《神宗开熙河》。另见《宋会要辑稿》第一百九十九册,《蕃夷》六之九。
③ (清)徐松辑:《宋会要辑稿》第一百九十九册,《蕃夷》六之八。
④ (宋)李焘:《续资治通鉴长编》卷三百三十四,元丰六年四月庚午。

角可以以唃厮啰后裔的身份接管唃厮啰政权，北宋政府也有让赵醇忠继承的意向。"西蕃董毡老而无子，赵纯忠其族子也。先帝常遣苗履多持金币以纯忠见之，是时圣意盖有在矣，事既不遂，而董毡遂为阿里骨所杀。骨本董毡家奴，董毡之臣如鬼章，温溪心等皆有不服之志，此实一时机会也。是时，朝廷若因机投隙，遣将出兵权纳纯忠，则不世之功庶几可立。"① 阿里骨本人也担心巴毡角威胁自己的统治，因此首先把自己进攻的矛头指向巴毡角所占据的洮州。元祐二年（1087 年），阿里骨与西夏达成协议，约定"以熙、河、岷三州还西蕃，兰州定西城还夏国"，同时暗中又联合洮州境内的属户作为内应，于四月大举进攻巴毡角。巴毡角显然对此次进攻没有做好充分准备，结果大败，阿里骨"掳赵醇忠及杀属户大首领经斡穆等数千人，驻兵常家山，分筑洮州为两城以居"②。这样，巴毡角就被阿里骨所控制，其后再不见于史籍。

"羌结药密者使所部怯陵来告，里骨执怯陵，结药密惧，携妻子南归。"

从进攻洮州开始，阿里骨改变了唃厮啰政权一贯坚持的联宋抗夏的政策，转为依夏抗宋。但是青唐吐蕃部族并非均赞同阿里骨这一政策，结药密便是一例，结药密在青唐吐蕃政权中亦很有实力，"结药位次温溪心，统众五千"，由于对阿里骨对宋开战并占领洮州的行动不满，结药遂"遣蕃部怯陵出汉报鬼章筑洮州城事，为阿里骨所得，虑谋泄，领妻子归顺"③。北宋政府遂下诏以结药密为三班奉职。从这件事可以看出，阿里骨所推行的依夏抗宋的政策在内部有很多部族首领是反对的，这也就给这一政策的最终失败埋下了伏笔。

---

① （宋）彭百川：《太平治迹统类》卷二一《哲宗朝议弃西夏地界》。

② （宋）李焘：《续资治通鉴长编》卷四百，元祐二年五月癸丑。对此次战役，《皇宋十朝纲要》卷十二亦载："四月丁亥，阿里骨使其将鬼章据洮州，虏赵醇忠，杀属户数十人，又使鬼章子结兀龊寇洮东。"与《长编》略有不同。对这次战役的时间，李焘引汪藻《青唐录》说是这年的三月。在《太平治迹统类》一书却说："鬼章遂逐巴毡角，注（驻）常家山，城洮州，收取老弱、辎重，秣马厉兵。"并没有说生擒巴毡角。

③ （清）徐松辑：《宋会要辑稿》第一百九十九册，《蕃夷》六之二一。

"鬼章又使其子结瓦龊入寇，心牟钦毡、温溪心不肯从，诏以二人为团练使。"

元祐二年（1087 年），鬼章占据洮州之后，又派其子结瓦龊率军进攻洮东地区，"洮东沿边安抚司言：'果庄男结兀龊遣人马入寇'"①。这次阿里骨几乎是以倾国兵力并联合西夏军队向洮州、河州地区发动进攻，"引兵骑七万围河州南川寨，焚庐舍二万五千区，发窖粟三万斛，胁从朾、羊家二族六千余口，并导夏人数万众攻定西城，败官军，杀都监吴猛而去"②。

阿里骨的这次军事行动同样遭到了一些部族的反对，心牟钦毡和温溪心就是这些反对部族的代表，"温锡沁并兀征齐延等以次首领部落，皆有向汉之意"③，这些部族首领均没有派兵参加阿里骨的这次军事行动，从而使得阿里骨的军事实力大打折扣。北宋政府对这些没有参加对宋作战的部族进行了表彰，"以西蕃首领伊州刺史心牟钦毡为银州团练使，温锡沁为瓜州团练使，各增月给茶，彩及赐银、绢有差，以不从鬼章犯边及密报机事故也"④。

"八月，鬼章就擒，槛送京师。"

西夏和唃厮啰政权联合进攻北宋，熙河告急。宋哲宗决定派名将游师雄率军出熙河，解洮州、河州之围。游师雄到达熙河地区之后，面临的形势非常严峻，西夏兵锋已指向通远军，鬼章则围河州，战局对北宋十分不利。游师雄决定迅速出兵，兵分两路，"姚兕洮西，领武胜正兵，合河州熟户……种谊洮东，以岷蕃包顺为前锋"⑤。两路大军于八月十五日正式出师，并且势如破竹。"十六日兕破伦布宗，百里间焚荡无孑遗，斩首千余级。十七晶破嘉木卓城，杀伤相当，日哺，焚其飞桥，移时，羌十余万奄至，旌旗镫仗亘数十里，至桥不得渡，望风而溃。十八日晚，

---

① （清）徐松辑：《宋会要辑稿》第一百九十九册，《蕃夷》六之二一。

② （宋）李焘：《续资治通鉴长编》卷四百，元祐二年五月癸丑。

③ （宋）李焘：《续资治通鉴长编》卷四百二，元祐二年六月戊子。

④ （清）徐松辑：《宋会要辑稿》第一百九十九册，《蕃夷》六之二一。

⑤ （宋）彭百川：《太平治迹统类》卷二十一《哲宗禽鬼章》。

谊至洮州,壁青藏峡。会夜大雨,及旦,重雾晦冥,谊引兵围城。部分
甫毕,雾忽开,羌望见官军,以为从天而下,亟乘城拒守,汉兵四面攻
之,其版筑犹未毕也,士皆鏖斗,呼声动天地,一鼓破之,擒果庄及其
大首领九人,斩馘数千,获牛羊、器甲数万计,城中万余人为官军所蹙,
入洮水而死者几半。"① 游师雄仅仅出兵四天,就生擒鬼章,收复洮州,
取得了巨大的胜利。

鬼章被生擒,一方面是游师雄用兵有方,断洮河"飞桥",使鬼章没
有后路,完全陷于孤军作战的境地,孤立无援。更深层次的原因就是阿
里骨依夏抗宋政策不得人心,可以看到,配合北宋军队作战的有相当一
部分是吐蕃兵,如包顺、河州熟户等。

鬼章被擒之后,被槛送京师问罪。北宋上下对生擒鬼章这一战绩非
常满意,现存于甘肃岷县广福寺的《平洮州诗碑》记录了当时士人纷纷
赋诗的盛况并收集了其中的几首,其碑全文如下:

平洮州诗碑

□宁元年冬月,河□□□□□□□□□□□□□□□□□□□□□□事
□ □胜成,兵民以安。明年三月,西蕃大酋鬼章□□□□□□□□□□
□□□□□□□□□□□□□宜急□,今不图必有后患,侯持重安逸
不为之愿,但严斥候□□□□□□□□□□□□□□□□□□□可掩
袭以摧其锋。侯不得已,数提兵于境上,深沟坚垒,徉兵不进,既而遣人
□□□□□□□□□□完治城郭□□□积粮具,欲为大举之意。中国
之师不我敌也,八月十□□□□□□□□□□□□贼必胜以人
□□□贼有轻我之心,时可以行矣。乃具状白帅司,愿得兵 万 骑 赍 十
□□□□□□□□□□而帅司□其议□□□未出兵。越四日戊戌,压
旦于洮州之野,侯躬率吏士环壁而攻□□梯冲□□□□□□□发日景
未□城□□□鬼章苍颜白发,生致麾下,斩虏者仅万计,贼众奔退,自
相踩践,漂□不可胜数□□□□不流。盖鬼章之患非一时之积,迺者踏
白之役王师被挫□人惮之。朝廷训兵授将,经营□□□□不易获也。今
种侯之功,无取于百姓,无费于公家,出师八日拔坚城□□□消西戎之

① (宋)李焘:《续资治通鉴长编》卷四百四,元祐二年八月戊戌。

后患，释主上之深忧。历观前史迄于近世，用兵神速未有能过者也。非天资忠毅勇智兼得而料敌制胜见于未形者孰能与于此乎。提刑喻公监丞、游公通判承议闻捷音之上也，各寄诗咏，褒纪勋烈，典丽深淳，体骚雅之风。士良不敏获觇盛事，既欲刻石传永，又为之序，以道行师之大略云。

闻官军破洮州喜而咏寄呈洮东安抚庄宅

朝散郎权发遣秦凤等□提点刑狱公事喻陟

捷报下戎洮，威传万里遥。
渠魁咸面缚，氛祲即时销。
圣等百王土，神功千古超。
从兹荒忽地，无复恣自骄。

黠虏方干轵，王师薄有征。
摧枯祇俄顷，破竹不留行。
杀气收貔虎，清风卷旆旌。
遥瞻紫宸阙，称贺浃欢声。

周后持盈满，戎夷负固年。
庙谟期必胜，阃略制于先。
不假无由箭，行闻杕杜篇。
凯还俘馘献，图像有凌烟。

寿翁安抚庄宅总兵一出半日之内攻破洮州，禽西番大首领鬼章，捷音传，无不庆抃，偶成小诗二首寄呈。

宣德军器监丞熙河兰会路勾当公事游师雄

王师□□□□雷，顷刻俄闻破敌回。
且喜将门还出将，槛车生致鬼章来。

□□□□敌未知，烟去初散见旌旗。
忽惊汉将从天下，始恨胡酋送死迟。

纯臣启至大寨，闻鬼章捷书上奏，喜而为诗拜呈。

承议郎新差权通判岷州军州事王纯臣

□□匹马捷书来，且喜洮东破虏迴。

纵使淮西功第一，未垒生缚七渠魁。

禹卿伏睹通判承议□制歌咏破虏大功依韵拜和

孟州汜水县主簿监岷州铸钱监刘禹卿

英主龙飞嗣位来，洮东初奏捷音迴。

若评后圣勋臣序，公占凌云阁上魁。

元祐二年九月十五日奉议郎、权通判岷州军州兼管内劝家事、骑都尉、赐绯鱼袋盖士良立石。①

此外，当时的文学大家如苏轼、晁咏之等人，也有以擒鬼章为题材的文章，"擒鬼章之功，盖多得一时名臣文士歌咏，因大流播"②。其中苏辙的文章为《贺擒鬼章表》，其文如下：

臣辙等言：伏睹熙河、兰、会经略司奏，今月十九日，桃东安抚种谊等，领兵攻破洮州城，生擒西蕃首领鬼章者。天网虽宽，久而必获，神理助顺，叛者自亡。曾是偏师之出疆，遂闻元恶之授首。诸戎震迭，西鄙肃清。臣辙等诚欢诚抃，顿首顿首。伏惟太皇太后陛下，天复四方，坤载万物，好生之德，发于自然，柔远之功，罩于无外。昆虫草木咸知此心，天地鬼神阴相其业。顾西蕃之遗种，孤累圣之鸿私。顷在熙宁之间，诱陷思立之众，置而不问，犹觊知恩，爵秩兼降，赐予不绝。而乃潜结西夏，攻围南川，焚荡伤夷，动以万计，发掘驱虏，不可数知。筑据临洮，傲睨天讨。当宁太息，念疆场之无辜，诸将激昂，知背诞之不赦。兵刃既接，凶党奔亡，临冲未施，壁垒自破，老羌夺气，白首就擒。即听槛车之行，以正藁街之戮。乃者拓跋畜，凭恃解仇之谋，猖狂大言，阴蓄窥边之计。

---

① 张维：《陇右金石录》卷三《平洮州诗碑》。

② （宋）蔡绦：《铁围山丛谈》卷二，中华书局 1983 年版。

唇亡则齿知难久，臂解则肩不自持。料其破胆之余，款塞无日。信矣得天之助，本于爱物之诚。臣等镇抚无功，黾勉备位，幸依干羽之化，庶睹兵革之藏，欣戴之心，倍万伦等。臣辙等无任瞻天望圣激切屏营之至，谨奉表称贺以闻。①

苏轼的文章为《生擒西蕃鬼章奏告永裕陵祝文》，其全文如下：

大狝获禽，必有指踪之自；丰年高廪，孰知耘耔之劳。憬彼西戎，古称右臂。自嘉祐末，兀征扰边。至熙宁中，董毡方命。于赫圣考，恭行天诛。非贪尺寸之疆，盖为民除蟊贼。遂建长久之策，不以贼遗子孙。而西蕃大首领鬼章，首犯南川，北连拓拔。申命诸将，择利而行；旋闻偏师，无往不克。吏士用命，争酬未报之恩；圣灵在天，难逃不漏之网。已于八月戊戌，生获鬼章。颉利成擒，初无渭水之耻；郅支授首，聊报谷吉之冤。谨当推本圣心，益修戎略。务在服近而来远，期于偃革以息民。仰冀威神，曲垂昭鉴。②

"寻赦之，授陪戎校尉，遣居秦州，听招其子以自赎。"

鬼章被擒之后，在如何处置鬼章的问题上，北宋上下争论激烈，各执己见。以苏辙为代表的一方认为应该放还鬼章，苏辙细数了诛鬼章和放鬼章的利弊，"鬼章若死，则其子必复仇，必与阿里骨合而北交夏人，此胡越同舟遇风之势，其交必坚。而温谿心界于阿里骨、夏人之间，地狭力弱，势必见并，而吾不能救，使二盗合，三面以窥熙河，其患未可一二数也。如臣计，诏边臣与鬼章约，若能使部族讨阿里骨而纳赵纯忠，当放汝生还，质之天地以示信，鬼章从，则少富贵之，使招其信臣而喻至意焉。鬼章有生还之望，不求死计，其众必从，以彼之众与温谿心合讨阿里骨，其势必克，既克而纳赵纯忠，虽还鬼章，可以无

---

① （宋）苏辙：《栾城集》，上海古籍出版社1987年版。

② （宋）苏轼：《苏轼文集》卷四十四《生擒西蕃鬼章奏告永裕陵祝文》，中华书局1986年版，第1291页。

患，此必然之势也"①。主张放还鬼章的除苏辙之外，还有朝谏司王觌，他也认为："老羌虽被擒，其子统众如故，疆土种落未减于前，安可遽戮以贾怨。宜处之洮、岷、秦、雍间，以示含容好生之德，离其石交而坏其死党。"②

范纯仁则坚持认为应该诛杀鬼章，他举出十一条理由建议朝廷立即诛杀鬼章，③坚持认为"留之无益，极主诛之"④。

元祐二年（1087 年）十一月，北宋朝廷最后决定不杀鬼章，"以鬼章入献于崇政殿，诘犯边之状及谕以罪，当诛死，听招其子及部属归附以自赎"⑤。赦免鬼章的罪状之后，为使鬼章能够听命于北宋，元祐三年（1088 年），北宋政府不顾范纯仁的反对对鬼章进一步封赏，"授以陪戎校尉，月支食粮钱三十缗，春冬衣绢十匹，冬绵三十两，马一匹，给

① （宋）彭百川：《太平治迹统类》卷二十一《哲宗禽鬼章》。
② 《宋史》卷三百四十四《王觌传》，第 10942 页。
③ （宋）李焘：《续资治通鉴长编》卷四百六，元祐二年十月丙午。范纯仁的这十一条理由分别是："一、朝廷获罪人，若畏其子弟之强，防其仇嫌而不诛，则典刑废矣，如梁叶普之辈假使获之，若有强子弟则亦将豢养矣。若止欲存鬼章而招其子，则有逐件利害。一、若存鬼章以招其子，必曰我父之存由我辈在，我若往则父子俱死，如此固无束身归朝之理，若使复统部族效力伸报，则鬼章常宜存在，忽然死亡，则适足为其怨叛之资，却贻后日之患。一、鬼章本非君长，止缘诱杀景思立而覆其军，干犯先朝，罪大而告于裕陵，设若留之有用，尚恐不快神明之怒，今留之无益，则告陵之典乃是虚行。一、鬼章今已七十余岁，设使可系其子之心，亦无多日，况更囚处异乡，忧愁寂寞，其死朝夕可待。既死之后，其子必却归怨朝廷，虽谕以善终，亦必不信，兼是向罪人之子解纷，深损朝廷威重，若任其疑怪，则彼必曰，既误我降而杀我父，则将怨叛有名。一、存鬼章若不稍使宽足则必无聊而死，若使之宽足，则战士当星霜矢石之苦，皆有不如之叹。一、鬼章自先朝以来，前后杀害中国兵将、蕃汉人民为数极多，死者冤愤莫伸其家，孤寡穷独之人恨不脔食其肉，今得朝廷生获，日望衢街之戮，以快存殁之冤。而今乃存养供饲过于有功之人，徒使激愤幽明，有伤和气。一、朝廷赏功虽不系鬼章存殁，然用命死战之人，见朝廷将其所获怒而诛之，则其心喜快，若择而养之，则其心愤郁。今大寇未平，尤当体察将士之情。一、鬼章之获，本由熙河蕃将怨其害己，故对游师雄愤怨请行，今既冒死获之，使其不得甘心，亦恐惰其斗志。一、交趾方欲妄起事端，若鬼章戮于京师，则四方易得传闻，交人亦得寝谋，可使威振绝域，国势尊严。一、鄂特凌古见令嘉木沁来求鬼章，俟然然后纳贡，若存鬼章在边，不惟鄂特凌古以不如所请，迁延为名，未肯纳贡，兼其词已曰鬼章在中外一般。若今留之在边，厚加奉养，恤其羸瘠，则正符鄂特凌古之言，彼将市恩于鬼章之子，何暇复感朝廷哉。一、诛鬼章，则上可伸先帝之怒，其次可正朝廷之法，使四裔知畏，又其次鄂特凌古知朝廷果于诛恶，不敢侮慢邀求，早为纳贡，此一举而数利。"
④ 同上。
⑤ （宋）李焘：《续资治通鉴长编》卷四百七，元祐二年十一月庚申。

刍菽，令开封推判官一员提举其后，遂遣秦州居住"①。

"明年，里骨奉表谢罪。"

鬼章被生擒，青唐吐蕃政权的十几万大军几乎全军覆没，使阿里骨率领的青唐吐蕃政权面临严重的生存危机。外部军事行动的失败加剧了青唐吐蕃政权的内部矛盾，诸多部族纷纷脱离阿里骨而内附，如元祐二年（1087 年）十二月，"西蕃齐暖城首领兀征声延父母妻子内附"②。兀征声延这次内附共计一万余人，北宋政府把这些人安置在河州南部，并授兀征声延为供备库使。《宋会要辑稿》对此事亦有记载，"西蕃首领篯南城首领兀征声延举其家内附"③。可以看出，由于鬼章被擒，阿里骨对宋战事的失败使得其政权面临着崩溃的矛盾。

元祐三年（1088 年）正月，阿里骨不得不改变自己依宋抗夏的政策，转而向北宋求和，"是月，阿里骨奉表谢罪，诏讷之，止熙河出兵"④。这年四月，阿里骨正式派人入贡。

"诏熙河无复出兵，许贡奉如故，加金紫光禄大夫、检校太保。"

阿里骨求和之后，北宋上下对阿里骨的态度非常怀疑，苏轼就上书表示不能答应阿里骨的求和请求，"若朝廷便许阿里骨通和，即须推示赤心，待之如旧，不可复用计谋以图。此贼数年之后必自飞扬，此所谓养虎自遗患者也。故臣愿朝廷既不纳其通和之请，又不削夺其官爵，存而勿论，置之度外，阴使边臣以计图之，似为得策"⑤。

北宋朝廷中的主和派最后占了上风，北宋政府最终决定熙河罢兵息战，同时，宋哲宗对阿里骨进行了委婉的批评和规劝："惟尔祖先，世笃忠孝，本与夏贼，日寻干戈，亦惟□我朝廷爵秩之隆，用能保尔子孙黎民之众，肆朕命尔，嗣长乃师，而自承袭以来，疆首外擅，尔弗能禁，恣其所为，遂据洮城，以犯王略，阴连夏贼，约日盗边。朕愍属羌之索

---

①　（宋）彭百川：《太平治迹统类》第二十一《哲宗禽鬼章》。

②　（宋）李焘：《续资治通鉴长编》卷四百七，元祐二年十二月庚辰。

③　（清）徐松辑：《宋会要辑稿》第一百九十九册，《蕃夷》六之二一。

④　（宋）李植：《皇宋十朝纲要》卷十二。

⑤　（宋）苏轼：《苏轼文集》卷二十八《乞约鬼章讨阿里骨札子》，第 804 页。

然无辜，出偏师而问罪，元恶俘获，余党散亡，山后底平，河南绥服。朕惟率酋豪而捍疆场，乃尔世功，叛君父而从仇雠。尔既知悔，朕复何求，已指挥熙河路，更不出兵，及余已招纳到部族外，住罢招纳，依旧许般次往来买卖及上京进奉。尔宜约束种类，共保边陲，期宠禄于有终，知大恩之难再，物使来疑，复为虚言，故兹诏示，想宜知悉。"①

这年八月，阿里骨又一次派人入贡。十月，宋哲宗对阿里骨进行了册封，此次册封的诏书全文如下：

> 义始墨衰，金革之事无避，礼终素绋，苴麻之哀既除，眷尔旧蕃，班序新命，诞扬涣号，明谕周行，西蕃邈川首领河西节度、凉州管内观察处置押蕃落等使、起复冠军大将军、右金吾卫大将军、检校太保、使持节凉州诸军事、凉州刺史、上柱国、宁塞郡开国公、食邑三千户、食实封八百户阿里骨，材禀豪英，气怀鸷勇，名克服于殊俗，德允怀于种人，忠孝传家，封河山而永誓，勤劳继代，锡鈇钺之专征，外全保塞之功，初毕通丧之制，念官远屏，更异荣名，越进文阶之崇，益增武节之重，陪敦邦赋，衍食户封，盍迪顺猷，式昭徽数。於戏，天下有道，四封之守外安，朝廷以平，万里之威内附，永康四海，退卫中区，其肩乃心，以服朕训，可落起复，特授金紫光禄大夫，依前检校太保、使持节凉州诸军事、凉州刺史、河西军节度、凉州管内观察处置押蕃落等使，仍旧西蕃邈川首领，加食邑一千户、食实封三百户，勋封如故。②

"其廓州主鲁尊欲焚拆河桥归汉，熙州以闻。"

元祐四年（1089年），阿里骨部族鲁尊派遣埒克章到熙州刘舜卿处，称鲁尊欲脱离阿里骨归附宋朝。鲁尊归附，对北宋来说是一个两难的选择，刘舜卿认为此事关系重大，遂上书朝廷，申明难以处理此事的原因："受之，则阿里骨今已通贡，我有纳叛之名；不受，则河南诸羌怨汉

① （宋）佚名：《宋大诏令集》卷二百三十九《政事》。
② 同上。

拒己。"①

"哲宗以里骨既通贡，不可有纳叛之名，欲弗纳，又封其妻溪尊勇丹**为安化郡君，子邦彪篯为鄯州防御使，弟南纳支为西州刺史。"**

针对鲁尊欲归附这种情况，北宋政府采取了比较稳妥的做法，力求维护刚刚与阿里骨恢复的良好的局面，"诏舜卿，如他日鲁尊果欲避祸投汉，即差人抚谕，为阿里骨已通贡，难以收留当谕阿里骨不得分害，如此，则阿里骨无由归曲于汉，又不致峻阻河南诸羌归附之情"②。

元祐四年（1089 年）七月，北宋政府对阿里骨的妻子、儿子、兄弟和鬼章之子等人进行封赏，"阿里骨妻溪尊勇丹已封安化郡君，男溪邦彪篯、弟苏南纳支并为银青光禄大夫、检校国了祭酒兼监察御史武骑尉，充本族都军主。鬼章男结兀捉为银青光禄大夫、检校工部尚书、镇州刺史，月给茶、彩有差"③。元祐六年（1091 年），北宋政府又册封阿里骨子溪邦彪篯为化外庭州团练使。④

"鬼章死，诏焚付其骨。"

元祐五年（1090 年），北宋政府决定将鬼章安置于秦州，"遣陪戎校尉鬼章于秦州居住"⑤。元祐六年（1091 年），阿里骨派人送"蕃字"书信给熙河兰岷路经略使范育，称"鬼章年老，若在者，乞遣回，已死即付骸骨"⑥。大概就是在这一年，鬼章去世，北宋政府即"令西京焚鬼章尸，收骸骨付进奉人，其鞍马钱物等并给还"⑦。

"绍圣元年，以师子来献。帝虑非其土性，厚赐而还之。"

《宋史·阿里骨传》这一条史料在其他文献中没有发现相似的记载。

---

① （宋）李焘：《续资治通鉴长编》卷四百二十六，元祐四年五月癸酉。
② （清）徐松辑：《宋会要辑稿》第一百九十九册，《蕃夷》六之二三。
③ 同上。
④ （宋）李焘：《续资治通鉴长编》卷四百五十五，元祐六年二月丁巳。
⑤ （清）徐松辑：《宋会要辑稿》第一百九十九册，《蕃夷》六之二三。
⑥ （宋）李焘：《续资治通鉴长编》卷四百六十一，元祐六年七月己未。
⑦ （清）徐松辑：《宋会要辑稿》第一百九十九册，《蕃夷》六之二四。

事实上，从元祐三年（1088 年）开始，阿里骨与北宋政府之间再没有发生大的战事。但是，在阿里骨所统治的唃厮啰政权内部，矛盾并没有消除。基于"阿里骨元非种姓，部族颇怀不服"①这一最主要的原因，阿里骨统治的唃厮啰政权内部反抗持续不断。原来归附于唃厮啰政权的一些部族，或投宋，或奔夏，或自立，逐渐脱离阿里骨。元祐七年（1092年），"西蕃洗纳等族背阿里骨奔夏国、回纥两界，往来谋取董毡侄溪巴温儿董菊为主。又兰州沿边安抚司探到董毡侄瞎养兀儿自西海率吐蕃、回纥人马去青唐一二百里驻兵，有洗纳、心牟、陇逋三族归之，阿里骨遣弟扶麻、侄结叱兀等率兵追捕，为瞎养兀儿所败。又闻瞎养兀儿及洗纳、心牟、陇逋族召之，欲以继董毡"②。

面对统治之下的这些反抗，阿里骨一方面推行残酷的统治，另一方面则寄望于佛教这一精神武器，为修造佛寺从而劳民伤财，"修寺造塔，科配国中出金，国人大怨"③。这样，阿里骨的统治使得"部族之众，谅不遑宁"④。再一方面就是力求获得北宋政府的大力支持，为获得北宋政府的支持，元祐八年（1093 年），阿里骨与北宋政府相约"汉蕃子孙不相侵犯……永不犯汉"⑤，《宋史·阿里骨传》的这一条史料可能就是在这样一种背景下出现的。

"三年卒。年五十七。瞎征嗣。"

绍圣三年（1096 年），阿里骨去世前夕仍然与宋朝保持着友好的关系，阿里骨不断把西夏的军情报告宋朝政府，宋朝政府为此对阿里骨再次表彰，并派李宇和王师忠到青唐慰问，"卿嗣有封哉，世为藩垣，而能屡觇敌情，密陈边计，向风助顺，益见忠勤，宜示宠存，载加劳赍。今差礼宾使李宇、供备库副使王师忠充抚谕使副，往彼抚问，乃面谕朝廷旨意"⑥。

---

① （清）徐松辑：《宋会要辑稿》第一百九十九册，《蕃夷》六之二五。
② 同上。
③ （宋）李复：《潏水集》卷三《上章丞相书》。
④ （宋）佚名：《宋大诏令集》卷二百三十九《政事》。
⑤ （宋）李焘：《续资治通鉴长编》卷四百八十，元祐八年正月己丑。
⑥ （宋）佚名：《宋大诏令集》卷二百三十九《政事》。

绍圣三年（1096 年）九月，阿里骨去世，终年 57 岁，在位 13 年。阿里骨临去世之前，宋朝政府刚刚对其进行再一次加恩：

> 门下：朕祇率先猷，肃恭禋祀，爰用季仲之吉，虔修严父之祠，迨此令时，备成熙事，内则臣工之显相，外则侯卫之绥和，乃眷列藩，宜推异数。西蕃邈川首领河西军节度、凉州管内观察处置押蕃落等使、特进检校太傅、使持节凉州诸军事、凉州刺史、上柱国、宁塞郡开国公、食邑六千户、食实封一千七百户阿里骨，凤明韬略，世守封陲，式遏种羌，用谧宁于边鄙，屡陈贡篚，效诚款于中邦，体兹恪勤，益隆眷遇，是用崇进本兵之秩，敦陪真食之封，於戏，盛礼庆成，顾湛恩之靡间，藩维任重，其谅节之益虔，只服恩荣，愈怀惠迪。可。①

这样，北宋册封制度中的六个元素阿里骨也有了五个：官（西蕃邈川首领河西军节度、凉州管内观察处置押蕃落等使、检校太傅、使持节凉州诸军事、凉州刺史）、勋（上柱国）、爵（宁塞郡开国公）、阶（特进）、封邑（食邑六千户、食实封一千七百户），唯一缺少的是功臣号。此次册封之后不久，宋朝即得悉阿里骨去世的消息，"诏赐西蕃阿里骨孝赠绢五百匹，羊百口，酒五十瓶，其羊、酒并以绢充，仍修写蕃字，差贯熟使臣一名管押入蕃"②。阿里骨去世之后，其子瞎征，即邦彪篯，承继为青唐吐蕃政权的统治者。

附录 阿里骨编年事辑③

公元 1040 年（宋康定元年）

阿里骨出生。

公元 1045 年（宋庆历五年）6 岁

---

① （宋）佚名：《宋大诏令集》卷二百三十九《政事》。
② （清）徐松辑：《宋会要辑稿》第一百九十九册，《蕃夷》六之三〇。
③ 本部分系根据顾吉辰《阿里骨编年事辑》（《青海师专学报》1987 年第 2 期）整理而成。

阿里骨从其母给事董毡，养为子。

公元 1077 年（宋熙宁十年）38 岁

十一月，宋朝封阿里骨为松州刺史。

公元 1081 年（宋元丰四年）42 岁

八月，西夏入侵兰州，阿里骨参战。

公元 1082 年（宋元丰五年）43 岁

二月，宋朝以阿里骨在元丰兰州之战中最有功，自肃州团练使进防御使。

三月，阿里骨使以蕃字来告与夏国拒通好。

四月，夏人求和于董毡、阿里骨，累请不获。

九月，宋朝赐阿里骨银绢有差。

十一月，宋朝诏令阿里骨具有功首领姓名以闻。

公元 1083 年（宋元丰六年）44 岁

八月，宋朝下诏李宪，选使臣开谕阿里骨等，协力出兵讨"西贼"。

十月，董毡去世，阿里骨承继为青唐吐蕃政权的第三任赞普。

十一月，李宪遣三班奉职皇甫旦将命阿里骨致达靼等赴阙。

十二月，宋朝赐诏书国信物色与阿里骨。

公元 1084 年（宋元丰七年）45 岁

正月，宋朝檄阿里骨出兵腹背攻讨西夏。

六月，宋朝差使诣阿里骨协力讨夏人。

六月，赐阿里骨所部受伤者中绢千匹。

六月，阿里骨使人谕邈川温锡沁令西望烧香事。

七月，宋朝于阿里骨处求良玉。

八月，阿里骨入宋议通和事。

十二月，阿里骨捉到夏国蕃部二人至熙州。

公元 1085 年（宋元丰八年）46 岁

十二月，阿里骨差首领结厮鸡赍到蕃字至熙州。

公元 1086 年（宋元祐元年）47 岁

二月，诏阿里骨承袭，除河西军节度使。

二月，阿里骨起复为河西节度使、西蕃邈川首领、宁塞郡公。

二月，阿里骨进兵洮州，虏巴毡角（赵醇忠）及其属户，驻兵常家山，分筑洮州为两城以居。

三月，赐阿里骨绢百匹。

六月，宋朝诫约阿里骨。

十一月，阿里骨为进奉所得回赐数少，乞依旧例。

公元 1087 年（宋元祐二年）48 岁

四月，阿里骨大首领鬼章子结呭齪寇洮东。

四月，令阿里骨约束鬼章。

五月，阿里骨与夏国要梁叶普通约。

六月，阿里骨大首领温锡沁有向汉之心。

八月，岷州行营将种谊复洮州，生擒阿里骨大首领鬼章。

九月，刘舜卿要求削阿里骨官爵，以巴毡角（赵醇忠）遥领青唐城。

九月，苏轼许鬼章生还，使与阿里骨相疑。

十月，阿里骨遣使求鬼章。

十二月，范纯仁言经营阿里骨等生羌理当宽恤。

公元 1088 年（宋元祐三年）49 岁

正月，阿里骨纳款听旨及差使进奉。

四月，阿里骨遣使入贡。

七月，赐阿里骨诏。

八月，阿里骨遣使入贡。

八月，赐阿里骨进奉回程诏。

九月，阿里骨进奉人赴起居。

九月，阿里骨落起复。

公元 1096 年（宋元祐四年）50 岁

二月，廓州主鲁遵遗立章欲来归宋。诏谕阿里骨不能仇害。

十二月，补阿里骨属下大小首领职名。

公元 1090 年（宋元祐五年）51 岁

六月，知熙州范育言阿里骨欲害温锡沁父子。

公元 1091 年（宋元祐六年）52 岁

正月，阿里骨逼逐温锡沁父子上青唐。

四月，诏赐阿里骨熟铜千斤。

五月，阿里骨遣温锡沁入贡。

六月，阿里骨进马。

七月，阿里骨蕃字称乞鬼章遣回，已死，即付骸骨。

七月，遣还阿里骨首领森摩、温吉等。

闰八月，赐阿里骨进奉人职名。

九月，阿里骨进奉人赐职名。

公元 1092 年（宋元祐七年）53 岁

四月，阿里骨差人乞还鬼章日俘获首领陇逋了安等。

六月，西蕃洮纳族等叛阿里骨奔夏国、回纥。

八月，阿里骨召温锡沁赴青唐被拘，又杀心牟族大首领三人。

九月，阿里骨于河南增屯兵马。

十二月，阿里骨授特进。

公元 1093 年（宋元祐八年）54 岁

正月，阿里骨遣人以蕃字求立文约，汉蕃子孙不相侵犯。

公元 1094 年（宋绍圣元年）55 岁

正月，宋朝遣人至青唐城，谕阿里骨释放温锡沁。

四月，阿里骨乞别与一称呼名字。

五月，诏赐阿里骨进奉人职名。

公元 1096 年（宋绍圣三年）57 岁

正月，诏阿里骨子溪苏南邦彪篯为使持节、鄯州防御使。苏南纳支为使持节西州刺史。

正月，诏赐阿里骨进奉人职名。

三月，诫边臣令知朝廷抚遇阿里骨之意。

七月，宋派礼宾使李宁、供备库副使王师中充抚谕副使往青唐抚问阿里骨，并面谕朝廷旨意。宋同意依元丰四年赐董毡例赐给茶彩什物。

九月，阿里骨去世，终年五十七岁，其子瞎征继嗣。

十一月二十四日，宋朝廷赐阿里骨孝赠绢五百匹，羊百口，酒五十瓶。其羊酒以绢充，仍修写蕃字差贯熟使臣一名管押入青唐。

第 五 章

《宋史·吐蕃传附瞎征传》笺证

瞎征（？—1102 年），阿里骨之子，即邦彪篯。绍圣三年（1096 年）阿里骨去世之后，瞎征继立为青唐吐蕃政权的第四任赞普。瞎征继位之时，青唐吐蕃政权已处于风雨飘摇之中，再加上北宋哲宗亲政后，决心绍述先帝神宗的业绩，陆续起用变法派人物，推行新政，一改元祐年间对西夏时的防御退守的做法，积极推进，向西夏发动新的进攻，进攻的矛头仍然对准了被称为"西夏右臂"的青唐吐蕃政权。在内外交困之下，瞎征继位仅仅三年就结束了政治生涯。

"瞎征，即邦彪篯也。"

瞎征，阿里骨之子，青唐吐蕃政权的第四位统治者。瞎征之名，在其他文献中有不同的提法，单是在《宋会要辑稿》中就有两种写法，一种是溪苏南邦彪篯①，另一种是溪邦彪篯②。亦有的文献记为辖正、辖令正等。

"以绍圣四年正月为河西军节度使、检校司空、宁塞郡公。"

阿里骨在世之时，瞎征曾经多次受到北宋政府的册封，实际上已经成为青唐吐蕃政权的二号人物。阿里骨去世之后，绍圣三年（1096 年），瞎征承袭。绍圣四年（1097 年），北宋政府正式承认瞎征承袭为青唐吐蕃政权的统治者，绍圣四年"正月，授瞎征节度，去秋，阿里库（骨）卒，

---

① （清）徐松辑：《宋会要辑稿》第一百九十九册，《蕃夷》六之二八。
② 同上书，《蕃夷》六之二四。

子瞎征嗣立，至是加封"①。北宋朝廷为瞎征所颁的诏书为："故西蕃邈川首领、河西军节度使、押蕃落等使阿里骨男鄯州防御使兼御史大夫、上柱国瞎征起复为冠军大将军、检校司空、使持节凉州诸军事、凉州刺史充河西军节度、凉州管内观察处置押蕃落等使，西蕃邈川首领，特封宁塞郡开国公。"②

"性嗜杀，部曲睽贰。"

瞎征同阿里骨一样并非唃厮啰嫡传后代，因此他的执政和阿里骨一样面临合法性的问题。瞎征继位之后，"青唐人半有叛害瞎征之意"③。为巩固自己的统治，瞎征采用了"嗜杀"这种暴政的方式，结果更加剧了矛盾，"瞎沁自前岁以来，专宠夏国伪公主，从其所好，修寺造塔，科配国中出金，国人大怨"④。在《续资治通鉴长编》中亦有同样的记载："瞎征代父役民滋甚，性又暗弱，顾喜杀，其下皆怨。"⑤ 这就可以看出，瞎征承袭之初，青唐吐蕃政权即面临着重重危机。

"大酋心牟钦毡之属有异志，忌瞎征季父苏南党征雄勇多智，共诬其谋逆，瞎征不能察而杀之，尽诛其党，独篯罗结逃奔溪巴温。"

阿里骨晚年之时，心牟钦毡和瞎征叔父苏南党征已经成为青唐吐蕃政权两支重要的力量。瞎征继位之后，心牟钦毡意图夺取青唐吐蕃政权赞普之位，苏南党征成为他篡权的第一个障碍。事实上，苏南党征非常有能力，北宋政府在每次册封瞎征之际均同时册封苏南党征，如元祐四年（1089 年）北宋政府在册封完瞎征之后即对苏南党征进行封赏，"（阿里骨）弟苏南纳支（即苏南党征）并为银青光禄大夫，检校国子祭酒兼监察御史武骑尉，充本族都军主"⑥。绍圣三年（1096 年）再次对苏南党征同时册封，"阿里骨弟银青光禄大夫、检校国子祭酒、武骑尉充本族都

---

① （宋）陈均：《九朝编年备要》卷二十四。
② （清）徐松辑：《宋会要辑稿》第一百九十九册，《蕃夷》六之三〇。
③ （宋）李焘：《续资治通鉴长编》卷五百一，元符元年八月壬寅。
④ （宋）李复：《潏水集》卷三《上章丞相书》。
⑤ （宋）李焘：《续资治通鉴长编》卷五百七，元符二年三月庚午。
⑥ （清）徐松辑：《宋会要辑稿》第一百九十九册，《蕃夷》六之二三。

军主苏南纳支为使持节西州刺史"①。

心牟钦毡为清除自己夺权的障碍苏南党征，向瞎征状告苏南党征谋反。瞎征在没有进行详细调查的情况下对其叔父的势力进行了大清洗，"遽杀之，尽诛其党，惟篯罗结得脱"②。篯罗结从青唐城逃脱之后渡过黄河投奔溪巴温，"日夜说溪巴温举兵逐瞎征而自立，溪巴温不听"③。

"溪巴温者，董毡疏族也，自阿里骨之立，去依陇逋部，河南诸羌多归之。"

关于溪巴温的身世，在20世纪80年代曾引起几位学者的争论，汤开建先生经过多方考证认为溪巴温为扎实庸咙之后。④ 持这种观点的人主要的依据是《续资治通鉴长编》中的一句话："溪巴乌者（即溪巴温），唃厮啰兄扎实庸咙之孙，扎实庸咙之子必噜匝纳之子也。"⑤ 但是也有一些学者对此提出不同的看法，例如顾吉辰先生就明确地提出溪巴温为董毡（即董毡）亲侄，为唃厮啰之孙。⑥ 持这种观点的学者其主要依据即是《续资治通鉴长编》中的几句话，"先是知河州王瞻五月二十三日奏，溪巴温杀果庄子阿苏，夺溪哥城，自称王子，河南部族多叛瞎征而归巴温。巴温本董毡亲侄……"⑦ 溪巴温既然是董毡（唃厮啰之子，即董毡）亲侄，那么必定为唃厮啰之孙。可以说这两种观点背后都有详细并且可靠的史料为根据，从而使溪巴温的世系显得极为复杂，到现在为止亦无定论。其实在汤开建先生和顾吉辰先生为溪巴温世系讨论的文章中都没有提及另一条史料，那就是溪巴温之子尼麻党津（即赵怀恩）的墓志铭，在其墓志铭中对赵怀恩的身世曾做过详细的介绍："君曾祖曰罝勒斯赍（即唃厮啰），祥符间求内属……祖曰温锡沁，元丰中以图果庄功迁瓜州团练使。考曰锡巴衮（即溪巴温），元祐六年亦以果庄功为胜州刺史……

---

① （清）徐松辑：《宋会要辑稿》第一百九十九册，《蕃夷》六之二八。

② （宋）李焘：《续资治通鉴长编》卷五百七，元符二年三月庚午。

③ 同上。

④ 参见汤开建《唃厮啰家族世系考述》，《青海社会科学》1982年第1期。

⑤ （宋）李焘：《续资治通鉴长编》卷四百五十五，哲宗元祐六年二月丁巳。

⑥ 参见顾吉辰《就唃厮啰家族世系的一些问题与汤开建同志商榷》，《青海社会科学》1983年第1期。

⑦ （宋）李焘：《续资治通鉴长编》卷五一一，元符二年六月己亥。

君旧名尼玛丹忑（即尼麻党津），宣和间以其世有之地至西海内属，请赐
于朝，赐姓赵氏名怀恩，授武功大夫，留于朝。"① 从这段话中我们也可
以看到在赵怀恩的墓志铭中也清楚地记载其曾祖为唃厮啰。但是在史籍
中明确记载唃厮啰仅有三子，即董毡、瞎毡、磨毡角，不知墓志铭中所
提及的温锡沁又是谁，所以对溪巴温的世系还需进一步考证和发掘新的
有价值的材料。

　　早年的溪巴温承继祖业，占据河南，与青唐吐蕃政权分庭抗礼。后
来，由于鬼章势力逐渐强大，溪巴温被迫离开河南而远走木波部，阿里
骨囚溪巴温父温溪沁之后，溪巴温为避祸而西走陇逋部，在陇逋部召集
人马反对阿里骨，"自西海率吐蕃、回纥人马去青唐城一二百里驻兵，有
洗纳、心牟、陇逋三族归之，阿里骨遣弟扶麻、侄结叱兀等率兵追捕，
为瞎养兀儿（即溪巴温）所败"②。溪巴温后来一直在河南一带活动，与
阿里骨所率领的青唐吐蕃政权始终是貌合神离。

"篯罗结奉溪巴温长子杓拶据溪哥城。"

　　篯罗结在游说溪巴温反叛瞎征不成之后，便用计谋把溪巴温长子杓
拶挟持到溪哥城，"复说大酋嘉勒摩、巴桑济等奉杓拶为主，檄远
近……"③，准备正式举兵讨伐瞎征。杓拶为溪巴温之子，史载溪巴温共
有六子，"曰隆赞（即陇拶），曰杓赞（即杓拶），曰锡罗萨勒，曰昌三，
曰顺律坚戬，曰尼玛丹津"④。

"瞎征讨杀杓拶，篯罗结奔河州，说王赡以取青唐之策。"

　　瞎征在获悉杓拶自立的消息之后，采取先发制人的策略，派鬼章之
子阿苏率军进攻溪哥城，到达溪哥城之后，阿苏与当地部族首领嘉勒摩
会合，提出让嘉勒摩作调停人和平解决。但是在嘉勒摩引见阿苏与杓拶
谈判之时，阿苏却潜使人刺杀杓拶，从而一举控制溪哥城。篯罗结只身
逃出溪哥城，前往河州投奔王赡，劝说王赡进取青唐城，"言瞎征为乾展

①　（南宋）李石：《方舟集》卷十六《赵郡王墓志铭》。
②　（清）徐松辑：《宋会要辑稿》第一百九十九册，《蕃夷》六之二五。
③　（宋）李焘：《续资治通鉴长编》卷五百七，元符二年三月庚午。
④　同上。

等所制，其国必亡，吐蕃可乘乱取也"①。王赡在听取钱罗结所述情况之后并没有立即采取军事行动，而是继续观察事态的发展，等待更好的时机。

"已而温人溪哥城，自称王子。"

阿苏设计诛杀杓赞引起各方的不满，嘉勒摩和溪巴温首先率部进攻溪哥城，"嘉勒摩怒，边廓州诸部攻阿苏，溪巴温以杓赞故亦举兵，城中人多应溪巴温者，遂杀阿苏而据溪哥城，河南诸部多叛瞎征而归溪巴温"②。这样，溪巴温正式与瞎征分道扬镳。

"元符二年七月，赡取邈川。"

溪巴温在青唐城举兵自立，瞎征领导的青唐吐蕃政权陷入了内乱的境地，宋朝上下意识到这是一个大好的时机，必须以此为契机离间青唐吐蕃政权，"溪巴温不乘时抚而有之，将失机会，乃诏孙路依详近降朝旨，精加措置施行，无令迁延有失机会"③。同年六月，"西蕃大首领边厮波结等，与鬼章妻桂摩及其妻挐并鬼章河南旧部族皆叩河州、岷州境上，乞以讲珠、一公、错凿、当标四城来降"④。在这样一种情形之下，元符二年（1099 年）七月，以"王赡将河州军兵为先锋，总管王愍将岷州及熙州军马策应"⑤，正式出师，拉开了元符间河湟之役的战幕。

这场战役进行得非常顺利，到七月二十五日，宋军渡黄河取邈川，邈川在唃厮啰政权中占据重要的地理位置，"东北控夏国，西接宗哥、青唐巢穴，南距河州一百九十里，东至兰州二百余里"⑥。邈川失去之后，青唐吐蕃政权门户大开，王赡攻取青唐城便指日可待了。

---

① （宋）李焘：《续资治通鉴长编》卷五百七，元符二年三月庚午。
② 同上。
③ （宋）李焘：《续资治通鉴长编》卷五百十一，元符二年六月己亥。
④ 同上。这四城的具体地理方位在李远《青唐录》中有具体记载：四城在河州之南，重山复岭中。
⑤ （宋）李焘：《续资治通鉴长编》卷五百十三，元符二年七月丙寅。另见《宋史》卷三百五十，列传第一百九，《王赡传》。
⑥ （清）徐松辑：《宋会要辑稿》第一百七十六册，《兵》九之二。

"八月，瞎征自青唐脱身来降。"

八月，宗哥城大首领舍钦脚向王愍献出宗哥城。就在北宋军队大兵压境之时，唃厮啰政权内部又发生内乱。心牟钦毡等首领从青唐驱逐走瞎征，瞎征无奈之下"徙居青唐新城，寻削发为僧"①。瞎征出走之后，心牟钦毡同"董毡妻契丹公主，阿里骨妻夏国伪公主、回鹘伪公主等遣酋长李阿温旺以下六人赍宝玉至宗哥城通款"②。心牟钦毡投降之后，唃厮啰政权统治之下的各部族已是人心不定，对宋军已经是完全失去了抵抗能力，"今来青唐部族离乱，人心不定，若差人马来青唐，酋首既便出汉"③。在这种形势所迫之下，已出家为僧的瞎征也不得不"挈其子及亲信数十人趋宗哥，愍出城受其降"④。后来，瞎征随宋军到达邈川，后又居于熙州。这样，瞎征作为唃厮啰政权的第三位继承人，继位仅仅三年就结束了政治生涯。⑤

"钦毡迎溪巴温入青唐，立木征之子陇拶为主。"

宋军进入湟水流域之后，连下邈川和宗哥等城，声势大振。瞎征迫不得已远走，唃厮啰政权陷入了群龙无首的状态。此时的王瞻和王愍均屯重兵于河北，并没有急于攻取青唐城的意图，这就使得青唐城陷入混乱状态，"至八月二十三日，瞎征投汉，青唐别无首领，其城已空"⑥。处于政治真空状态之中的青唐城由此也被洗劫一空，到宋军入城之时，城中财物几乎被抢劫殆尽，"自瞎征逃奔，城中扰乱，府库多为诸酋侵盗，仓储初以百万计，及是才余二万斛，他珍币亦如之"⑦。在这样的一种情

---

① （宋）李埴：《皇宋十朝纲要》卷十四，元符二年七月癸丑。对瞎征出家为僧之事，在《续资治通鉴长编》卷五百十四，元符元年（当为二年）八月戊子中还有记载：青唐主辖正既为临占等逼逐，移居青唐新城，弃其印于旧城而去。先有蕃字来乞汉官，寻与妻子削发为僧尼入城西佛舍。时七月庚午也。盖蕃俗为僧尼者例不杀，辖正但欲逃死耳。

② （宋）李焘：《续资治通鉴长编》卷五百十四，元符元年（当为二年）八月戊子。

③ 同上书，元符元年（当为二年）八月辛卯。

④ 同上书，元符二年八月壬辰。

⑤ 瞎征投降后，先是居住在河州地区。元符三年三月，他同陇拶等一起赴京师朝见宋朝皇帝，受封为"情远军节度使"。返回河湟地区后继续居住在河州地区。后来，受小陇拶的威迫，于1101年元迁邓州（今河南省邓州市）；1102年去世。

⑥ （宋）李焘：《续资治通鉴长编》卷五百十五，元符二年九月戊辰。

⑦ 同上书，元符二年九月己未。

形之下，元符二年（1099 年）八月二十七日，大首领篯罗结说服了心牟钦毡等决定迎立溪巴温之子陇拶为唃厮啰政权的新的继承人，"心牟钦毡等以三百骑迎溪巴温父子入青唐城"①。这样，陇拶入主青唐城，遂成为唃厮啰政权的第五位赞普。

《宋史·瞎征传》说陇拶为木征之子，这是一个明显的错误，陇拶应为溪巴温之子。在《宋史》中明确记载木征有二子，这是非常明确的，"长子邦辟勿丁呕曰怀义，次盖呕曰秉义"②。在其他文献记载中木征还有三子：巴鄂多尔济（赵忠）、巴勒萦诺木（赵毅）、续本洛，并不见有陇拶的记载。在其他的一些资料中均没有对陇拶乃木征之子的记载，即使是《宋史》，其记载也是前后矛盾。"时瞎征已降，青唐戍将惟心牟钦毡父子百余人在。赡不即取，二羌遂迎溪巴温之子陇拶入守。"③ 这里又记载陇拶为溪巴温之子。

在《续资治通鉴长编》卷五百七，元符二年三月庚午条下明确记载陇拶为溪巴温之子：

> 溪巴温凡六子，曰隆赞（即陇拶），曰杓赞（即杓拶），曰锡罗萨勒，曰昌三，曰顺律坚戬，曰尼玛丹津。

另外，在当时宋朝的一些边将的记载中也清楚地记载陇拶为溪巴温之子。《曾公遗录》卷八，元符二年八月丁酉：

> 既而孙路令瞻归河州，却闻心牟钦毡与契丹、夏国公主已遣马二匹，一载虎皮（蕃语谓之虫虎）锦袍、彩服，一载阆装、鞍辔往迎溪巴温、陇拶父子入青唐。

曾布当时为哲宗朝的同知枢密院事，其记载多采自出征河湟的宋军将领的奏折和往来公文，其说法有一定的可信度。另外，从其他的一些

---

① （宋）曾布：《曾公遗录》卷八，载王民信主编《宋史资料萃编》第四辑，（台北）文海出版社 1981 年版。
② 《宋史》卷四百九十二《吐蕃传》，第 14167 页。
③ 《宋史》卷三百五十《王赡传》，第 11071 页。

史籍中也可以得出相应的结论。

《皇宋十朝纲要》，卷十四，元符二年八月：

> 是月，瞎征既来降，其首领篯罗结与心牟钦毡迎立董毡疏族溪
> 巴温子陇拶为主，入居青唐城。

《东都事略》，卷一二九，附录七《西蕃》：

> 朝廷命王瞻招纳，瞎征遂削发为僧，出降。而溪巴温之子陇拶
> 乘间入青唐，称王子。

由此可以看出，《宋史》关于陇拶为木征之子的说法很可能是不成立
的。陇拶应为溪巴温之子。

"九月，赡军至青唐，陇拶出降。"

陇拶继立之后，青唐吐蕃政权实际上仍然掌握在心牟钦毡手中，陇
拶仅为一傀儡而已，就连宋朝的官员对此亦是心知肚明，"陇赞幼稚，何
能为，第以心牟钦毡等立之为名"①。此时的唃厮啰政权还是有一定实力
的，"青唐精兵可二十万，今朝廷三分有其二，彼尚有七八万之众，我以
数万兵欲取之，未可易言之也"②。但是由于心牟钦毡大权在握，使得青
唐政权陷入更为危险的境地，"心牟钦毡自陇拶入青唐后，与其族党挟势
恃强攻夺，余部上下厌苦，尽情离贰"③。另外，陇拶入居青唐城之后，
唃厮啰政权实际控制的区域已仅仅是青唐一隅，东、北、南三面均陷没
于宋军之手。内部的矛盾加上外部的威胁使得陇拶已经是回天无力，青
唐城的陷没已是指日可待。

元符二年（1099 年），王瞻率兵攻占青唐城北部的安儿城，切断了青
唐城与宗哥城的联系，青唐城完全成为一座孤城。此时的心牟钦毡见大

---

① （宋）李焘：《续资治通鉴长编》卷五百十五，元符二年九月丁未。
② 同上。
③ 同上书，元符二年九月戊辰。

势已去，遂派属下首领李阿温携其子弟到王瞻处通款。宋朝马上派人诏谕陇拶"如能归汉，并准此推恩，令胡宗回指挥苗履、王瞻等遣人告谕"①。不几日，心牟钦毡去见王瞻。王瞻害怕胡宗回派王愍代替自己领兵入青唐，夺去头功，遂于九月二十日带领万人，随心牟钦毡开赴青唐。宋军入城后，陇拶与诸首领及契丹、夏国、回鹘公主皆出降。② 这是河湟地区自唐天宝年间陷没吐蕃以来三百五十年间第一次复为内地军队所征服。

"以邈川为湟州，青唐为鄯州。"

宋朝占领河湟地区之后，沿袭历代王朝显示武功的惯例，给当地的重要城镇赐以新名，建置封职。元符二年，对新占领地区进行了一次大规模的改名，"青唐城改为鄯州，邈川改为湟州，宗哥城改为龙支城，廓州改为宁塞城"。③ 同时任命了一批官员，命王瞻知鄯州，兼陇右沿边安抚使、兼都巡检使，王厚知湟州，兼陇右沿边同都巡检使。④

"二酋虽降，然其种人本无归汉意。"

宋军占领河湟地区之后，由于缺乏有效的统治基础，再加上宋朝统治者推行民族压迫和民族歧视的政策，大力推行与河湟吐蕃发展阶段有较大差异的汉制，因此不可避免地会遭到河湟吐蕃的反抗，河湟吐蕃的抗宋斗争一浪高过一浪。河湟地区诸多部族均拥兵自立，"既而部族多叛，覆军杀将，今又引兵围错凿城"⑤。

"议者谓：'今不先修邈川以东城障而遽取青唐，非计也。以今日观之，有不可守者四：自炳灵寺渡河至青唐四百里，道险地远，缓急声援不相及，一也；羌若断桥塞隘，我虽有百万之师，仓卒不能进，二也；王瞻提孤军以入，四无援兵，必生他变，三也；设遣大军而青唐、宗哥、

---

① （宋）李焘：《续资治通鉴长编》卷五百十五，元符二年九月戊午。
② 同上书，元符二年九月己未。
③ 参见《宋史》卷八十七《地理三·秦凤路》。
④ （宋）曾布：《曾公遗录》卷八，元符二年闰九月癸酉、甲戌。
⑤ （清）徐松辑：《宋会要辑稿》第一百九十九册，《蕃夷》六之三六。

邈川食皆止支一月，内地无粮可运，难以久处，四也。官军自会州还者皆憔悴，衣屡穿决，器仗不全，羌视之有轻汉心，且夕必叛。'"

北宋占领河湟地区之后，就守或退的问题在朝廷上下展开了激烈讨论。王憨和李远坚持认为应该弃，宋军应该撤出河湟地区，并举出了青唐不可守的四项理由。当时在熙河路经略安抚都总管司任机宜文字的李复，在宋军出师湟水流域前夕，也曾经向章惇丞相建议："闻青唐苦无粮储，道路艰涩，难于搬运。自河州至邈川四程，邈川至青唐约四程，过三隘，路此最可虑。盖守地必以城，守城必以兵，聚兵必以钱粮，一日无粮，城不能守也。"①

可以看出，当时河湟前线的官兵和熙河地区的地方官员均看到了北宋政府要长期占领青唐等地，会遇到许多物质上的困难。

"闰九月，钦毡等果与青唐城中人相结，谋复夺城。"

元符二年（1099 年）九月底，大酋心牟钦毡便召集百余人在青唐城宫门前密谋造反，几天之后，宋军抓获心牟钦毡派往西夏搬兵的四人，从这四人的口中得知"心牟钦毡等与洗纳阿结家谋，欲使逐渐各遣质入城，于闰月九日内外相应，复夺青唐"②。

"山南诸羌亦叛。"

心牟钦毡等人的密谋在吐蕃部族中得到了广泛响应，闰九月九日这一天，山南吐蕃率先反叛，"及戊寅，山南诸羌果先叛。赡选轻骑二千付部将李忠等夜入冷谷击之，明日诸羌皆应"③。

"赡遣将破之，戮结瓦龊及钦毡等九人。"

吐蕃部族纷纷反抗，使青唐城陷入四面包围之中，知鄯州王赡决定以军事行动镇压吐蕃部族的反抗。"赡乃捕心牟钦毡而下十八人囚之，羌遍满四山而呼昼夜不息，赡自守西城，命王瑜等守之，羌十余万持薪负

---

①　（宋）李复：《潏水集》卷三《上章丞相书》。
②　（宋）李焘：《续资治通鉴长编》卷五百十六，元符二年闰九月壬辰。
③　同上。

户欲焚门而入。"① 青唐被围之后，面对吐蕃诸部的反抗，王赡采取了血腥镇压的政策。"先戮大首领结呱龊、心牟钦毡、蔺逋叱、巴金摩、心牟冷麻毡、捉剥兵、龙毡、泷逋驴、斯多达捉马洛等九人，悉捕城中诸羌斩之，积级如山。宗哥首领嘉沁扎实擒硕阿苏以献，亦诛之。"②

"青唐围解而邈川益急，夏人十万助之。"

在青唐被围的同时，王愍所守的邈川城亦陷入重重包围之中。被围的邈川城的危急程度比青唐城有过之而无不及。吐蕃部族联合西夏军队合击邈川城，"夏国遣仁多保忠、白峇牟等三监军，率众助之，合十余万人，先断炳灵寺桥，烧省章峡栈道，四面急攻"。此时的邈川城则是另一种情形："城中兵才二千四百余人，器械百无一二，总管王愍令军士撤户负之为盾，剡木墨之为戈，籍城中女子百余人衣男子服以充军，童儿数十人以瓦炒黍供饷，募敢死士三百人冒以黄布巾。"③

"总管王愍以死战固守，乃得免。"

邈川城内外皆困，王愍并没有自乱阵脚，而是率军死守邈川，"闰九月，古邈川部族叛，熙河将王愍率兵掩击。翌日，夏人马数万围愍等，力战败之，擒其铃辖嵬名乞遇"④。后来苗履、姚雄率兵赴援，拔膘哥、墨城等邈川邻近的城寨，始解邈川之围。

"赡弃青唐归，巴温与其子溪赊罗撒据之。"

青唐城和邈川城被围，虽然为时不长，仅仅半月时间，但是就在这半月时间内，青唐城和邈川城与宋朝廷完全失去了联系，这一点对宋朝朝野上下震动很大。两城解围之后，吐蕃各部继续集结，给宋军不断施加压力。其中篯罗结部退守青唐峣，控制交通要道，欲再攻青唐城，"列

---

① （宋）李焘：《续资治通鉴长编》卷五百十六，元符二年闰九月壬辰。

② 同上。对心牟钦毡被杀之事，在《曾公遗录》中有不同的说法：王赡、王厚盗取邈川、青唐府库中金银等物，因此致变，反杀心牟钦毡等以灭口。

③ 同上。

④ 《宋史》卷四百八十六《夏国下》，第 14018 页。

阵以待，势甚盛"①。河南诸部吐蕃则在大首领阿章的率领之下不断地袭击宋军。镇守熙州的胡宗回派王吉将五百骑讨阿章，结果全军覆没。宋朝政府派开封府界第八将魏钊前往助战，结果魏钊亦兵败身亡。面对阿章带来的军事压力，胡宗回又派种朴征讨，"朴遇伏，首尾不相应，朴殊死战，为贼所杀，以马负其尸去"②。朴战死之后，宋军"将士皆号泣无战心"，"熙河将士气夺无敢复言战者"③。阿章又继续扩大战果，率军包围一公城四十余日，"城中粮乏，日杀马食肉饮其血，吉、舜臣等遣人求援十辈，辄为阿章所擒，马且尽，乃帅众突围而出转战百里，士卒获免十二三"④。

驻守河湟地区的宋军陷入困境的局面使得北宋政府不得不重新考虑撤出河湟的问题。此时，奉命率军前往熙河地区的泾原路经略使章楶上书，提出了靖边息边的主张。⑤ 章楶的主张马上得到了朝廷中许多大臣的响应，曾布亦上书，认为："朝廷以四海之大，所不足者非地土，安用此荒远之地？兼青唐管下部族有去青唐马行六十三日者，如何照管？兼生羌荒忽，语言不通，未易结纳，安能常保其人人肯一心向汉？"⑥ 此外，时任殿中侍御史的龚夬则提出不要再动用武力来解决青唐问题，应令边臣"多方诱谕，赦其罪戾，使之自新，待其入贡，因抚而有，庶使复坚向汉之诚，不复归心于虏，以为预备不虞之计，边民幸甚"⑦。

另外，收复河湟之役的战事已使得宋朝政府背上了沉重的经济负担，

---

① 《宋史》卷三百五十《苗履传》，第 11069 页。

② 《宋史》卷三百三十五《种朴传》，第 10749 页。对种朴之死，在赵挺之所著《崇宁边略》中记载更为详细，现摘录如下：窦志充宣德言，蕃情反覆变诈，极不可信，种朴知河州，会湟州、一公城为羌众所围，遂自河北出兵自将救之，有蕃僧二人为边帅探事者十余年矣。朴将行，僧告朴曰：羌人虽畏旗帜之多，益畏大将之旗鲜明光彩者。朴信其言，别制新旗数百竿，文采甚绚，建旗而出，以蕃僧为向导，使夹马而行，俄行六十里，忽于涧道中有骑百余成队而出，朴甚怒之，俄见朴旗，忽奔驰，直冲朴军至旗下，以枪刺朴即死，众遂溃乱。盖蕃僧与羌众为谋，令种建新旗即知朴所在，朴不悟，信其言，遂败而死，蕃僧不知所往矣。

③ （宋）李焘：《续资治通鉴长编》卷五百十七，元符二年十月己未。

④ 同上书，元符二年十月戊辰。

⑤ 章楶提出的靖兵息兵的理由记载于《续资治通鉴长编》卷五百十八，元符二年十一月辛未条中。

⑥ 同上书，元符二年十一月乙亥。

⑦ （宋）赵汝愚：《宋名臣奏议》卷一百四十一《边防门》。

宋军取湟州以来，"岁费三百万贯以守之"①。这仅仅是守一州所需费用，其他五州可想而知。经济的拮据导致战马的极度匮乏，"自青唐事梗已来，二年之间一匹不买，加以边上耗折十死七八，虽川陕买马之数亦减大半"②。

元符二年（1099 年）十二月，宋廷决定将进驻青唐、邈川等地的军队分期分批撤出。同月，胡宗回即派人催王赡回驻湟州。第二年四月二日，王赡率军回到湟州，彻底地放弃了青唐城。③ 宋军撤出青唐城之后，"诸羌复奉小陇拶（即溪赊罗撒）入居之"④。这样，小陇拶成为继陇拶之后又一位唃厮啰家族政权的统治者。

建中靖国元年（1101 年）十一月，宋朝正式承认溪赊罗撒的地位，并授予其"西平军节度使、邈川首领"⑤ 的职位。北宋政府显然对溪赊罗撒寄予厚望，希望他能够继承唃厮啰政权的传统，为北宋完成牵制西夏的重任，崇宁元年（1102 年）十一月又册封溪赊罗撒，"可特授金紫光禄大夫、检校司空、充西平军节度使、西蕃邈川首领、上柱国，特封敦煌郡开国公、食邑五千户、食实封五百户"⑥。

"朝论请并弃邈川，且谓董毡无后，陇拶乃木征之子、唃厮啰嫡曾孙，最为亲的。"

《宋史》此处的记载显然有误，前文已经说过，陇拶乃溪巴温之子，唃厮啰兄扎实庸咙之后，此处不再重复。实际上，当时北宋政府对陇拶和唃厮啰的关系已经非常清楚，如元符二年（1099 年）枢密院在一份上书中就提到"缘溪巴温、隆赞并系唃厮啰房族，非本族子孙，按右旗骦

---

① （宋）赵汝愚：《宋名臣奏议》卷一百四十一《边防门》。
② 同上。
③ （宋）曾布：《曾公遗录》卷九。
④ （宋）李植：《皇宋十朝纲要》卷十四。关于小陇拶的身世，在《续资治通鉴长编》卷五百十七，元符二年十月己未条中有比较详细的记载：绰尔结复与嘉勒摩、巴桑济等共立溪巴温第三子小隆赞为主，据青唐崄，连接本敦谷及鼎凌宗、星章峡诸羌，保聚寇抄。小隆赞即锡罗萨勒也。在其他的一些文献中小陇拶被译为溪赊罗撒。
⑤ （宋）李植：《皇宋十朝纲要》卷十六，建中靖国元年十一月壬戌。
⑥ （宋）佚名：《宋大诏令集》卷二百四十《政事》。

使赵怀义在河州,乃唃厮啰之嫡长曾孙,于董毡最是亲嫡子姓"①。

"于是以陇拶为河西军节度使、知鄯州,封武威郡公,充西蕃都护,依府州折氏世世承袭。"

陇拶投降之后,宋军进驻青唐城。但是此时战事并没有结束,河湟吐蕃诸部对宋军的侵扰还在继续。为分化瓦解吐蕃各部的势力,宋朝投降的唃厮啰政权的大小首领分批进京朝觐。其中瞎征及其大小亲信,他们由内奉官黄经陪同进京朝觐。另一批则为陇拶等手下将领。

元符二年(1099年)十一月,陇拶一行由王仲达与高永年护送,连同辽、西夏及回鹘公主及董毡姊妹等从青唐经邈川至熙河地区进入宋地。②十一月,三位公主抵达熙州之后,两路会合前往开封。十二月,瞎征一行即抵达开封。③但是陇拶一行却停留在西京。也正是在此时,哲宗重病不起,宋朝上上下下均为此而忙碌,无暇顾及,"且令在西京听旨缴,引见须在听政后,除服前兵卫难,以鹿衰裹护。须令九日到阙,十日赴殿,定日引见"④。

这年十二月,北宋政府对陇拶等人进行了到京都之后的第一次封赏,"除河西节度使差知鄯州军州事,充西蕃都护,仍自今依府州折氏例,世世承袭知鄯州管下部族,并令仍旧文法管勾"⑤。并陇拶的所有封赏可以"依折氏世世承袭。寻赐其姓名曰赵怀德"⑥。

元符三年(1100年)三月,北宋政府正式为陇拶颁发诏书,其全文如下:

> 朕嗣国大统,绍休前人,表正万邦,内有不率,外薄四海,咸与惟新,眷兹内附之藩,厥有来降之长,示之大信,申以茂恩,服千治朝,诞扬休命。西蕃伪王陇拶,袭承世裔,擅有方隅,偏师出

---

① (宋)李焘:《续资治通鉴长编》卷五百十九,元符二年十二月癸丑。

② 从《曾公遗录》卷八来看,陇拶的行程大致为:十月十四日从青唐出发,十一月八日到达熙州。而三位公主的行程为十一月十四日到河州,二十六日到熙州。

③ (宋)曾布:《曾公遗录》卷八。

④ 同上。

⑤ (宋)李焘:《续资治通鉴长编》卷五百十九,元符二年十二月癸丑。

⑥ (清)徐松辑:《宋会要辑稿》第一百九十九册,《蕃夷》六之三九,"赐西蕃伪王、河西军节度使、知鄯州陇拶姓名为赵怀德"。

疆，举国请命，尽献其地，咸来于廷。朕嘉其国人，投戈内属，眷用先世，述职靡忽，敦柔远能迩之仁，念推亡固存之义，俾绍厥绪，往即乃封，彻陇右之土疆，付河东之旄节，锡田敦赋，开国启封，以示大公，以安退微。於戏，缵用旧服，尚克绍于前修，作我新民，其无蹈于后害，钦予时命，惟尔之休，可特授河西节度使知鄯州军州事。①

"寻赐姓名曰赵怀德；其弟邦辟勿丁呗曰怀义，为廓州团练使、同知湟州。"

为表彰陇拶归附，北宋政府在对他加封官职的同时又赐其姓名为赵怀德。《宋史》在此处提及的邦辟勿丁呗实际为木征之子，与陇拶即赵怀德并非亲兄弟。邦辟勿丁呗随父木征一起投降北宋，北宋政府在对陇拶册封之后对邦辟勿丁呗也一起进行了封赏，"赵怀义除廓州团练使、同知湟州军州事兼湟州管下部族同都巡检使。其逐处城寨除通接鄯、廓等州道路处，令熙河兰会路经略司精加茸治，最差兵马戍守。"② 赵怀义后来居住于岷州并成为当地部落的首领，为宋朝屡立战功。赵怀义生平事迹在后文有详细涉及，在此不做赘述。

"加瞎征检校太傅、怀远军节度使。"

在对陇拶和邦辟勿丁呗册封之后，北宋政府又册封青唐吐蕃政权的另一位人物瞎征，其封赏全文如下：

朕肇缵洪业，宠绥庶民，无有迩退，西眷求降之国，时惟外屏之酋，申以至恩，告于列位，西蕃邈川首领河西节度使、检校太傅瞎征，绍承先世，抚有西陲，早怙冒于王灵，久持循于侯度，修方惟谨，向化益虔，适裨将之乘边，叫军门而请命，尽率其众，咸造惟新，授以命书，增其官秩，易兹旄节，教厥邑封。於戏，俾此外庸，朕克承于前烈，励其臣节，尔无失于后图，尚既乃心，往只厥

---

① （宋）佚名：《宋大诏令集》卷二百四十《政事》。
② （清）徐松辑：《宋会要辑稿》第一百九十九册，《蕃夷》六之三五。

服，可特授依前检校太傅、怀远军节度使、琳州刺史。①

"三年三月，怀德及所降契丹、夏国、回鹘公主入见，各赐冠服，退易之，于迩英阁前后立班谢，赐食于横门。"

元符三年（1100 年）三月，新即位的宋徽宗正式接见陇拶及三位公主一行。宋徽宗对陇拶一行大加封赏，"以契丹公主锡令结牟为国太夫人，夏国公主金同、回鹘公主青迎结牟、董毡姊瞎比牟并为郡太夫人。董毡姊党征丹、瞎征青属大母掌扒令并为郡太君。董毡女结成丹、瞎征妻尊宁、夏国公主女瞎衫并为郡君，瞎征女藏安哥妇，瞎毡溪角厮彪帮彪篯妻尊溪结、边厮波结妻结施心拶把拶，沈兼篯妻瞎毛巴，女厮鸡并为县君，大首领四人陇拶舅瞎里结为礼宾副使充本族都巡检，瞎征长男瞎毡溪角厮彪邦彪篯，妻姝沈兼篯，故边厮波结下婿彪抹并为内殿承制、本族都巡检。"②

这次会见，尽管陇拶等人是以俘虏的身份朝见，但是由于河湟地区面临严峻的形势，宋朝上下显然对陇拶寄予厚望，对之待如上宾，并未有任何歧视。三月二十一日，北宋政府又一次对陇拶进行，诏令云：

> 门下：朕严恭以嗣历服，祗威以典神天，蒇事国阳，迎釐帝所，布获无方之泽，铺昭有水之图，焕发龙光，畴嘉忠勋。河西军节度、凉州管内观察处置等使持节凉州诸军事、凉州刺史、上柱国、武威郡开国公、食邑二千户、食邑封五百户赵怀德，气刚而果，谋顺而藏，夙向日以倾诚，爰款关而来享，虔共王命，信侔金石之坚，膺受师符，宠有节旄之寄，属肇禋之迄礼，播显号以疏恩，增衍本封，并隆异数，于以示朝廷之劝，岂徒为臣采之荣。於戏，敷锡庞鸿，从洒春容之泽，恪遵明命，更输忠悃之诚，益殚厥猷，于是为称，可特授依前持节凉州诸军事、凉州刺史、充河西军节度、凉州管内观察处置等使，加食邑五百户、食实封贰百户、勋封如故。③

---

① （宋）佚名：《宋大诏令集》卷二百四十《政事》。
② （清）徐松辑：《宋会要辑稿》第一百九十九册，《蕃夷》六之三八。
③ （宋）佚名：《宋大诏令集》卷二百四十《政事》。

"徽宗命辅臣呼与语，问何以招致溪巴温，对曰：'譬如乳牛，系其子即母须来，系其母即子须来。俟至岷州，当遣人往谕，使之归汉。'"

由于此时河湟吐蕃正在进行激烈的反宋斗争，特别是陇拶之父溪巴温还有相当大的实力，宋徽宗专门询问陇拶如何招降其父，陇拶对宋徽宗分析了溪巴温不降的主要原因是受郎阿章所挟制，"溪巴温先遣臣出汉，亦欲相继而来，为郎阿章所制不果，若朝廷放阿章罪而招之，必易为力"。宋徽宗当即同意陇拶的提议，陇拶向宋徽宗说出了自己的策略，"如此，待到岷州，便遣人说与，若不从，即以兵马取阿章头来"①。宋徽宗对陇拶招降溪巴温说出了自己的想法，"招诱为善，不须杀也"②。

"遂与瞎征俱还湟州。"

陇拶进京朝觐之后，宋朝令陇拶和瞎征一起返回河湟地区，"委之招纳携叛，镇遏边境，许以戎索从事"③。但是从时间上来说，陇拶返回湟州地区可能要早于瞎征，元符三年（1100 年）鄯州地区发生叛乱，为迅速平息叛乱，北宋"诏陇拶先赴鄯州"④。

"溪赊罗撒谋袭杀怀德，怀德奔河南。"

回到河湟地区的陇拶难有作为，其弟溪赊罗撒在河湟地区此时已有一定的实力。陇拶刚刚返回河湟地区，"溪赊罗撒之党谋掩杀之，怀德惧奔河南，郎阿章及缅什罗蒙等更挟以令众种落"⑤ 等。

"瞎征不自安，求内徙，诏居邓州。"

瞎征返回湟州之后，他因为率先降宋，遭到陇拶、溪巴温和溪赊罗撒的联合威胁，"怀德与溪巴温、溪赊罗撒合，追咎瞎征先降。瞎征不

---

① （清）徐松辑：《宋会要辑稿》第一百九十九册，《蕃夷》六之三八。
② （清）黄以周等辑注，顾吉辰点校：《续资治通鉴长编拾补》卷十五，元符三年三月乙酉，中华书局 2004 年版。
③ （清）徐松辑：《宋会要辑稿》第一百九十九册，《蕃夷》六之三九。
④ （宋）李埴：《皇宋十朝纲要》卷十四。
⑤ （清）黄以周等辑注，顾吉辰点校：《续资治通鉴长编拾补》卷二十一，崇宁二年正月丁未。

安，求内徙"①。建中靖国元年（1101 年）十一月，宋朝接到瞎征的请求之后，"诏怀德军节度使瞎征入居邓州"②。邓州即京西路邓州（今河南邓州）。

"崇宁元年，卒。"

崇宁元年（1102 年）五月，瞎征在邓州去世，"新归明蕃官怀远军节度使瞎征因患身亡，特赐赙赠绢布有差"③。这样，瞎征在迁居邓州不到半年之后，竟然客死他乡。

"三年，王厚复湟、鄯。"

崇宁二年（1103 年）六月，北宋发起了第二次河湟之役。王厚兵分两路向湟州进发。一路由岷州将高永年为统制官，权知兰州姚师闵佐之，及管勾招纳王端（王厚弟）等率兰、岷州、通远军汉蕃兵马二万出京玉关；一路由王厚与童贯亲率主力出安乡关渡黄河趋巴金岭。

湟州一带的吐蕃部族面对强大的宋军，进行了顽强的抵抗。在巴金岭城④，大酋多罗巴率领三个儿子阿令结、厮铎麻令、阿蒙等据险迎战童贯。六月十八日宋军占领巴金岭城。紧接着，更为惨烈的湟州战役立刻打响。驻守湟州的吐蕃首领丹波秃令结率众坚守城池，与宋军激战三日，终因不敌，弃城出走。青唐城主溪赊罗撒得知湟州被围的消息后率军驰援，兵至安儿峡便听到城破的消息，遂率军退守宗哥城。二十四日，湟州城为宋军攻占。

王厚攻占湟州之后，吸取了当年王赡被动挨打的教训，向朝廷提出了先暂缓进军青唐城的建议。提出应先巩固湟州地区，待来年春天再进军青唐的计划："湟州虽下，形势未固，新附之人或持两端，青唐余烬尚

---

① （清）黄以周等辑注，顾吉辰点校：《续资治通鉴长编拾补》卷十七，建中靖国元年三月丙戌。

② （宋）李埴：《皇宋十朝纲要》卷十六。

③ （清）徐松辑：《宋会要辑稿》第一百九十九册，《蕃夷》六之四〇。

④ 巴金城，旧名安川堡，在巴金岭上。《宋史·地理志》谓：安川堡，故膘哥城，在巴金岭上，元符二年收复，三年赐名。东至湟州界七十里，西至来宾城界四十里，南至安乡关三十里，北至宁川堡四十里。《甘肃舆地志》舆地八，《乐都县》条谓：巴金岭在县南八十里。

强，未肯望风束手，我师狃于新捷，其实已罢。若会得深入，战有胜负，后患必生，岁将秋矣，塞外苦寒，正使遂得青唐诸城，未可兴筑，若不暴师劳费，则必自引而归，玩敌致寇，非万全之策。往年大军之举，事忽中变，正以此耳。"① 鉴于此，王厚提出一方面要控制湟州地区三处险要之处，即乱当②、省章和南宗寨，以防生变；另一方面，王厚又派人寻找离开湟州的青唐旧主赵怀德回湟州笼络人心并继续招降小陇拶及各大酋。

王厚的这一系列措施均取得了效果，湟州境内的大酋纷纷投降，例如八月二十三日，当标城③大首领军角四率部投降。其后，郎家等族大首领角四结、角四瞎令结并鬼驴等族大首领斯鸡彪、龙哥令等投降。紧接着，王厚自当标城和一公城引兵到达南宗城④下，溪巴温的妻子掌牟杓拶遵厮鸡率其大小首领出城投降。即使是作为青唐城主的小陇拶也在王厚的军事压力和诱降之下派人请和，"遣其大首领奔巴令阿昆等五辈将蕃书诣军门，请保渴驴岭以西，而和书词每至益卑"⑤。小陇拶的这一主张正中王厚先固湟州、再图青唐的图谋。因此，王厚同意了小陇拶的请求，"且欲懈贼斗志，使不为备，于是以便宜听所请移书，张示威信，贼中大震，关城毕工"⑥。

崇宁二年秋至崇宁三年春天，小陇拶与宋军又数度开战，取得了一

---

①　（清）黄以周等辑注，顾吉辰点校：《续资治通鉴长编拾补》卷二十一，崇宁二年六月甲戌。

②　乱当城，《宋史·地理志》谓崇宁三年赐名来宾城。东至安川堡分界七十里，西至青丹谷三十里，南至黄河一十里，北至安陇砦七十里。《大清一统志》卷二百七《西宁府》谓来宾城在碾伯县西南。据宋秀芳考证，乱当城应为今民和县黄河以北约八里处中川乡的丹阳古城。参见宋秀芳《宋代河湟吐蕃地区历史地理问题探讨》，载《藏学研究论丛》第5辑，西藏人民出版社1993年版。

③　当标城，《宋史·地理志》谓：崇宁二年收复，改安疆寨。东至来同堡三十三里，西至通津堡五十里，南至循化城一百一十里，北至黄河二十里。

④　（宋）李植：《皇宋十朝纲要》卷十六作南宗城。《续资治通鉴长编纪事本末》卷一三九谓达南宗赐名通津堡。《宋史·地理志》谓：通津堡，旧名南达堡，崇宁三年赐今名。东至安疆砦四十五里，西至大通城界二十五里，南至循化城一百三十里，北至大通城界二十里。

⑤　（清）黄以周等辑注，顾吉辰点校：《续资治通鉴长编拾补》卷二十一，崇宁二年六月甲戌。

⑥　同上。

些局部的胜利，并收复来宾城。但是局部的胜利并不足以掩盖全局的失败。崇宁三年（1104 年）四月七日，宋军分三路向青唐进发，"厚与贯率中军由绥远关①、渴驴岭指宗哥城，都护高永年以前军由胜铎谷沿宗河之北，别将张诚同招纳官王端以其所部由汪田、丁零宗谷沿宗河之南，期九日会于宗哥城下"②。

小陇拶溪赊罗撒惊悉宋军三路兵马出师宗哥城之后，也急忙聚集大军在宗哥城东迎敌，"率众六十万近官军，厚等谕以朝廷恩信，招诱之，不从"③。于是双方在宗哥城东展开一场激战，"溪赊罗撒以精兵数十骑自卫，登其军北高阜之上，张黄屋列大旆指挥贼众，其北山下疑兵望见厚与贯引中军傍山，欲来奔冲，厚遣游骑千余登山潜攻其背，贼觉而遁，游骑追击之，短兵接，……贼兵大败，追北三十余里"④。小陇拶溪赊罗撒单骑趋宗哥城，但是城门紧闭，于是逃往青唐城。宋军攻占宗哥城，宗哥城公主前安化郡夫人瞎叱牟蔺毡兼率诸首领投降。⑤

宗哥城战役，是关系唃厮啰政权生死存亡的关键一役，小陇拶几乎是倾国之兵六十万全军覆没，从此唃厮啰政权便再没有能力对宋军实施有效的抵抗了。小陇拶逃到青唐城后，企图"谋为守计，部族莫肯从之者。翌日，挈其长妻逃谿兰宗山中"⑥。后来，冯瓘统轻骑万人由青唐城南部的青唐谷入溪兰宗追捕，小陇拶又率亲信逃到青海湖畔，后来投奔西夏。四月十六日，王厚率军攻下唃厮啰政权的最后一座城廓州城，最

---

① 绥远关，《宋史·地理志》记载："绥远关，旧名洒金平，崇宁二年进筑，赐今名，东至湟州二十里，西至胜宗谷口三十里，南至麻宗山脚五十五里，北至丁星原四十里。"据宋秀芳考证，其地应为老鸦峡东峡口一带。参见宋秀芳《宋代河湟吐蕃地区历史地理问题探讨》，载《藏学研究论丛》第 5 辑，西藏人民出版社 1993 年版。

② （清）黄以周等辑注，顾吉辰点校：《续资治通鉴长编拾补》卷二十三，崇宁三年四月庚戌。

③ （宋）陈均：《九朝编年备要》卷二十七。

④ （清）黄以周等辑注，顾吉辰点校：《续资治通鉴长编拾补》卷二十三，崇宁三年四月壬子。

⑤ 对瞎叱牟蔺毡兼，在《宋会要辑稿》《蕃夷》六之四一载："据陇右都护中议国夫人蔺毡兼卒身亡，系故赵怀德姑，其亲侄女阿坚乞承袭邑号。"从这里可知瞎叱牟蔺毡妆是溪巴温之妹，必鲁匦纳之女，唃厮啰之兄扎实庸咙之孙女。

⑥ （清）黄以周等辑注，顾吉辰点校：《续资治通鉴长编拾补》卷二十三，崇宁三年四月乙卯。

终收复整个河湟地区。

崇宁三年（1104 年）十月，王厚率军入据河南，陇拶率河南诸部出降。①

这次河湟之役，从崇宁二年六月开始到崇宁三年四月底结束，北宋"开拓疆境幅员三千余里。其四至：正北及东南至夏国界，西过青海至龟兹国界，西至卢甘国界，东南至熙河、兰岷州，接连阶、成州界。计招降到首领二千七百余人，户口七十余万。前后六战，斩获一万余人"②。唃厮啰政权的实力在宋军的打击下消耗殆尽，此后，这一地区的吐蕃部族再也没有形成统一的政治势力。唃厮啰政权历经唃厮啰、董毡、阿里骨、瞎征、陇拶、小陇拶，至此彻底瓦解。

唃厮啰政权之所以解体，北宋军队的打击固然是一个直接原因，政权内部的混乱也是其解体的一个重要原因。小陇拶继位之时，河湟唃厮啰政权已是今非昔比，其影响仅达于青唐城及其周围地区。以前唃厮啰政权所统属的各部族各自为政，不仅不相统属，而且互相倾轧，内乱不断。宋朝撤出河湟地区之后，溪赊罗撒被迎立为新的青唐主，但是其兄陇拶的势力仍然存在，并且威胁着溪赊罗撒的地位，围绕着权力之争，弟兄之间又发生严重的内讧，"朝廷拜陇拶姓名曰赵怀德，拜河南（西）节度使还邈州（川），溪赊罗撒之党谋掩杀之，怀德惧奔河南，郎阿章及洞什罗（缅什罗蒙）等更挟以令众部落"③。各部的内斗严重地影响了唃厮啰政权的实力，也给欲进兵河湟的宋军以可乘之机。实际上，此时宋军的主要将领王厚对唃厮啰政权的内部情况已是了如指掌，"然厚久已详察诸羌情状，分离不一，互相窥伺，必不能并力同心保有其地。若奉扬国威，示以恩信，必能瓦解来降"④。可以说，战争还没有开始胜负就已经没有任何悬念了。正因为如此，王厚在出师之前就夸下海口，声称"恢复故地，当以恩信招纳为本，俟其顽悖不服乃加诛，不过破荡一二族

----

① （宋）李埴：《皇宋十朝纲要》卷十六，崇宁三年十月庚申。

② （宋）杨仲良：《续资治通鉴长编纪事本末》卷一四〇《徽宗皇帝·收复鄯廓州》，北京图书馆出版社 2003 年版。

③ （清）黄以周等辑注，顾吉辰点校：《续资治通鉴长编拾补》卷二十一，崇宁二年正月丁未。

④ 同上书，崇宁二年四月己巳。

则皆定。以湟州旧治，人情浃洽，往则可得"①。

内部的互相倾轧，再加上外部强有力的军事打击，小陇拶所领导的喃厮啰政权覆亡便是一个时间问题了。

"怀德至京师，拜感德军节度使，封安化郡王。"

崇宁四年（1105 年），赵怀德即陇拶再次进京，宋朝又加封他为感恩军节度使、安化郡王。此后，宋朝又对陇拶数次加封，大观二年（1108年）正月，宋朝又改封陇拶为顺义郡王、昭化军节度使、河南蕃部总领。② 陇拶在有生之年始终难有作为，死后，宋朝对他评价客观，并追封他为怀化郡王：

> 斋坛登拜，生而极体貌之隆，密印追封，殁则致哀荣之备，膺兹异数，属我信臣。雄武军节度使、检校司徒、顺□郡王赵怀德，性禀忠醇，气资沈鸷，擅颇当之勇，而志慕中国，砺日殚之节，而名闻外庭，奉国籍以款关，蚤承殊睠，练韬钤而捍塞，久赖壮猷，遽览讣音，申加赠典，进视宰司之重，就更王爵之崇，并锡恩荣，益彰悼念，九原光宠，岂徒依贲于英魄，万里风声，庶用招怀于犷俗，体予至意，尚克歆承，可特赠开府仪同三司，追封怀化郡王，余如故。③

附录　瞎征编年事辑

公元 1096 年（宋绍圣三年）

九月，阿里骨去世，瞎征承继为青唐吐蕃政权的第四任赞普。

公元 1097 年（宋绍圣四年）

正月，北宋承认瞎征地位，同意他承袭阿里骨官爵。

公元 1098 年（宋元符元年）

---

① （宋）杨仲良：《续资治通鉴长编纪事本末》卷一三九《徽宗皇帝·收复湟州》。

② （清）黄以周等辑注，顾吉辰点校：《续资治通鉴长编拾补》卷二十八，大观二年五月壬子。

③ （宋）佚名：《宋大诏令集》卷二百四十《政事》。

四月，宋册封瞎征子溪嘉斯博邦贝昌及其属下大首领职名。

五月，瞎征派大首领纳麻抹毡向宋进贡，被授以职名，领本族军都指挥使。

公元 1099 年（宋元符二年）

六月，宋哲宗以王愍为统军、王赡为副统军率兵渡黄河，进入湟水流域，拉开了元符河湟之役的序幕。

七月，王赡取邈川。青唐吐蕃政权发生内讧。瞎征为大首领心牟钦毡所逐，徙居青唐新城，入寺削发为僧。

八月，王愍入据宗哥城。大酋青归论征结等四十九人，瞎征及其妻子亲信数十人皆趋宗哥城降宋。

公元 1100 年（宋元符三年）

三月，新登基的宋徽宗接见赴阙的河湟吐蕃首领瞎征、陇拶及契丹、夏国、回鹘三公主，以及随行的大小首领、亲属等。他们皆受封职名及赐予。

公元 1101 年（宋建中靖国元年）

十一月，瞎征入居邓州。

公元 1102 年（宋崇宁元年）

五月，邓州言新归明蕃官怀远军节度使瞎征在邓州因病去世。

第 六 章

《宋史·吐蕃传附赵思忠传》笺证

　　木征（1036—1077），即赵思忠，唃厮啰长子瞎毡之长子。在唃厮啰家族史上是一位承上启下的重要人物。《宋史》在为河湟吐蕃政权的历任统治者唃厮啰、董毡、阿里骨、瞎征写完传记之后也破例为木征立有传记，这就足可以证明木征在唃厮啰家族史乃至于西北吐蕃史中的地位之重要。木征降宋之后被赐姓赵，成为唃厮啰家族中第一位改姓赵的人，从木征开始，唃厮啰家族后裔即以赵为姓，最终发展成为明清时期甘青地区赫赫有名的赵土司。

　　"赵思忠即瞎毡之子木征也。"

　　瞎毡，唃厮啰之长子。"初，唃厮啰娶李立遵女，生二子，曰瞎毡，曰磨毡角。又娶乔氏，生子曰董毡。"① 因此，木征即是唃厮啰之孙。关于木征这一藏文名字之含义，在文献中有两种说法：一种认为木征之名与他在唃厮啰家族中的世系有关，"木征者，华言龙头也。以其唃厮啰嫡孙昆弟行最长，故谓之龙头，羌人语倒谓之头龙"②。也即是说，木征之意即指唃厮啰嫡长孙之意。另一种说法认为是以其长相来命名的，"木征蕃中语谓大颐颊"③。

　　关于木征出生时间，在《宋史·赵思忠传》中并没有交代，在其他一些文献中也没有记载，但是在《太平治迹统类》记载有这样一句

---

　　① （宋）李焘：《续资治通鉴长编》卷一一九，景祐三年十二月辛未。
　　② （宋）沈括：《梦溪笔谈》卷二五《杂志二》。
　　③ （清）徐松辑：《宋会要辑稿》第一百九十九册，《蕃夷》六之一二。

话："（瞎毡）自母失宠为尼，即遁去。瞎毡居河州龛谷①，生木征。磨毡角居宗哥城。"② 瞎毡和磨毡角与其父唃厮啰分裂为景祐三年，即1036 年，那么从这段话来看，木征当生于景祐三年（1036 年）或者此后不久。

"瞎毡死，木征不能自立，青唐族酋瞎药鸡啰及僧鹿遵迎之居洮州，欲立以服洮岷叠宕、武胜军诸羌。"

景祐三年（1036 年），唃厮啰政权发生分裂，瞎毡与磨毡角分别在河州和宗哥城复立文法，"唃厮啰有长男瞎毡，第二男磨毡角，皆叛其父。瞎毡在河州，磨毡角与母安康郡李氏在宗哥耶卑城住坐，分据土地、部族，各立文法"③。占据河州的瞎毡沿袭了唃厮啰联宋抗夏的政策，接受了宋朝册封的澄州团练使，屡次上表称自己将并力讨西夏。宋朝对瞎毡也是大加赞赏，"汝款塞输诚，举宗效顺，奉宣王略，式遏边虞，侦狡寇之陆梁，谋成师之犄角，忠情壮节，朕甚嘉之"④。但是，瞎毡与唃厮啰分裂之后，毕竟是身单力孤，庆历二年（1042 年），瞎毡在与西夏的战斗中大败。"是时，元昊筑城阿干城，河旁距龛谷七十里，中国命瞎毡为缘边巡检使，出兵图之。元昊恶其逼，遣将攻龛谷，大破之，唃厮啰不能救。"⑤ 瞎毡兵败之后，其势力大减，再无力量组织与西夏进行大规模的对抗了。

嘉祐三年（1058 年），瞎毡去世，木征被当地的部落大酋推举为首领。此时木征可能仅仅二十二岁，毕竟年幼，并不能自立，因此各部酋长均希望控制木征，因为控制了木征就意味着控制了对河州地区的管辖权。最先挑起这场争夺战的是青唐族大酋瞎药（即《宋史》中的瞎药鸡啰），"青唐族酋瞎药鸡罗及僧禄尊迎居洮州欲立，以服洮、岷、叠、宕、武胜军诸羌"⑥。

---

① 原文作合龙谷，应为龛谷，今甘肃榆中县境。
② （宋）彭百川：《太平治迹统类》卷十六《神宗开熙河》。
③ （宋）张方平：《乐全集》卷二二《秦州奏唃厮啰事》。
④ （宋）宋痒：《元宪集》卷二二八《内制》。
⑤ （清）吴广成：《西夏书事》卷十五。
⑥ （宋）李焘：《续资治通鉴长编》卷一百八十八，嘉祐三年十月辛丑。

"秦州以其近边，逐之，乃还河州，后徙安江城。"

迁居洮州的木征仍然不能站稳脚跟，一方面是《宋史》中提及的秦州吐蕃的威胁，因洮州邻近秦州，秦州吐蕃对木征占据洮州非常不满。另一方面是来自内部的权力纷争。瞎药与木征之舅李都克占（高永年称都克占为李立遵之子，熙州蕃官李楞占讷芝叔，而汪藻则以都克占为提克星子、辖智子恰凌之弟）均试图控制木征，辖药把自己的妹妹嫁给木征，李都克占遂"举兵攻木征，摩正徙居安乡城，伪与都克占和，遂杀都克占"①。都克占被诛之后，秦州吐蕃派人晓谕木征，希望木征离开洮州地区，也正是在此时，木征与瞎药发生矛盾，"秦州遣人谕之，会诸羌不从，木征逐瞎约，复还河州"②。经过一系列的斗争之后，木征独自在河州地区站稳了脚跟。后来，瞎药这一支又回到河州，在《安阳集》家传中有一则记事说："秦州土（上）丁族瞎药恕（怒）质其父厮铎心，乃逃去与木征相合。"③ 瞎药这一支力量的注入壮大了木征的势力，木征成为河州地区一支不可小觑的力量，"木征自知与汉有隙，日夜练兵，其党不能禁，部族往往归附，用其妻弟瞎药为谋主，与夏人解仇"④。

"董毡欲羁属之，不能有也。"

河湟吐蕃在董毡即位之后基本上处于一种互不统属的状态，河湟吐蕃的这种分裂形势，宋朝的一些有志之士看得非常清楚："今董毡虽在河湟间，而沿边诸族自为种落，如木征、瞎药及欺巴温之徒皆与汉界相近，在洮河间，其种落大者不过一二万，小者二三千人，皆分离散处，不相统一。"⑤ 王韶在对西北形势进行实地考察之后也说："今唃氏子孙，唯董毡粗能自立，瞎征、欺巴温之徒，文法所及，各不过一二百里，其势岂

---

① （宋）李焘：《续资治通鉴长编》卷一百八十八，嘉祐三年十月辛丑。
② （宋）汪藻：《青唐录》，参见李焘《续资治通鉴长编》卷一百八十八，嘉祐三年十月辛丑注。
③ （清）黄以周等辑注，顾吉辰点校：《续资治通鉴长编拾补》卷三上，熙宁元年七月乙亥。
④ （宋）彭百川：《太平治迹统类》卷十六《神宗开熙河》。
⑤ 同上。

能与西人抗哉!"①

董毡和木征互不统属的情况在宋朝发动熙河之役后有所改观,熙宁五年(1072年)据宋朝派往青唐城探访的人回来说:"秦州遣人往董毡所,木征坐之庭下。"②

"母弟瞎吴叱,别居银川聂家山,至和初,补本族副军主。"

木征弟兄一共六人,除木征之外,其余几人分别为董谷、结吴延征、瞎吴叱、巴毡角、巴毡抹。然而,在汪藻《青唐录》中却记载"瞎毡凡五子"③,为此汤开建考证认为董谷与结吴延征为同一人,瞎毡仅有五子。④

那么,瞎毡到底有几个儿子,五个还是六个呢?汤开建的结论是否正确?我们可以再看其他的一些历史材料从而得出结论。

《续资治通鉴长编》卷二五四,熙宁七年六月丁亥:

> 赐木征姓赵名思忠,为荣州团练使,母寿安郡君郢成结赐姓李,封遂宁郡太夫人,妻俞龙七为安定郡君,结施卒为仁和县君;又名其弟董谷曰继忠,结吴延征曰济忠,瞎吴叱曰绍忠,巴毡角曰醇忠,巴毡抹曰存忠。

《宋会要辑稿》,蕃夷六之一〇:

> 诏赐木征姓赵,名思忠,为荣州团练使……又名其弟董谷曰继忠,结吴延曰济忠,瞎吴叱曰绍忠,巴毡角曰醇忠,巴毡抹曰存忠……

这两段对木征之子的记载基本上与《宋史》所记一致,但是为什么会出现不一致的情况呢?其主要原因还是《续资治通鉴长编》的另一段

---

① 《宋史》卷三百二十八《王韶传》,第10579页。

② (宋)李焘:《续资治通鉴长编》卷二百三十三,熙宁五年五月癸未。

③ (宋)李焘:《续资治通鉴长编》卷一八八,嘉祐三年十月辛丑。

④ 参见汤开建《唃厮啰家族世系考述》,《青海社会科学》1982年第1期。

记载所引起的：

> 以故西番奖州团练使瞎毡子瞎欺丁木征为河州刺史（李焘自注：瞎欺丁木征即赵思忠，熙宁七年六月赐姓名，治平元年七月丙戌更授河州），瞎欺丁兀篯为本族都军主（按李焘自注：瞎欺丁兀篯不知后来有无曾赐姓名），瞎吴叱为副军主（按李焘自注：瞎吴叱即赵绍忠。《本传》云：木征母弟瞎吴叱居银川聂家山，至和二年补本族副军主，与《实录》不同。《会要》至和二年亦无瞎吴叱补副军主事，今不取。《本传》又称辖乌察为木征母弟，与高永年《元符陇右录》及汪藻《青唐录》不同，当详考）。瞎毡居龛谷，屡通贡，初授澄州团练使，后迁奖州。既生木征，因入秦州，过伏羌蕃部李提克星，见其女欲之，提克星曰："吾女已嫁，弃夫归，今妻汝，夫闻之必怨，恐其仇我，汝今还，以兵来劫我，可也。"瞎毡从之，遂举兵逆其女以归，生辖智及瞎吴叱。（李焘自注：此据高永年《陇右日录》及汪藻《青唐录》。汪藻云：生辖智。高永年云，生瞎吴叱。今两存之。）而瞎毡又有子曰结吴那征（按李焘自注：结吴那征后不及赐姓名），曰结吴延征（按李焘自注：后赐姓名曰赵济忠，瞎毡凡五子，此据汪藻《青唐录》）。①

后来的研究者对瞎毡之子的争论主要缘于上述记载。在这段记载中，瞎毡之子分别为：①瞎欺丁木征，后来赐姓名为赵思忠，对木征的记载各种史籍均一致；②瞎欺丁兀篯，对他除《续资治通鉴长编》外再无记载；③瞎吴叱，后来赐姓名为赵绍忠，这也是各种文献记载比较一致的一人；④辖智，辖智亦为其他文献所不载；⑤结吴那征，亦为其他文献所不载；⑥结吴延征，后赐姓名为赵济忠。

可以看出，在《续资治通鉴长编》所记的六子中能与《宋史》及其他文献对应的仅有木征、瞎吴叱、结吴延征。在《宋史》中所记载的董谷、巴毡角及巴毡抹均与《续资治通鉴长编》中的瞎欺丁兀篯、辖智、结吴那征不相对应。这又是为什么呢？

---

① （宋）李焘：《续资治通鉴长编》卷一百八十八，嘉祐三年十月辛丑。

这段让人匪夷所思的文字也引起了学术界的关注，汤开建经考证后认为《宋史》中的董谷即为《续资治通鉴长编》中的结吴延征，[①] 其重要证据是熙宁五年（1072 年）结吴延征与其母一起降宋，而在此之前董谷也与其母降宋，且两人所授官职亦相同。但是应该清楚的是，除此之外，两人还有一些活动是不能重合的，所以不能由此即断定两人是一人。例如，治平元年（1064 年）十月十九日，"秦凤路经略安抚使司言：邈川瞎毡男结瓦郍征（即结吴延征）陈乞官职奉钱。诏为副军。三月，给茶彩有差"[②]。这段记载与董谷之活动并不相符。同样，熙宁五年（1072年）五月，宋廷"诏木征弟董谷以下诸首领各转补及赐茶彩有差"[③]。这些活动都是两人不能重合的，因此董谷与结吴延征是同一人的说法是难以确信的。

此外，汤开建认为董谷所赐名为继忠，结吴延征赐名为济忠，"继忠"和"济忠"字异而音同，"其实一也"。对这种解释显然没有可信度，如果这样解释可行的话，那么巴毡角和巴毡抹亦应该为一人，两人所赐姓名分别为"醇忠"和"存忠"同样是字异而音同，难道二人亦同为一人？

对其他不一致的情况，汤开建也做了考证，他认为："如以音近比勘，大概结吴那征当是巴毡角，瞎欺丁兀钺当是巴毡抹。"[④] 但是很明显，他的这种说法并非很有说服力。另外更为重要的是，汪藻《青唐录》中这段关于木征弟兄五人的说法并没有任何旁证，相反《宋史·吐蕃传》木征弟兄六人的说法却在很多文献中有相同的记载，综合来看，木征弟兄六人的说法是可信的。

木征弟兄几人均占据一定区域，成为当地部族所拥立的首领。瞎吴叱占据"银川聂家山"[⑤]。后来瞎吴叱迁至岷州，并成为当地比较有实力

---

① 参见汤开建《唃厮啰家族世系考述》，《青海社会科学》1982 年第 1 期。
② （清）徐松辑：《宋会要辑稿》第一百九十九册，蕃夷六之五。
③ （宋）李焘：《续资治通鉴长编》卷二百三十三，熙宁五年五月癸巳。
④ 汤开建：《唃厮啰家族世系新考》，载《宋金时期安多吐蕃部落史研究》，上海古籍出版社 2007 年版，第 230 页。
⑤ （元）马端临：《文献通考》卷三百三十五《四裔考十二》。

的一支力量，"辖乌察者，木征诸弟也，居岷州，虽有部族，无文法"①。从后来熙河之役的发展来看，木征弟结吴延征应该居住在武胜城或巩令城，熙宁五年（1072 年）宋军攻破武胜及巩令城时，结吴延征则"举其族二千余人并大首领李楞占讷芝等出降"②。另外，巴毡角则居住在洮州界，熙宁六年（1073 年），"王韶自以兵穿露骨山南，入洮州界，破木征弟巴珍觉，尽逐南山诸羌"③。巴毡抹及董谷之住地尚不可考。

"嘉祐中，为河州刺史。"

嘉祐三年（1058 年），瞎毡去世之后，宋朝承认了木征在河州的地位，"以故西蕃奖州团练使瞎毡子瞎欺丁木征为河州刺史"④。对木征被授予河州刺史前后的一些活动，在《太平治迹统类》中有一段记载："于是木征迁于武胜，谓巡检。程从简曰：'武胜亦河州界，可以给付真命矣。'从简以候申帅司为报。偶牙校送厮罗加告，木征乃执牙校，语以得刺史告身，即放尔归帮秦州。程从简勘以妄许之罪，既而出从简，令亲谕之归牙，木征又质留从简。木征自知与汉有隙，日夜练兵，其党不能禁，部族往往归附，用其妻弟瞎药为谋主，与夏人解分。进行务怀来，卒授以河州刺史。"⑤

"王韶经略熙河，遣僧智缘往说之，啖以厚利，因随以兵。"

宋神宗熙宁年间，"试制科不中，客游陕西，访采边事"⑥ 的王韶，在熙宁上《平戎策》三篇和《和戎六事》，这几篇文章影响颇大，提出了经略西北吐蕃的理论，于是一场以打击河湟吐蕃为主要目的的"熙河之役"便拉开了帷幕。

王韶到达秦州后，一方面他在沿边蕃部中招纳弓箭手进行屯田，并在古谓州设立市易司，开展对蕃部的贸易。另一方面，王韶又招抚当地

① （宋）李焘：《续资治通鉴长编》卷二百四十七，熙宁六年九月戊午。
② （宋）李焘：《续资治通鉴长编》卷二百三十八，熙宁五年九月丙午。
③ （宋）李焘：《续资治通鉴长编》卷二百四十六，熙宁六年八月丙申。
④ （宋）李焘：《续资治通鉴长编》卷一百八十八，嘉祐三年十月辛丑。
⑤ （宋）彭百川：《太平治迹统类》卷十六《神宗开熙河》。
⑥ 《宋史》卷三百二十八《王韶传》，第 10579 页。

的大首领。王韶的这两项政策均收到预期的效果，熙宁二年（1069 年），青唐族大首领俞龙珂首先率部归附，"蕃部俞龙珂在青唐最大，渭源羌与夏人皆欲羁属之，诸将议先致讨。韶因按边，引数骑直抵其帐，谕其成败，遂留宿。明旦，两种皆遣其豪随以东。久之，龙珂率属十二万口内附，所谓包顺者也"①。

王韶深知吐蕃人信奉佛教，吐蕃各部的首领均与僧人关系密切，于是请求朝廷派僧人智缘前往蕃地，利用佛教僧人的特殊身份来开展招抚事宜。同时，王韶还在古渭寨地区建立通远军，把宋朝的统治势力继续向吐蕃腹心地区挺进。

通远军的设置，直接威胁到了木征在河州地区的统治。木征并没有像《宋史》中所说的"随以兵"，相反他在熙宁五年（1072 年）二月派人向宋朝廷提出抗议并声称要投奔董毡以报复王韶，"王韶元与我咒誓约，不取渭源城一带地及青唐盐井，今乃潜以官职诱我人，谋夺我地，我力不能校，即往投董毡，结连蕃部来巡边"②。于是，宋军与木征之间的战争便不可避免地爆发了。

"前后杀其老弱数千，焚族帐万数，得腹心酋领十余人，又禽其妻子，皆不杀。"

木征的抗议并没有阻止北宋统治者所发动的熙河之役的脚步，相反王韶将进攻的矛头指向了木征，"若得木征即洮河一带皆当为朝廷致死，无所不可。缘羌惟畏大种，木征既禽，即威申于诸羌"③。王韶还专门研究制定了讨伐木征的步骤："但令边将先阴厚抚强木征下首领，使其心内乡，又善抚初附，令彼首领见而慕羡，则木征孤，特若取之则取一夫而已，何难之有？"④ 熙宁五年（1072 年）七月，北宋以木征"言语悖慢"为借口对木征进行征讨。这场战役打得相当激烈，八月，宋军占领武胜，取得战争的胜利。木征手下首领瞎药败走，曲撒四王阿珂投降。木征战败之后退守巩令城，但是在宋军的追击之下不得不放弃巩令城。其弟结

①　《宋史》卷三百二十八《王韶传》，第 10579 页。

②　（宋）李焘：《续资治通鉴长编》卷二百三十，熙宁五年二月癸亥。

③　（宋）李焘：《续资治通鉴长编》卷二百三十三，熙宁五年五月丁亥。

④　同上书，熙宁五年五月癸亥。

吴延征则"举其族二千余人并大首领李楞占讷芝等出降"①。

木征从巩令城败退后，率部退守洮河西岸，继续坚持抵抗，力图收复失地。而此时宋军也希望一鼓作气拿下河州，以期取得更大的胜利，因此，"且诏谕沿边安抚司晓谕木征，限一月降，优与官爵。不从，即多设方略擒讨。仍以内殿崇班千一道钱五千缗募人捕送"②。在宋朝的利诱之下，木征所统治的河州地区逐渐被分化、瓦解，瞎药和温逋昌厮鸡等陆续降宋，使木征受到更严重的威胁。

另外，在威逼利诱之外，宋军继续使用武力征讨。熙宁六年（1073年）三月，宋军占领河州，"先锋斩首千余级，木征遁去，生擒其妻瞎三牟并子续本洛，言尽得六州之地二千余里"③。

"遂以熙宁七年四月举洮、河二州来降，赐以姓名，拜荣州团练使。"

木征兵败之后与王韶又数度交战，并曾经收复河州。但是毕竟双方实力差距太大，而且王韶采取了对木征釜底抽薪的做法，大规模地招降吐蕃诸部，并且在外围不断地给木征施以压力。熙宁六年（1073年）八月，王韶又一次占领河州，"修复熙（今临洮）、河（今临夏）、洮（今临潭）、岷（今岷县）、叠（今卓尼）、宕（今宕昌）等州，幅员二千余里，斩获不顺蕃部一万九千余人，招抚大小蕃族三十余万，各降附者"④。木征则率部退守山林，继续组织抵抗，熙河之役宣告结束。

熙宁七年（1074年）四月，踏白城战役发生之后，王韶正在赴京的路上。当他得知景思立兵败被杀的消息之后，立即率军"急驰而西，会兵于熙州，以三月九日度（渡）洮，翌日，破耳金于结河川口，斩千余级，进军宁河，讨蕃族于铺心、把离等谷，复斩千余级，释河州围，走鬼章等三万余人，木征窜入南山"⑤。此时的木征腹背受敌，转而寻求西夏的支持，"走投夏国，引众争复故地，梁乙埋先以七千人伏马衔山后，

---

① （宋）李焘：《续资治通鉴长编》卷二百三十八，熙宁五年九月丙午。
② （宋）彭百川：《太平治迹统类》卷十六《神宗开熙河》。
③ （清）徐松辑：《宋会要辑稿》第一百七十九册，《兵》一四之一八。
④ （宋）王安石：《临川先生文集》卷五六《表·百寮贺复熙河路表》。
⑤ （清）徐松辑：《宋会要辑稿》第一百九十九册，《蕃夷》六之一〇。

大队从结河川援之"①。然而,善于用兵的王韶派兵断径路,直奔定羌城,西夏兵不得已而还。接着,王韶又在河州集中溃散的宋军,攻击吐蕃人占据的要寨,摧毁鬼章的有生力量,木征在不得已的情况之下,"率酋长八十余诣军门降"②。这样,木征归降于宋朝。

熙宁七年(1074 年)六月,宋朝下诏"赐木征姓赵,名思忠,为荣州团练使"。③

"封其母郢成结遂宁郡太夫人,妻包氏咸宁郡君。"

宋朝在册封木征的同时,也加封其母亲及妻子,"母安郡君郢成结赐姓李,封遂宁郡太夫人,月赐脂粉钱三十千。妻俞龙七为安定郡君,结施卒为仁和县君"。在此处提及木征两位妻子,但是从文献来看,木征至少还有两位妻子,其中一位就是前面提及的瞎三牟,她于熙宁六年(1073 年)被生擒后便不知所终;另一位就是包氏,但是木征与包氏关系并不睦,以至于宋朝皇帝曾经奉劝木征要夫妇和睦,"又诏思忠,包氏,闻汝夫妇不相能,自今当和睦。思忠不能奉诏,乃诏思忠居熙州,包氏、俞龙七居河州"④。

"弟董谷赐名继忠,补六宅副使。结吴延征赐名济忠,瞎吴叱曰绍忠,巴毡角曰醇忠,巴毡抹曰存忠。"

木征弟兄在宋军的打击之下不得已相继投降宋朝。木征弟兄之中,最早投降宋朝的可能是董谷,但是董谷在木征弟兄之中并没有任何实力,早在熙河之役刚刚打响之时,董谷"虽非首领,然能于捺罗城先同其母诣景思立前锋请降"⑤。第二个投降宋朝的就是结吴延征,熙宁五年(1072 年)五月,当熙河之役进行正酣时,木征败走巩令城,其弟结吴延征"举其族二千余人并大首领李楞占讷芝等出降"⑥。熙宁六年(1073

① (清)吴广成:《西夏书事》卷二十四。
② 同上书,《蕃夷》六之一〇。
③ 同上。
④ 同上书,《蕃夷》六之一二。
⑤ (宋)彭百川:《太平治迹统类》卷十六《神宗开熙河》。
⑥ (宋)李焘:《续资治通鉴长编》卷二百三十八,熙宁五年九月丙午。

年）春天，景思立率军由香子城进攻河州，宋军与木征展开拉锯战，木征弟瞎吴叱率军"急攻滔止（山）不能下，去围临江，兵不敌。熙河蕃汉部巡检刘惟吉率所部兵赴之力战，瞎吴叱败，遂走"①。这年夏天，王韶又击败木征另一弟巴毡角，"遂由露骨山南入洮河界，破木征弟巴毡用（角），尽逐南山诸羌"②。此后，王韶率军两路迎击木征，这场战役王韶也是大获全胜，"木征走，遂围河州，结彪以城降，瞎吴叱、巴毡角、木令征、钦令征等各以城降"③。木征另一兄弟巴毡抹投降宋朝的时间不见于史籍，但是估计也是在熙宁五年或者六年熙河之役进行之时。

木征弟兄相继降宋之后，宋朝相继委任他们一定的官职。早在木征投降之前，先于木征投降的几位就得到了宋朝的封赏，"以岷州都首领瞎吴叱、洮州都首领巴毡角并为崇仪副使，董谷为礼宾副使"④。木征投降之后，宋朝上下非常高兴，"捷书至，朝廷以为大庆"⑤，对木征全家进行封赏并赐名，赐董谷为赵继忠，结吴延征为赵济忠，瞎吴叱为赵绍忠，巴毡角为赵醇忠，巴毡抹为赵存忠。这就是唃厮啰后裔赵姓的最初开始。

木征弟兄降宋之后，由于熙河地区一些小的部落集团仍然反抗宋朝的统治，他们均被派往原居地协助宋军镇压各部族的反抗斗争。瞎吴叱以前居于岷州，有一定的实力，在宋军向岷南进军的过程中，他协助宋军，"内藏库副使赵绍忠，供备库使包诚皆戮力效死，亦望别议赏典"⑥。瞎吴叱日后暗中与董毡联系，宋朝廷获悉之后将其押往秦州，"熙河路选使臣押崇仪使岷州蕃部钤辖赵绍忠赴秦州经略司知管，毋得辄纵出城"⑦。

巴毡角降宋之后一直居住于洮州地区，元丰六年（1083年），宋朝廷任命巴毡角"为皇城使荣州刺史"⑧。董毡去世之后，本来巴毡角可以以唃厮啰直系后裔的身份接管唃厮啰政权，北宋政权也有让赵醇忠继承的意向，"西蕃董毡老而无子，赵纯忠（赵醇忠）其族子也。先帝常遣苗履

---

① （宋）彭百川：《太平治迹统类》卷十六，《神宗开熙河》。
② 同上。
③ 同上。
④ （清）徐松辑：《宋会要辑稿》第一百九十九册，《蕃夷》六之九。
⑤ 同上书，《蕃夷》六之一二。
⑥ （宋）李焘：《续资治通鉴长编》卷二百八十三，熙宁十年六月壬辰条。
⑦ （清）徐松辑：《宋会要辑稿》第一百九十九册，《蕃夷》六之十四。
⑧ （宋）李焘：《续资治通鉴长编》卷三百三十四，元丰六年四月庚午。

多持金币以纯忠（醇忠）见之，是时圣意盖有在矣，事既不遂，而董毡遂为阿里骨所杀。骨本董毡家奴，董毡之臣如鬼章，温溪心等皆有不服之志，此实一时机会也。是时，朝廷若因机投隙，遣将出兵权纳纯忠，则不世之功庶几可立"①。巴毡角本人也坚决地反对阿里骨执政，公开站到北宋一边反对阿里骨。阿里骨继位之后担心巴毡角威胁自己的统治，首先把进攻的矛头指向巴毡角所占据的洮州。元祐二年（1087 年），阿里骨与西夏达成协议，约定"以熙、河、岷三州还西番，兰州定西城还夏国"，同时暗中联合洮州境内的属户作为内应，于四月大举进攻巴毡角。巴毡角在此次战役中受到重创，阿里骨"掳赵醇忠及杀属户大首领经斡穆等数千人，驻兵常家山，分筑洮州为两城以居"②。这样，巴毡角就被阿里骨所控制，其后再不见于史籍。

"长子邦辟勿丁呃曰怀义，次盖呃曰秉义，皆超拜官。"

《宋史》在此处提及木征有两个儿子，即邦辟勿丁呃（赵怀义）和盖呃（赵秉义）。但是从文献记载来看，木征应该有五个儿子，除赵秉义和赵怀义之外，前面提及的续本洛也是其中之一。除此之外，熙宁七年十二月，木征进京之后，木征的另一位妻子俞龙七曾要求朝廷册封其二子，"（木征）妻俞龙七乞巴鄂多尔济、巴勒索诺木与董谷一例官职，诏各迁一资。又乞各赐以名，乃赐巴鄂多尔济名忠，巴勒索诺木名毅"③。

"以思忠为秦州钤辖，不涖事，而乞主熙河羌部，经略司以为不可。诏以二州给地五十顷。"

木征弟兄相继赴朝廷受封后，由于当时熙河地区尚有一些蕃部没有投降，王韶上书请求让木征返回熙州招降蕃部，翰林学士王珪上书建议

---

① （宋）彭百川：《太平治迹统类》卷二一《哲宗朝议弃西夏地界》。

② （宋）李焘：《续资治通鉴长编》卷四百，元祐二年五月癸丑。对此次战役，《皇宋十朝纲要》卷十二亦载："四月丁亥，阿里骨使其将鬼章攻洮州，虏赵醇忠，杀属户数十人，又使鬼章子结兀龊寇洮东。"与《长编》略有不同。对这次战役的时间，李焘引汪藻《青唐录》说是这年的三月。在《太平治迹统类》一书却说"鬼章遂逐巴毡角，注（驻）常家山，城洮州，收取老弱、辎重，秣马厉兵"，并没有说生擒巴毡角。

③ （宋）李焘：《续资治通鉴长编》卷二百五十八，熙宁七年十二月丁卯。

木征不应返回熙州，"西番大首领其桀黠更无有过木征者，自韶经制一方，捕获无虑数万级，其威名盖立。今所遗一二种落，岂等木征还而后定？木征之降，盖势不获已，即非诚有向汉之心。如使居熙州，我之动静、虚实，一以得之，其种人皆腹心，又怨汉深，一旦引夏国与栋戬乘间发兵，扼通远之冲，绝枹罕之包饷，四面蕃部合力而攻熙州，洮、岷、叠、宕连衡而挠结沁方，是之时，恐熙河非复我有也"①。王珪的建议引起宋朝政府的重视，木征返回熙州的动议没有获得批准。

熙宁七年（1074 年）十二月，在木征离京之时，朝廷让其改任为秦州钤辖②。第二年，木征上任，因为在任无所事事，木征上书经略司希望"主熙河羌部"，但是经略司没有同意木征的要求，仅仅是"于熙、河二州给地五十顷，包氏、俞龙七各十顷"③。

"后迁合州防御使，卒，赠镇洮军节度观察留后。"

熙宁十年（1077 年），木征又迁合州防御使。这一年，木征还协助李宪讨平了隆吉卜的进攻。"先是，隆吉卜诱山后生羌扰边，木征请自效，众以为不可。宪曰：'何伤，羌戎畏服贵种，其天性也。'木征盛装以出，诸羌耸视皆无斗志，我师乘之，获级、生降以万计。"④ 也正是在这一年，木征去世。"合州防御使赵思忠卒，赠镇洮军留后，官给葬事，放以牌印从葬，录其子左侍禁怀义为内殿承制，右侍禁秉义为内殿崇班。"⑤

木征去世之后，其子赵怀义开始崭露头角，首先参与了北宋与西夏争夺兰州的战事。兰州作为西北重要的战略要塞成为北宋与西夏争夺的重点地区，双方在兰州数度激战。元丰四年（1081 年）六月，北宋乘西夏内乱之机五路出师，收复兰州，"五路出师讨夏国，宪领熙、秦军至西市新城。复兰州，城之，请建为帅府"⑥。西夏为夺回兰州的控制权于元

---

① （明）杨士奇：《历代名臣奏议》卷三百四十四《四裔》，文渊阁四库全书本。

② 在李焘《续资治通鉴长编》卷二百五十八，熙宁七年十二月丁卯条下"荣州团练使赵思忠等入辞。诏以思忠为秦州钤辖不厘事"从这段话来看，木征并没有返回熙河。

③ （清）徐松辑：《宋会要辑稿》第一百九十九册，《蕃夷》六之一二。

④ （宋）李焘：《续资治通鉴长编》卷二百八十二，熙宁十年五月壬戌。

⑤ 同上书，熙宁十年六月壬辰。另见《宋会要辑稿》第一百九十九册，《蕃夷》六之一二。

⑥ 《宋史》卷四六七《李宪传》，第 13639 页。

丰六年（1083 年）以数十万大军围困兰州，守将王文郁拼死力战，九天后兰州围解，双方伤亡巨大，"杀伤如积，围九日而解，收其尸为京观"①。此后，双方在兰州又数次激战，且每次都十分惨烈。邦辟勿丁呱也率部参与了兰州之战，并因此而获赏，"左藏库副使赵怀义，西头供奉官刘永渊，西京左藏库高遵治各加恩转两官，赏兰州渡河进讨之功也"②。

董毡去世之后，其养子阿里骨继任为青唐吐蕃政权的第三任赞普。阿里骨以非唃厮啰后裔继任为青唐吐蕃政权的赞普，作为唃厮啰直系后裔的赵怀义非常不满，他多次参与了北宋征讨阿里骨的战争，并且屡立战功。绍圣二年（1095 年）十一月，宋朝对赵怀义等进行嘉奖，"熙河路蕃官包顺、诚、李忠杰、赵怀义、赵永寿累立战功，可经略司差使臣管押乘驿兼程赴阙，欲略与慰劳遣还，责以后效"③。

赵怀义后来定居于岷州地区，经过多年经营后到元符年间已经有了一定的实力。元符年间，宋军占领青唐城后，为安抚当地蕃部，宋朝考虑到利用赵怀义的特殊身份，"怀义乃木征之子，瞎毡之孙，唃厮啰之嫡曾孙也"④，令赵怀义随王瞻等人赴青唐城做善后工作。赵怀义随王赡等熙河路官员对安抚当地部族，维护当地的统治起到了一定的作用，"其赵怀义除廓州团练使同知湟州军州事兼本州管下部族同都巡检使。其逐州城寨除通接鄯、湟州道路外，令熙河兰会路经略司次第精加修葺，差使臣兵马戍守，其余并令王赡、隆赞、王厚、赵怀义同相度分布与近上忠白首领管勾"⑤。处理完青唐城的善后工作之后，赵怀义又返回岷州地区。元符三年（1100 年），陇拶辞京时提出要去岷州居住，宋哲宗问他是什么原因时，陇拶回答："无他，欲与包顺、赵怀义家部族相依耳。"⑥ 从这句话也可以看出，赵怀义一直居住在岷州地区。

---

① 《宋史》卷三百五十《王文郁传》，第 11075 页。
② （宋）李焘：《续资治通鉴长编》卷三百六十，元丰八年十月丙子条。
③ （清）徐松辑：《宋会要辑稿》第一百九十九册，《蕃夷》六之二八。
④ （宋）陈均：《九朝编年备要》卷二五。
⑤ （宋）李焘：《续资治通鉴长编》卷五百一十九，元符二年十二月癸丑条。
⑥ （清）徐松辑：《宋会要辑稿》第一百九十九册，《蕃夷》六之三八。

附录一 木征编年事辑

公元 1036 年（宋景祐三年）

木征出生。

公元 1058 年（宋嘉祐三年）23 岁

是年，木征父亲瞎毡去世，木征被河州部落大酋推举为首领。

十月，北宋册封木征为河州刺史，正式承认木征的政治地位。

十月，青唐族首领瞎药和格罗及僧罗尊将木征劫持至洮州欲立文法，以服洮、岷、叠、宕、武胜军诸羌。

十月，瞎药与木征之舅李都克占为控制木征发生争斗，李都克占被杀。木征与瞎药产生矛盾，木征复回河州与瞎药部联合，势力逐渐强大。

公元 1072 年（宋熙宁五年）37 岁

二月，王韶在古渭寨地区设立通远军，直接威胁到木征在河州地区的统治。木征遂提出抗议，并扬言要与董毡联合抵抗宋军。

七月，北宋以木征"言语悖慢"为借口对木征进行征讨。

八月，宋军占领武胜城。木征手下首领瞎药败走，曲撒四王阿珂投降。木征战败之后退守巩令城，但是在宋军的追击之下不得不放弃巩令城。其弟结吴延征则举其族两千余人并大首领李楞占讷芝等出降。

八月，宋朝廷诏秦凤缘边安抚司晓谕木征，限其一月之内投降。

公元 1073 年（宋熙宁六年）38 岁

二月，王韶率军攻破河州，木征败走。宋军生擒其妻子瞎三牟及儿子续本洛。宋军继续向南进攻，木征弟瞎吴叱率军急攻滔山不能下，去围临江，兵不敌。熙河蕃汉部巡检刘惟吉率所部兵赴之力战，瞎吴叱败走。夏天，王韶又由露骨山南入洮河界，破木征弟巴毡角，尽逐南山诸羌。此后，王韶率军两路迎击木征，王韶大获全胜，木征弟巴毡角降。

八月，诏木征子兀丁兀补三班奉职，赐姓钱，名怀义。

九月，木征弟瞎吴叱降。

十月，熙河之役结束。

十二月，以木征弟瞎吴叱、巴毡角并为崇仪副使，董谷为礼宾副使。

公元 1074 年（宋熙宁七年）39 岁

二月，董毡派鬼章入河州支援木征抗宋。

四月，木征降。

六月，宋朝赐木征姓名赵思忠，为荣州团练使，母寿安郡君郢成结赐姓李，封为遂宁郡太夫人。木征妻俞龙七为安定郡君，结施卒为仁和县君。木征弟董谷赐名赵继忠，结吴延征为济忠，瞎吴叱为绍忠，巴毡角为醇忠，巴毡抹为存忠。木征长子邦辟勿丁瓦为赵怀义，次盖瓦为赵秉义。

十二月，宋朝廷任命木征为秦州钤辖，不厘事。同月，木征母乞为子董谷在河州修廨舍。木征妻裕罗勒齐乞子巴鄂多尔济、巴勒索诺木与董谷一例官职，宋朝准各迁一资，又赐两人姓名，子巴鄂多尔济为赵忠，子巴勒索诺木为赵毅。

公元 1075 年（宋熙宁八年）40 岁

闰四月，因木征为秦州钤辖，不厘职，依熙州例供给存恤，教其诸子以中国文字。

六月，宋朝赐木征熙河两州地五十顷，内赐其妻包氏并裕罗勒齐各五顷。

公元 1076 年（宋熙宁九年）41 岁

五月，木征为李奇崖求印信。

公元 1077 年（宋熙宁十年）42 岁

是年，木征迁合州防御使。

五月，蕃官隆吉卜诱山后生羌扰边，木征请自效，盛装以出，诸羌耸视皆无斗志，宋军大胜，临阵斩隆吉卜。

六月，瞎吴叱随宋军进兵岷南，以瞎吴叱为崇仪使。是月，木征去世。宋朝赠木征为镇洮军留后，官给葬事，放以牌印从葬，录其子左侍禁怀义为内殿承制，右侍禁秉义为内殿崇班。

附录二 木征后裔考

明清时期，甘青地区出现了六家赵姓土司。这六家赵姓土司分别为：临洮卫世袭指挥佥事赵琦、岷州世袭土百户党只官布、岷州卫世袭副千户朵只劄、岷州土官副千户绰斯觉、岷州卫指挥佥事赵德、西宁卫指挥同知赵朵尔只木。①

这几位赵姓土司有几位属于木征的后裔呢？临洮卫世袭指挥金事赵琦为巴毡角（即赵醇忠）之后，显然不是木征的后人。② 岷州卫指挥金事赵德则明确记载为："安徽临淮人，明□□时授岷州指挥金事。"③ 显然亦不是木征之后。剩下的四家赵姓土司究竟是不是木征之后呢？在《新增岷州志》中有这样一段记载：

> 赵氏有三宗：一宋神宗时吐蕃木征降，授荣州团练使，赐姓名赵思忠；一河湟羌隆赞，赐姓名赵怀德，其弟曰怀义；一西番巴沁扎卜内附，赐姓赵氏。按：岷志番属门，明革耶族生番赵绰思觉宣德间以功授世系，不支俸土官，居西南路多那族地。传七世至康熙间赵迁贤，雍正初赵迁贤孙燗乱伏法，番民归流，以其地为归安里。此当是巴沁扎止之裔。而麻竜土司赵党只官卜或其支庶也。赵怀德当是狄道关堡赵土司之先，而岷之本城南北乡赵氏当是赵思忠之后。④

这段记载尽管存在多处错误，如赵怀义并非是赵怀德之亲弟而是堂弟，狄道关堡赵土司之先应为巴毡角也就是赵醇忠等等。但是这段话同时亦清楚地指出岷州世袭土百户党只官布和土官副千户绰斯觉为巴沁扎布之后，与唃厮啰家族并无关系。西宁卫指挥同知赵朵尔只木先祖为赵按竺迩，为蒙古雍古氏，与唃厮啰家族亦无关系。⑤ 这三家显然亦非木征之后。如此只剩下岷州卫世袭副千户赵朵只剌一家，他是否为木征之后呢？2007年9月27日，笔者曾赴临洮实地采访唃厮啰的后人末代土司赵天乙嗣子赵法祖，他证实岷州赵土司与他们是同源同宗的。

问：岷州小赵土司⑥和你们是一回事吗？

---

① 张维鸿汀遗稿，张令瑄辑订：《甘肃、青海土司志》，《甘肃民族研究》1983年1—2期。

② 参见齐德舜《唃厮啰家族世系史》，民族出版社2011年版，第256页。

③ 张维鸿汀遗稿，张令瑄辑订：《甘肃、青海土司志》，《甘肃民族研究》1983年第1—2期。

④ （光绪）《岷州乡土志》，载张羽新主编《中国西藏及甘青川滇藏区方志汇编》第22册，学苑出版社2003年版。

⑤ 李克郁：《土族赵土司族系考》，《青海民族学院学报》2002年第1期。

⑥ 为区分狄道赵土司在当地均把岷州土司称为小赵土司。

答：岷州土司和我们是一回事。

问：过去你们有过往来吗？

答：在旧社会时他们经常过来，但是后来他们就不敢来了。①

在访谈中，赵法祖老人尽管没有明确说明是哪一家小赵土司，但是生活在岷州的四家土司已经有三家被排除，剩下的岷州卫世袭副千户朵只剼应该即是木征之后。在《甘肃青海土司志》中对朵只剼记载如下：

岷州卫世袭副千户朵只剼

岷州卫番族，明永乐时授世袭副千户。

赵国镇　朵只剼孙，□□□□□时袭职。

赵恩　　朵只剼孙，□□□□□□时袭副千户职。

赵文璋　恩子，□□□□□□□时袭职。

因档案遗毁，其先世及初时，世袭事迹均无考。②

除岷州朵只剼以外，在陇南宕昌地区似乎也有木征的后人，"盖铁城在岷北乡，而宕昌亦相传为木征城，摩云岭南有木家七族，则木氏之居岷可知也。"③ 在《续岷州志》中记载得更为详细：

摩云岭，谷曰岭儿岭，在城南一百里，去宕昌三十里，桓水经其西，明吕柟诗云"一江白浪摩云岭"是也。今上有窑户，烧沙土为器，以资民用，岭南地名木家七笼，即宋木令征氏旧居也。④

从这段话可以看出，在摩云岭一带，还有一些木姓之人，他们亦为木征之后人。

① 此据赵法祖的访谈资料。

② 张维鸿汀遗稿，张令瑄辑订：《甘肃、青海土司志》，《甘肃民族研究》1983 年第 1—2 期。

③ （光绪）《岷州乡土志》，载张羽新主编《中国西藏及甘青川滇藏区方志汇编》第 22 册，学苑出版社 2003 年版。

④ 陈如平：《续岷州志·山水》，民国三十三年抄本，甘肃省图书馆藏。

《宋史·吐蕃传》人名同名异译对照表

《宋史》《宋会要辑稿》	文渊阁四库全书及其他
唃厮啰	嘉勒斯赉、冒勒斯赉
李立遵（立遵）	李垶克遵、垶克遵
温逋奇	温布且
耸昌斯均	松察克斯戬
何郎业贤	哈喇额森
潘罗支	博洛齐
瞎毡	辖戬
磨毡角	默戬觉
董毡	董戬
李巴全	李马沁
一声金龙	伊实济噜
瞎撒欺丁木征	辖萨斯鼎摩正
瞎欺丁木征	辖奇鼎摩正
木征	摩正
董谷	董古
结吴延征	结斡延正
瞎吴叱	辖乌察
巴毡角	巴珍觉
巴毡抹	巴珍穆
阿里骨（阿令骨、阿骨、里骨）	鄂特凌古
鬼章（青宜结鬼章）	果庄（青宜结果庄）
温溪心	温溪沁
心牟钦毡	森摩乾展

续表

《宋史》《宋会要辑稿》	文渊阁四库全书及其他
瞎征	辖正
陇拶	隆赞
杓拶	杓赞
溪赊罗撒	锡罗萨勒
蔺逋叱	蔺逋比、凌卜齐
益麻党征	尼玛丹津
俞龙珂	裕罗格勒
俞龙七	裕罗勒齐
溪巴温	溪巴乌、锡巴衮
瞎药	辖约
苏南党征	萦诺木丹怎
李撒尔君	李撒尔均
赵醇忠	赵纯忠

附 录 二

六谷蕃部六谷联盟世袭表[①]

孙超（926—930 年为凉州刺史、河西节度留后）

李文谦（934—? 年为河西节度留后）

吴继兴（942 年为河西节度留后）

陈延晖（943 年为凉州刺史）

折逋嘉施（948—950 年为河西节度使）

申师厚（952 年为河西节度使）

折逋支（954—991 年为凉州刺史）

折逋阿喻丹（折逋支子，991—993 年为权知西凉州）

折逋喻龙波（阿喻丹弟，994—1001 年为保顺郎将）

丁惟清（996—1003 年为凉州主帅）

潘罗支（996—1004 年为六谷大首领、朔方节度使、灵州西面都巡检使）

厮铎督（潘罗支弟，1004—1015 年为六谷大首领、朔方节度使）

① 刘建丽：《中国西北少数民族通史》（辽、宋、西夏、金卷），民族出版社 2008 年版，第 648 页。

附 录 三

唃厮啰家族世系表[1]

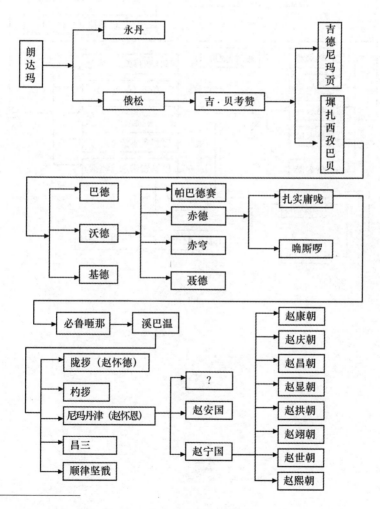

---

① 齐德舜：《唃厮啰家族世系史》，民族出版社 2011 年版，第 255 页。

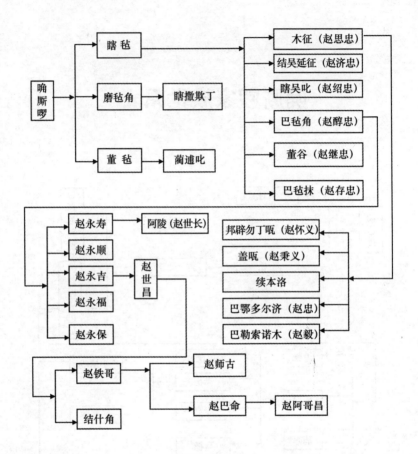

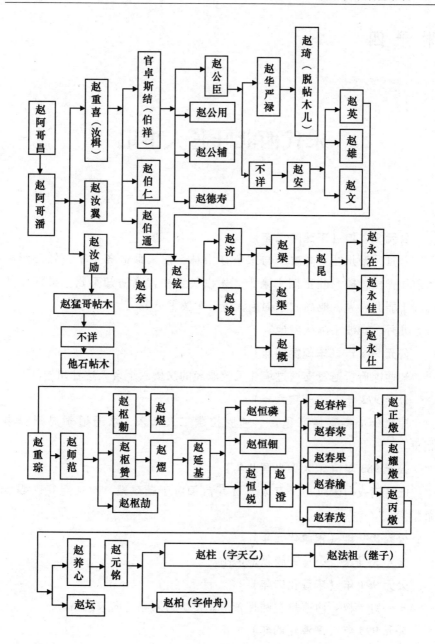

附录四

宋代西北吐蕃大事记

公元 962 年（宋建隆三年）

六月，秦州吐蕃尚波于与宋争夺山林，伤宋采造务士卒，知秦州高防前往弹压，捕系吐蕃四十余人。宋以吴廷祚代高防知秦州。吴廷祚赦尚波于罪并放人，赐尚波于锦袍银带。宋罢采造务。

九月，尚波于献伏羌地。

公元 966 年（宋乾德四年）

知西凉府折逋葛支送过境往天竺取经的汉僧六十余人达甘州。

公元 973 年（宋开宝六年）

凉州令步奏官僧各毡声、逋胜拉蠲二人入宋，求通道于灵州以申朝贡。

公元 983 年（宋太平兴国八年）

吐蕃诸戎向宋献马，宋太宗召其酋长对于勤政殿，厚加慰抚，赐以束帛。

公元 990 年（宋淳化元年）

秦州大马家、小马家族献地内附。

公元 991 年（宋淳化二年）

十一月，权知西凉州左厢押蕃落副使折逋阿喻丹向宋入贡。

公元 993 年（宋淳化四年）

阿喻丹死，宋命其弟西凉府都总管权知军府事喻龙波为保顺郎将。

公元 994 年（淳化五年）

三月，环州知州柳开整顿边民与吐蕃贸易事宜，处理在贸易中欺夺吐蕃人，乃至斗讼事宜，擒民之欺夺者置于法。是年，折平族大首领、护远州军铸督延巴率六谷诸族向宋贡马千余匹。知西凉府左厢押蕃落副使折逋喻龙波、振武军都罗族大首领并向宋贡马。

公元 995 年（宋至道元年）

凉州吐蕃当尊向宋贡良马。宋太宗引对慰抚，赐其虎皮。

公元 996 年（宋至道二年）

李继迁侵害西凉吐蕃诸部，折平族首领握散及喻龙波等大首领向宋报告此事，并派六谷蕃部众首领向宋贡名马。宋任命殿直丁惟清知凉州事，赐以牌印。

公元 997 年（宋至道三年）

唃厮啰出生于郭仓芒域，即今西藏阿里地区的芒域。

公元 998 年（宋咸平元年）

十一月，河西军左厢副使、归德军折逋喻龙波至宋京师，宋任命其为安远大将军。宋置估马司，并铸"估马司印"。

公元 1000 年（宋咸平三年）

十月，授西凉府吐蕃大首领折逋喻龙波等将军、郎将等官爵。

公元 1001 年（宋咸平四年）

十月，宋命西凉府六谷都首领潘罗支为盐州防御使兼灵州西南都巡检使。以折逋喻龙波为宥州刺史，六族首领褚下箕等三人为怀化将军。

闰十二月，潘罗支遣部属李万山率众讨西夏，并向宋请求命将出师会讨。西凉卑宁族首领喝邻丰祝请求归宋，且贡名马，自称有精骑三万，愿备驱策。

公元 1002 年（宋咸平五年）

十月，潘罗支遣使向宋报告李继迁送铁箭诱其属部叛离事。

十一月，潘罗支遣使向宋贡马五千匹。宋厚给马价，别赐彩百段、茶百斤。

公元 1003 年（宋咸平六年）

二月，潘罗支遣其属下首领吴福圣腊向宋进贡，并言已集骑兵六万，乞会王师收复灵州。宋以潘罗支为朔方军节度、灵州西面都巡检使，吴福圣腊为安远将军，次首领兀佐等七人为怀化将军。

四月，潘罗支遣使铎论向宋进贡，且言六谷部已聚兵，愿会官军讨继迁。

八月，西凉府者龙族首领遣使向宋贡马十七匹。宋真宗以其尝与潘罗支协力抗击西夏人，命优厚赐予。

十一月，李继迁陷西凉府，知凉州丁惟清陷没，潘罗支伪降。

公元 1004 年（宋景德元年）

一月，潘罗支遣外甥厮陁完向宋献马三十匹，并请求宋派工匠及赐金箔绢彩修缮洪元寺，宋除工匠难以远去外，余从其请。潘罗支集六谷蕃部及者龙族合击李继迁，继迁中流矢，创甚，至灵州界三十井地死去。

六月，潘罗支遣兄邦逋支入宋上奏，请准率本部族兵及回鹘精兵抵贺兰山讨夏人，并与王师会于灵州，统一行动。不久，潘罗支被归队的原夏人部落迷般嘱和日逋吉罗丹二族戕于帐中。其弟厮铎督为众酋豪推举为六谷部大首领。

十月，宋朝廷始闻潘罗支遇害，赠其为武威郡王，并承认厮铎督继承潘罗支的地位及封爵。

公元 1005 年（宋景德二年）

厮铎督遣其甥呵昔与凉州教练使贾人义向宋贡名马及所俘夏人之人马。西凉蕃部杨丹族向宋求市弓矢，获准。封潘罗支子潘失吉为归德将军。

公元 1006 年（宋景德三年）

五月，西凉府康古家、宗家、咱隆、当宗、章密等十族来宋进贡。厮铎督派使者到宋朝，报告西凉地区发生疾疫，求赐药。宋赐给白龙脑、犀角、硫黄、安息香、白紫石英等药凡七十六种。厮铎督遣蕃部波机向宋贡马，并要求宋给欠下的半年薪俸，在京师以物代之。

公元 1007 年（宋景德四年）

厮铎督遣六谷部十八首领向宋贡名马，宋朝派李仁义赍诏书到西凉府赐厮铎督，并令其约回鹘为援以备夏人德明入侵。

公元 1008 年（宋大中祥符元年）

河州大酋何郎业贤至高昌（郭仓）贸易，将唃厮啰带回河州后又为大姓耸昌厮均移居移公城（一公城，后改为循化城）。厮铎督遣蕃部厮铎奴等首领向宋贡名马。加封厮铎督为检校太尉。

公元 1014 年（宋大中祥符七年）

五月，宋朝授唃厮啰为殿直充巡检使。

十二月，李立遵、唃厮啰、温逋奇聚兵六七万，与赵德明为敌，希望宋朝给以爵命俸给，宋朝拒绝。

公元 1015 年（宋大中祥符八年）

二月，唃厮啰、李立遵、温逋奇、摩罗木丹向宋贡名马，赐唃厮啰等锦袍、金带、供帐、什物、茶药等，凡中金七千两，他物称是。

五月，西凉府厮铎督遣使朝贡。

九月，唃厮啰立文法，聚数十万，派人入奏，愿讨平夏以自效，宋朝不许。

十月，西凉府厮铎督遣使到北宋朝贡。

公元 1016 年（宋大中祥符九年）

正月，唃厮啰、李立遵遣使贡谢恩马五百八十二匹，宋朝回赐器币、缗钱总万二千计。

三月，李立遵上书向宋朝求"赞普"号，宋朝不准，唃厮啰与李立遵的矛盾公开化。

四月，唃厮啰遣使入贡。

六月，唃厮啰派人至渭州缘边，扇摇熟户，并要求各熟户纳质于唃厮啰政权。

九月，唃厮啰与李立遵等率众三万余人入寇伏羌砦，与曹玮大战于三都谷，为曹玮所败。

公元 1017 年（宋天禧元年）

二月，宗哥族首领马波叱腊等率众设寨于野吴谷，为曹玮所破。

九月，唃厮啰向宋朝贡马，乞和断。

公元 1018 年（宋天禧二年）

二月，唃厮啰为穆尔锡里库所败，部族离散，河州诸族皆破宗哥族所立文法。

公元 1019 年（宋天禧三年）

二月，唃厮啰派僧景遵至宋朝进贡。

公元 1020 年（宋天禧四年）

闰十二月，唃厮啰复作文法，东山再起。宋下诏西凉府、回鹘，自今贡使改走秦州入朝。

公元 1021 年（宋天禧五年）

九月，唃厮啰遣蕃部入宋请和，欲归附。

公元 1022 年（宋乾兴元年）

唃厮啰率部与夏人赵德明相攻。

公元 1024 年（宋天圣二年）

唃厮啰、李立遵派大首领斯多正进贡。

公元 1025 年（宋天圣三年）

唃厮啰为其妻族纳斯结等窃诱往邈川城温逋奇所住坐，唃厮啰政权第一次分裂。

公元 1026 年（宋天圣四年）

者龙族首领厮铎督等派人向宋贡马，赐以衣服、银带。

公元 1032 年（宋明道元年）

唃厮啰三子董毡出生。

八月，唃厮啰被宋朝加封为宁远大将军、爱州团练使。

温逋奇发动政变，囚唃厮啰于阱中。守阱人释放唃厮啰，唃厮啰集合部族讨杀温逋奇后迁居青唐城。

公元 1035 年（宋景祐二年）

十二月，宋朝加封唃厮啰为保顺军留后，仍旧为邈川首领。

同年，元昊派部将苏奴儿率兵进攻唃厮啰，败死略尽。元昊遂亲率大军进攻唃厮啰。唃厮啰率兵进行青唐城保卫战，最终取得胜利。

公元 1036 年（宋景祐三年）

唃厮啰家庭分裂，长子瞎毡迁居宓谷，后居于河州。次子磨毡角迁居宗哥城。同年，元昊复举兵进攻唃厮啰政权所辖兰州地区，筑城瓦川会，唃厮啰与宋朝的联系中断。

公元 1038 年（宋宝元元年）

十二月，宋朝以唃厮啰为节度使。

公元 1039 年（宋宝元二年）

二月，宋朝派左侍禁鲁经出使青唐城，谕唃厮啰使背击元昊，并赐帛二万匹。

三月，唃厮啰派李博木喇斡进贡方物。

四月，宋朝赐唃厮啰妻李氏紫衣，加封乔氏为永嘉郡夫人。唃厮啰长子瞎毡为澄州团练使，次子磨毡角为顺州团练使，各赐紫衣、金带、器币及茶，仍每月别给彩绢各十五匹。

公元 1040 年（宋康定元年）

二月，宋朝诏唃厮啰乘西夏空虚进攻元昊，唃厮啰卒不能行。

四月，宋朝任命唃厮啰三子董毡为会州刺史。

四月，唃厮啰次子磨毡角称有兵二万，愿取西凉府。宋仁宗诏嘉之。

八月，宋屯田员外郎刘涣出使青唐城，谕唃厮啰助讨西夏。

公元 1041 年（宋庆历元年）

正月，加唃厮啰为河西节度使。

公元 1042 年（宋庆历二年）

二月，元昊与唃厮啰长子瞎毡大战于凫谷，瞎毡大败。

公元 1043 年（宋庆历三年）

正月，唃厮啰次子磨毡角入贡。

公元 1044 年（宋庆历四年）

十二月，唃厮啰长子瞎毡遣使入贡马九十匹、金二十两、铁甲一副。

公元 1046 年（宋庆历六年）

三月，唃厮啰派人献方物。

四月，唃厮啰次子磨毡角派人入贡。

公元 1047 年（宋庆历七年）

十月，唃厮啰次子磨毡角遣使贡方物。

公元 1050 年（宋皇祐二年）

十二月，唃厮啰遣使进贡方物。

公元 1054 年（宋至和元年）

四月，唃厮啰长子瞎毡派人贡马，宋给他月增大彩五匹，角茶五斤，封其妻李萨勒邑号。

公元 1056 年（宋嘉祐元年）

正月，唃厮啰次子磨毡角进贡方物。

公元 1057 年（宋嘉祐二年）

四月，唃厮啰长子瞎毡派人进贡方物，宋朝廷回赐金箔药物。

公元 1058 年（宋嘉祐三年）

是年，唃厮啰长子瞎毡、次子磨毡角相继去世。

四月，唃厮啰所属擦罗部阿作叛归西夏。

五月，宋朝授磨毡角之子瞎撒欺丁为顺州刺史。唃厮啰之妻李氏惧孤懦不能守，乃献皮帛入库，廪文籍于唃厮啰，唃厮啰受之。

六月，西夏以阿作为向导举兵进攻唃厮啰，唃厮啰率众抵抗，大获全胜。

九月，西夏属部陇逋、公立、马颇三族归附唃厮啰，唃厮啰率兵进攻西夏。此时，契丹派使者送公主与董毡成亲，因此罢兵。

十月，宋朝授瞎毡子木征为河州刺史。

十二月，唃厮啰与董毡迁居历精城。

公元 1059 年（宋嘉祐四年）

十月，契丹遣使由回鹘路至河湟，约唃厮啰举兵攻夏国，且欲徙董毡居凉州唃厮啰以道远，兵难合，乃止。

十二月，宋仁宗下令，今后唃厮啰进奉首领赴殿宴，升其坐近北一间。

公元 1060 年（宋嘉祐五年）

三月，宋朝封唃厮啰妻乔氏为定安郡夫人。

公元 1062 年（宋嘉祐七年）

八月，唃厮啰老，国事皆委其子董毡。

八月，董毡杀契丹使者，置其妻不见，契丹遂与唃厮啰政权断交。

公元 1064 年（宋治平元年）

六月，诏增唃厮啰年赐大彩百匹，角茶二百斤，散茶三百斤。

七月，宋朝以董毡为顺州防御使。是月，瞎毡子木征内附，宋朝以木征为河州刺史。

公元 1065 年（宋治平二年）

十月，唃厮啰去世，年六十九，三子董毡继位。

公元 1066 年（宋治平三年）

五月，唃厮啰下葬。

公元 1067 年（宋治平四年）

二月，宋朝加封董毡为检校太保。

十二月，董毡进贡。宋朝回赐，依治平元年赐唃厮啰例，董毡妻赐银器五十两，衣着百匹。

公元 1068 年（宋熙宁元年）

二月，宋朝封董毡母乔氏为安康郡太君，董毡子蔺逋比为锦州刺史。

公元 1069 年（宋熙宁二年）

宋神宗谕河州木征进奉首领张纳儿潘等，令其转告木征，其妻父瞎厮铎心已归本族。

公元 1070 年（宋熙宁三年）

十二月，董毡乘夏人犯环庆之际深入其境，虏获甚多，宋朝赐诏奖谕并衣、带、鞍马。

公元 1071 年（宋熙宁四年）

七月，董毡遣首领进贡。

八月，因董毡、木征与僧亲善，宋朝遣僧智缘随王韶驱使，赐银三百两，置洮河安抚司。

九月，宋朝赐董毡加食邑一千户，实封三百户。

公元 1072 年（宋熙宁五年）

二月，木征对王韶所发动的熙河之役向宋朝提出抗议。王韶不听，继续用兵熙河地区。

五月，董毡子与西夏国主秉常妹联姻并于是年十二月成婚。因木征进药物，赐木征细衣着百匹，翠毛细法锦旋襕一领。木征心腹俞龙珂与其兄瞎药降宋。木征则败走巩令城，其弟结吴延征投降。宋朝以结吴延征为礼宾副使，充镇洮军洮河西一带蕃部钤辖。

八月，诏秦凤缘边安抚司晓谕木征，限其一月之内投降。

公元 1073 年（宋熙宁六年）

二月，王韶率军攻破河州，木征败走。宋军生擒其妻子瞎三牟及儿子续本洛。宋军继续向南进攻，木征弟瞎吴叱率军急攻滔山不能下，去围临江，兵不敌。熙河蕃汉部巡检刘惟吉率所部兵赴之力战，瞎吴叱败走。夏天，王韶又由露骨山南入洮河界，破木征弟巴毡角，尽逐南山诸羌。此后，王韶率军两路迎击木征，王韶大获全胜，木征弟巴毡角降。

八月，诏木征子兀丁兀补三班奉职，赐姓钱，名怀义。

九月，木征弟瞎吴叱降。

十月，熙河之役结束。

十二月，以木征弟瞎吴叱、巴毡角并为崇仪副使，董谷为礼宾副使。

公元 1074 年（宋熙宁七年）

二月，董毡派鬼章入河州支援木征抗宋。

四月，踏白城之役。是月，木征降。

六月，宋朝赐木征姓名赵思忠，为荣州团练使，母寿安郡君郧成结赐姓李，封为遂宁郡太夫人。木征妻俞龙七为安定郡君，结施卒为仁和县君。木征弟董谷赐名赵继忠，结吴延征为济忠，瞎吴叱为绍忠，巴毡角为醇忠，巴毡抹为存忠。木征长子邦辟勿丁呱为赵怀义，次盖呱为赵秉义。

十二月，宋朝廷任命木征为秦州钤辖，不厘事。同月，木征母乞为子董谷在河州修廨舍。木征妻俞龙七乞子巴鄂多尔济、巴勒索诺木与董谷一例官职，宋朝准各迁一资，又赐两人姓名，子巴鄂多尔济为赵忠，子巴勒索诺木为赵毅。

公元 1075 年（宋熙宁八年）

闰四月，因木征为秦州钤辖，不厘职，依熙州例供给存恤，教其诸子以中国文字。

六月，宋朝诏以崇仪副使赵醇忠（即巴毡角）为洮州汉蕃钤辖，免出巡。是月，赐木征熙河两州地五十顷，内赐其妻包氏并俞龙七各五顷。

公元 1076 年（宋熙宁九年）

二月，董毡以旗号、蕃字至洮州、叠州诱胁顺汉蕃部，双方展开激战。

五月，木征为李奇崖求印信。

公元 1077 年（宋熙宁十年）

二月，宋朝以赵绍忠（瞎吴叱）为内藏库副使，赵醇忠（巴毡角）为六宅副使。

五月，蕃官隆吉卜诱山后生羌扰边，木征请自效，盛装以出，诸羌耸视皆无斗志，宋军大胜，临阵斩隆吉卜。董毡惧，因此上书派使者进贡。

六月，瞎吴叱随宋军进兵岷南，以瞎吴叱为崇仪使。是月，木征去世。宋朝追赠木征为镇洮军留后，官给葬事，放以牌印从葬，录其子左侍禁怀义为内殿承制，右侍禁秉义为内殿崇班。

十月，董毡派使者进贡。

十一月，宋朝以董毡手下将领鬼章为廓州刺史，养子阿里骨为松州刺史。

十二月，以董毡为西平军节度使。

公元 1078 年（宋元丰元年）

五月，瞎吴叱暗中与董毡联系，宋朝政府获悉之后将其押往秦州，毋得辄纵出城。

七月，董毡遣使入贡。宋朝差供奉官郭英赍诏慰谕，并赐对衣、金带、银器、衣着和三百两匹，令熙河路经略司依治平二年差使臣赐敕告例。

公元 1079 年（宋元丰二年）

二月，巴毡角助宋修建熙州外城。

三月，董毡遣景青宜党令支等来贡方物。宋朝赐董毡钱一千二百缗，银、采各千、对衣、金带、银器、衣着等。

公元 1080 年（宋元丰三年）

六月，董毡欲修城，派人至宋朝求铁器及援兵。

闰九月，董毡遣使入贡。

公元 1081 年（宋元丰四年）

三月，董毡遣使进贡。

七月，李宪与董毡会兵进攻西夏。于阗使者进贡，董毡派人导引至熙州。

九月，董毡派首领李察勒沁入贡，称董毡已派洛施军笃、乔阿公等率三万人进攻西夏。

公元 1082 年（宋元丰五年）

二月，因董毡助宋讨夏有功，诏加封董毡为武威郡王，赐金束带一、银器二千两、色绢绸三千匹，岁赐大彩五百匹。

三月，西夏欲与董毡重新通好，董毡不从，且派使臣告知宋朝，已训整兵马以俟西夏入讨。

四月，西夏屡遣使欲与董毡通好，并请契丹派人至青唐游说董毡，董毡以荷宋厚恩，不从。

十月，董毡闻西夏兵东出，派阿里骨进兵斫龙、龊哆等城，破之，尽俘其众，派人至宋报捷。

公元 1083 年（宋元丰六年）

四月，以巴毡角为皇城使荣州刺史。

八月，西夏秉常派人至辽，请其再次游说董毡，欲与董毡结好，以为声援，辽再遣使者至青唐，董毡不听。

十月，董毡去世，阿里骨继立。

公元 1085 年（宋元丰八年）

二月，以巴毡角为光州团练使。

十月，木征子左藏库副使赵怀义因兰州渡河进讨之功而恩转两官。

公元 1087 年（宋元祐二年）

二月，阿里骨进兵洮州，虏巴毡角（赵醇忠）及其属户，驻兵常家山，分筑洮州为两城以居。

九月，刘舜卿要求削阿里骨官爵，以巴毡角（赵醇忠）遥领青唐城。

十月，以巴毡角（赵醇忠）为西上阁门使。

公元 1095 年（宋绍圣二年）

十一月，因赵怀义在与阿里骨的战争中为宋朝屡立战功，宋朝对赵怀义等进行嘉奖，熙河路蕃官包顺、诚、李忠杰、赵怀义、赵永寿累立战功，可经略司差使臣管押乘驿兼程赴阙，欲略与慰劳遣还，责以后效。

公元 1096 年（宋绍圣三年）

一月，宋授溪苏南邦彪籛为使持节鄯州防御使，苏南纳支为使持节西州刺史。

七月，宋派礼宾使李宁、供备库副使王师中充抚谕副使往青唐抚慰阿里骨，并面谕朝廷旨意。宋同意依元丰四年赐董毡例赐给茶彩什物。

九月，阿里骨去世，终年五十七岁，其子瞎征继嗣。

十一月二十四日，宋朝廷赐阿里骨孝赠绢五百匹，羊百口，酒五十瓶。其羊酒以绢充，仍修写蕃字差贯熟使臣一名管押入青唐。

公元 1097 年（宋绍圣四年）

一月，北宋承认瞎征地位，同意他承袭阿里骨官爵。

四月，宋朝以赵永寿为忠州刺史，赵永福、赵永保并赠皇城使遥郡刺史。

六月，巴毡角（赵醇忠）之母上书称赵永寿等陷夏国，请令永寿弟永顺、永吉管勾族分，请录赵永寿男阿陵（即阿克陵）承袭官爵，永福、永保二人更候，三年不出。宋朝准奏，令赵永寿弟承袭，诏阿陵特与内殿崇班，赐名赵世长，差充本族巡检。

公元 1098 年（宋元符元年）

四月，宋册封瞎征子溪嘉斯博邦贝及其属下大首领职名。

五月，瞎征派大首领纳麻抹毡向宋进贡，被授予职名，领本族军都指挥使。

八月，蕃官包顺引到温溪心孙巴甯吉归汉，被授予内殿崇班职。

公元 1099 年（宋元符二年）

六月，大首领边厮波结等以河南讲朱、一公、错凿、丹巴四城降宋。宋哲宗采纳王赡的建议，以应接初立之溪巴温、抚慰邈川降宋诸酋的名义，命王愍为统军、王赡为副统军率兵渡黄河，进入湟水流域，拉开了元符河湟之役的序幕。

七月，王赡取邈川。边厮波结愿将所辖地土族部献与"汉家"。青唐主瞎征为大首领心牟钦毡所逐，徙居青唐新城，入寺削发为僧。

八月，王愍入据宗哥城。大酋青归论征结等四十九人，瞎征及其妻子亲信数十人皆趋宗哥城降宋。孙路奏前后招到西蕃大小首领、蕃僧等三千余人。大首领篯罗结与心牟钦毡等到河南迎立溪巴温子陇拶入青唐，继青唐主。

九月，宋朝廷令胡宗回等派人说谕陇拶投降。陇拶与诸族首领并契丹、夏国、回鹘公主降宋。王赡入据青唐城。

闰九月，宋廷百官称贺，向哲宗祝贺河湟之捷。命河湟吐蕃降附首领赴阙朝觐。王赡镇压吐蕃人反抗，杀心牟钦毡、结瓦觊等大首领九人于青唐城。

十月，篯罗结等大首领复迎立陇拶弟溪赊罗撒代替陇拶为青唐主。

十一月，王赡引兵归邈川。

十二月，秦希甫奏朝廷告王赡、王厚等盗青唐府库财物。赴阙之陇拶被封为河西节度使、差知鄯州军州事充西蕃都护。

公元 1100 年（宋元符三年）

二月，篯罗结等拥小陇拶率众三万攻青唐，王赡闭城拒之。逾旬不克。

三月，新登基的宋徽宗接见赴阙的河湟吐蕃首领瞎征、陇拶及契丹、夏国、回鹘三公主，以及随行的大小首领、亲属等。他们皆受封职名及赐予。

四月，宋军撤出青唐、湟州返回河州。小陇拶入据青唐城。

公元 1101 年（宋建中靖国元年）

三月，宋军最后一批人员撤出湟州。

十一月，宋朝承认小陇拶溪赊罗撒的地位。瞎征入居邓州。

公元 1102 年（宋崇宁元年）

五月，瞎征在邓州去世。

十一月，宋特封溪赊罗撒为敦煌郡开国公。

公元 1103 年（宋崇宁二年）

四月，童贯到达熙州，传语劳军。

六月，宋发动第二次进取湟水流域的战役。由童贯、王厚、高永年等率兵从兰州、河州两个方向同时挺进。宋军过安乡关黄河渡口上巴金岭，遇到吐蕃大首领多罗巴等人的顽强抵抗。多罗巴寡不敌众，溃退，宋军进驻湟州。

十二月，宋特授溪赊罗撒为检校太保。

公元 1104 年（宋崇宁三年）

三月，王厚、童贯率军自熙州往湟州进发，继续进取湟水流域。

四月，宋军到达湟州。王厚、童贯兵分三路占领青唐城。溪赊罗撒率部在宗哥城东之葛陂汤处迎战宋军，败走宗哥城，城门不开，遂赴青唐。宋军紧追至青唐城下，溪赊罗撒见大势已去，遂走投西夏。青唐城中之龟兹公主及其他大酋豪出城降宋。

五月，宋改鄯州为西宁州，仍为陇右节度使。

十二月，宋改熙河兰会路为熙河兰湟路。唃厮啰政权宣告解体。

公元 1105 年（宋崇宁四年）

三月，廓州大首领洛施军令结叛宋，组织诸部围廓州。溪赊罗撒重新组织四万余众围宣威城。

八月，宋下令在熙河兰湟路各处置蕃学。

公元 1106 年（宋崇宁五年）

宋重新占领的西宁、湟、廓三州诸城寨主簿，镇守其地。

公元 1108 年（宋大观二年）

一月，宋改封赵怀德为顺义郡王、昭化军节度使、河南蕃部总领。河南蕃将缅什罗蒙为节度观察留后，赐名怀忠。

四月，宋军复洮州。

五月，溪哥城王子臧征仆哥降，复溪哥城为积石军。

公元 1109 年（宋大观三年）

升湟州为向德军节度。

公元 1115 年（宋政和五年）

宋军十五万出湟州北，与西夏右厢军战于古骨龙。赵怀德姑蔺毡兼卒身亡，其侄阿坚向宋乞承袭邑号，许之。

公元 1116 年（宋政和六年）

六月，宋筑古骨龙谷及清水河新城，赐古骨龙谷为震武城，清水新城为德威城。

七月，宋改震武城为震武军。

公元 1117 年（宋政和七年）

九月，西蕃王子益麻党征降宋，引见于紫宸殿。

公元 1118 年（宋重和元年）

一月，宋改湟州为乐州。

公元 1127 年（宋建炎元年）

宋命钱盖依旧为陕西经制使，令其在河湟选一名能服众而又忠于宋的大首领管勾部族。有益麻党征者，乃王子，素为国人信服，故封立之，赐其措置湟鄯事。后又赐名为赵怀恩。

公元 1128 年（宋建炎二年）

金人陷秦州，宋边官李复降金。进而，金人兵临熙河。

公元 1134 年（宋绍兴四年）

赵怀恩因拒绝降金，被迫携家人及亲信到达四川阆中投附南宋。

公元 1136 年（宋绍兴六年）

西夏取乐州和西宁州。宋命赵怀恩为指挥都总领河南诸兵，并迁居成都府驻扎。

公元 1137 年（宋绍兴七年）

正月，南宋川陕宣抚使吴璘招降当地的吐蕃部落，董谷（赵继忠）

率西番三十八族归降南宋。南宋加封董谷（赵继忠）为武翼郎兼阁门宣赞舍人，其余特与补授官资各有差。

公元 1153 年（宋绍兴二十三年）

赵怀恩由熙河观察使改授鼎州观察使，添差成都府兵马钤辖，不厘务。

公元 1157 年（宋绍兴二十七年）

赵怀恩充成都府兵马钤辖。

公元 1164 年（宋隆兴二年）

宋军攻破洮州，世昌子结什角避祸乔家族，乔家族首领播逋与邻族木波、陇逋、庬拜、丙离四族耆老大僧等立结什角为木波四族长，号称王子。

公元 1165 年（宋乾道元年）

金世宗派移剌成除临洮尹，招降乔家大首领结什角，由于金人为结什角报了杀父之仇，结什角率四族归附金朝。

公元 1166 年（宋乾道二年）

西夏出兵剿灭吹折、密臧二门，于是临近结什角统治区的陇逋、庬拜二门投降结什角。结什角接受陇逋、庬拜二门的投降让西夏大为不满，也使得这一地区的形势变得愈加复杂。西夏派使者到金国，称庄浪四族违法作乱，要求金朝兴兵铲除。但是金朝却以将检会其地旧所隶属为由，劝西夏亦勿擅出兵。

公元 1169 年（宋乾道五年）

结什角去庄浪族探望其母，被夏人侦知。于是夏人出兵围结什角并劝其投降。结什角不从，率所部力战，夏人斫断其臂，虏其母去，部兵亦多亡者。结什角不久亦死。乔家等族以结什角姪赵师古为首领。

公元 1170 年（宋乾道六年）

金朝诏以赵师古为木波乔家、丙离、陇逋、庬拜四族都钤辖，加宣武将军。

公元 1211 年（宋嘉定四年）

蒙古军灭西辽后回师东向，进入河湟地区。

公元 1213—1217 年（金贞祐年间）

赵巴命富甲诸族。赵阿哥昌以军功任金熙河节度使。

公元 1227 年（宋宝庆三年）

成吉思汗率军攻打积石州，先后攻破临洮府及洮、河、西宁三州。是年灭西夏，占领河湟地区。赵阿哥潘退保莲花山，不久率部归降。

公元 1229 年（宋绍定二年）

窝阔台继汗位。皇子阔端率部进入秦、巩、临洮、河西等地镇守，承制以赵阿哥昌为叠州安抚使。

公元 1235 年（宋端平二年）

皇子阔端领兵由陕西入四川，赵阿哥潘率部随军出征。

公元 1237 年（宋嘉熙元年）

元军攻打蜀之门户大安城（今陕西宁强县阳平关），赵阿哥潘因战功被授为同知临洮府事。后又随军攻利州（今四川广元）、阆州等地，屡立战功。十月，攻破成都，赵阿哥潘进驻成都府。

参考文献

一 汉文古籍类

《新唐书》，中华书局 1975 年版。

《旧唐书》，中华书局 1975 年版。

《旧五代史》，中华书局 1976 年版。

《新五代史》，中华书局 1974 年版。

《宋史》，中华书局 1977 年版。

《辽史》，中华书局 1974 年版。

《金史》，中华书局 1975 年版。

《元史》，中华书局 1976 年版。

《明史》，中华书局 1975 年版。

《明实录》，北京大学图书馆藏本。

（唐）吕温：《吕衡州集》，上海古籍出版社 1993 年版。

（宋）李焘：《续资治通鉴长编》，中华书局 1992 年版。

（宋）彭百川：《太平治迹统类》，适园丛书本。

（宋）张舜民：《画墁录》，中华书局 1991 年版。

（宋）曾巩：《隆平集》，载赵铁寒主编《宋史资料萃编》第 1 辑，台北
  文海出版社 1967 年版。

（宋）王称：《东都事略》，载赵铁寒主编《宋史资料萃编》第 1 辑，台
  北文海出版社 1979 年版。

（宋）赵汝愚：《宋名臣奏议》，商务印书馆 1986 年版。

（宋）佚名：《宋大诏令集》，中华书局 1962 年版。

（宋）杜大珪编：《名臣碑传琬琰之集》，载赵铁寒主编《宋史资料萃编》第 2 辑，台北文海出版社 1969 年版。

（宋）李心传：《建炎以来朝野杂记》，中华书局 2000 年版。

（宋）李心传：《建炎以来系年要录》，中华书局 1956 年版。

（宋）张方平：《乐全集》，台湾商务印书馆影印文渊阁四库全书本。

（宋）沈括：《梦溪笔谈》，中华书局 2009 年版。

（宋）司马光：《涑水记闻》，中华书局 1989 年版。

（宋）司马光：《资治通鉴》，中华书局 1956 年版。

（宋）邵伯温：《邵氏闻见录》，中华书局 1983 年版。

（宋）李植：《皇宋十朝纲要》，载赵铁寒主编《宋史资料萃编》第 1 辑，台北文海出版社 1980 年版。

（宋）佚名：《皇宋中兴两朝圣政》，载赵铁寒主编《宋史资料萃编》第 1 辑，台北文海出版社 1967 年版。

（宋）佚名：《靖康要录》，载赵铁寒主编《宋史资料萃编》第 1 辑，台北文海出版社 1967 年版。

（宋）佚名：《两朝纲目备要》，载赵铁寒主编《宋史资料萃编》第 1 辑，台北文海出版社 1967 年版。

（宋）朱熹、李幼武：《宋名臣言行录五集》，载赵铁寒主编《宋史资料萃编》，第 1 辑，台北文海出版社 1967 年版。

（宋）李攸：《宋朝事实》，载赵铁寒主编《宋史资料萃编》第 1 辑，台北文海出版社 1967 年版。

（宋）徐自明：《宋宰辅编年录》，载王民信主编《宋史资料萃编》第 3 辑，台北文海出版社 1967 年版。

（宋）杨仲良：《续资治通鉴长编纪事本末》，北京图书馆出版社 2003 年版。

（宋）宋痒：《元宪集》，商务印书馆 1933 年版。

（宋）王安石：《临川先生文集》，中华书局 1959 年版。

（宋）曾布撰：《曾公遗录》，载王民信主编《宋史资料萃编》第 4 辑，台北文海出版社 1981 年版。

（宋）苏辙：《栾城集》，上海古籍出版社 1987 年版。

（宋）苏轼：《苏轼文集》，中华书局 1986 年版。

（宋）陈均：《九朝编年备要》，商务印书馆1986年版。

（宋）韩维：《南阳集》，文渊阁四库全书本。

（宋）王钦若：《册府元龟》，中华书局1960年版。

（宋）王溥：《五代会要》，中华书局1998年版。

（宋）韩琦：《安阳集家传》，文渊阁四库全书本。

（宋）曾公亮：《武经总要前集》，台湾影印文渊阁四库全书本。

（宋）周煇：《清波杂识》，文渊阁四库全书本。

（宋）王圣涂：《渑水燕谈录》，文渊阁四库全书本。

（宋）毛滂：《东堂集》，文渊阁四库全书本。

（宋）李石：《方舟集》，文渊阁四库全书本。

（宋）韩琦：《韩魏公集》，商务印书馆1936年版。

（宋）章如愚：《群书考索后集》，广陵书社2008年版。

（宋）孔平仲：《谈苑》，齐鲁书社2014年版。

（宋）王安礼：《王魏公集》，文渊阁四库全书本。

（宋）张舜民：《画墁集》，文渊阁四库全书本。

（宋）蔡绦：《铁围山丛谈》，中华书局1983年版。

（元）马端临：《文献通考》，中华书局1986年版。

（明）杨士奇：《历代名臣奏议》，上海古籍出版社1989年版。

（明）祁承爜编纂：《宋西事案》，宁夏人民出版社2004年版。

（明）顾炎武：《天下郡国利病书》，四部丛刊本。

（清）顾祖禹：《读史方舆纪要》，中华书局2005年版。

（清）吴广成：《西夏书事》，上海古籍出版社1996年版。

（清）黄以周等辑注，顾吉辰点校：《续资治通鉴长编拾补》，中华书局
  2004年版。

（清）徐松：《宋会要辑稿》，中华书局1957年影印本。

（清）陆心源辑：《宋史翼》，载赵铁寒主编《宋史资料萃编》第1辑，
  台北文海出版社1967年版。

（清）张鉴：《西夏纪事本末》，载王民信主编《宋史资料萃编》第3辑，
  台北文海出版社1981年版。

（清）范能濬：《范仲淹全集》，凤凰出版社2004年版。

二 藏文古籍类

智观巴·贡却乎丹巴绕吉：《安多政教史》，吴均、毛继祖、马世林译，
　　甘肃民族出版社 1989 年版。

索南坚赞：《西藏王统记》（《吐蕃王朝世系明鉴》），刘立千译注，西藏
　　人民出版社 1985 年版。

五世达赖喇嘛：《西藏王臣记》，刘立千译注，西藏人民出版社 1992
　　年版。

班钦索南查巴：《新红史》，黄颢译，西藏人民出版社 1984 年版。

达仓宗巴·班觉桑布：《汉藏史集》，陈庆英译，西藏人民出版社 1986
　　年版。

蔡巴·贡嘎多吉著，东嘎·洛桑赤列校注：《红史》，陈庆英、周润年译，
　　西藏人民出版社 2002 年版。

廓诺·迅鲁伯：《青史》，郭和卿译，西藏人民出版社 2003 年版。

三 今人著作类

王忠：《〈新唐书·吐蕃传〉笺证》，科学出版社 1958 年版。

刘建丽：《宋代西北吐蕃研究》，甘肃文化出版社 1998 年版。

洲塔：《甘肃藏族通史》，青海人民出版社 2004 年版。

洲塔：《甘肃藏族部落的社会与历史研究》，甘肃民族出版社 1996 年版。

才让著：《吐蕃史稿》，甘肃人民出版社 2007 年版。

得荣·泽仁邓珠：《藏族通史·吉祥宝瓶》，西藏人民出版社 1999 年版。

龚荫：《民族史考辨》，云南大学出版社 2004 年版。

刘建丽：《宋代西北民族文献与研究》，甘肃人民出版社 2004 年版。

祝启源：《唃厮啰——宋代藏族政权》，青海人民出版社 1988 年版。

祝启源：《祝启源藏学研究文集》，中国藏学出版社 2002 年版。

秦永章：《甘宁青地区多民族格局形成史研究》，民族出版社 2005 年版。

谷苞主编：《西北通史》，兰州大学出版社 2005 年版。

汤开建、刘建丽：《宋代吐蕃史料集》（一），四川民族出版社 1986 年版。

汤开建、刘建丽：《宋代吐蕃史料集》（二），四川民族出版社 1989 年版。

黄奋生：《藏族史略》，民族出版社 1989 年版。

陈梧桐：《古代民族关系论稿》，中央民族大学出版社 2006 年版。

西北师范大学历史系编：《西北史研究》第一辑（上、下），兰州大学出版社 1997 年版。

翁独健主编：《中国民族关系史纲要》，中国社会科学出版社 2001 年版。

杨建新：《中国西北少数民族史》，民族出版社 2003 年版。

汤开建：《宋金时期安多吐蕃部落研究》，上海古籍出版社 2007 年版。

蒲文成、王心岳：《汉藏民族关系史》，甘肃人民出版社 2008 年版。

崔永红、张得祖、杜常顺：《青海通史》，青海人民出版社 1999 年版。

芈一之：《芈一之民族历史研究文集》，民族出版社 2008 年版。

芈一之主编：《黄河上游地区历史与文物》，重庆出版社 2006 年版。

杨建新主编：《中国西北少数民族通史》，民族出版社 2008 年版。

李振翼：《甘南藏区考古集萃》，民族出版社 2001 年版。

曾国庆、郭卫平编著：《历代藏族名人传》，西藏人民出版社 1996 年版。

李范文主编：《西夏通史》，宁夏人民出版社 2005 年版。

李范文：《同音研究》，宁夏人民出版社 1986 年版。

田澍、李清凌：《西北史研究》第三辑，天津古籍出版社 2005 年版。

杨建新、马曼丽：《西北民族关系史》，民族出版社 1990 年版。

汪天顺等：《西夏战史》，宁夏人民出版社 1993 年版。

郭厚安、陈守忠：《甘肃古代史》，兰州大学出版社 1989 年版。

陈守忠：《河陇史地考述》，兰州大学出版社 1993 年版。

陈守忠：《宋史论集》，甘肃文化出版社 2001 年版。

杜建录：《西夏与周边民族关系史》，甘肃文化出版社 1995 年版。

[日] 前田正名：《河西历史地理学研究》，陈俊谋译，中国藏学出版社 1993 年版。

刘维新主编：《西北民族词典》，新疆人民出版社 1998 年版。

王钟翰：《中国民族史》（增订本），中国社会科学出版社 1994 年版。

王希隆：《西北少数民族史研究》，民族出版社 2003 年版。

李华瑞：《宋夏史研究》，天津古籍出版社 2006 年版。

李蔚：《简明西夏史》，人民出版社 1997 年版。

朱瑞熙等:《辽宋西夏金社会生活史》,中国社会科学出版社 1998 年版。

马曼丽主编: 《中国西北边疆发展史研究》,黑龙江教育出版社 2001 年版。

张兵、李子伟:《陇右文化》,辽宁教育出版社 1998 年版。

王天顺:《西夏地理研究》,甘肃文化出版社 2002 年版。

谭其骧主编:《宋史地理志汇释》,安徽教育出版社 2003 年版。

齐德舜:《唃厮啰家族世系史》,民族出版社 2011 年版。

安应民:《吐蕃史》,宁夏人民出版社 1989 年版。

白桂思:《中亚的吐蕃帝国》,普林斯顿大学 1987 年版。

王森:《西藏佛教发展史》,中国社会科学出版社 1997 年版。

陈庆英主编:《中国藏族部落》,中国藏学出版社 1991 年版。

四 方志类

(唐) 李吉甫著,贺次君校:《元和郡县图志》,中华书局 2008 年版。

(清) 李观我修纂:《狄道县志》,清康熙二十七年刻本。

(清) 高锡爵修,郭巍纂:《临洮府志》二十二卷,张羽新主编《中国西藏及甘青川滇藏区方志汇编》,第二十一册,学苑出版社 2003 年版。

(清) 呼延华国纂修:《狄道州志》,清乾隆二十八年修官报书局排印本。

(清) 许容等修:《甘肃通志》,文渊阁四库全书本。

(清) 联豫修:《狄道州续志》,宣统元年刻本。

(清) 陈士桢等修:《兰州府志》,清道光十三年刻本。

(清) 升允等修:《甘肃全省新通志》,清宣统元年刻本,兰州大学图书馆藏。

(民国) 张维:《甘肃通志稿》,甘肃省图书馆藏,1964 年油印本。

青海省民委少数民族古籍整理规划办公室编:《青海地方旧志五种》,青海人民出版社 1989 年版。

(清) 汪元纲:《岷州志》,张羽新主编《中国西藏及甘青川滇藏区方志汇编》,第二十六册,学苑出版社 2003 年版。

(清) 余谠:《岷州卫志》,清康熙二十六年抄本,甘肃省图书馆藏。

岷县志编纂委员会办公室:《岷州志校注》,甘肃省图书馆藏本。

陈如平：《续岷州志》，民国 33 年抄本，甘肃省图书馆藏。

（清）杨应琚：《西宁府新志》，台北文海出版社 1966 年版。

（清）穆彰阿：《大清一统志》，上海古籍出版社 2008 年版。

《岷州乡土志》，张羽新主编《中国西藏及甘青川滇藏区方志汇编》，第二
　　十二册，学苑出版社 2003 年版。

（清）叶恩沛修，吕震南纂：《阶州直隶州续志》，兰州大学出版社 1987
　　年版。

《西藏记》，上海商务印书馆 1936 年版。

五　今人论文类

秦永章：《唃厮啰政权中的政教合一制统治》，《青海民族学院学报》1988
　　年第 1 期。

秦永章、邓文科：《唃厮啰及其族属考述》，《西藏研究》1992 年第 1 期。

李蔚：《论唃厮啰政权兴起的原因及其历史作用》，《青海民族学院学报》
　　1981 年第 4 期。

汤开建：《再谈唃厮啰家族世系的几个问题》，《青海社会科学》1983 年
　　第 3 期。

汤开建：《宋“岷州广仁禅院碑”浅探》，《西藏研究》1987 年第 1 期。

汤开建：《关于唃厮啰统治时期青唐吐蕃政权的历史考察》，《中国藏学》
　　1992 年第 3 期。

汤开建：《唃厮啰是青唐国的王号吗?》，《民族研究》2007 年第 1 期。

汤开建、杨惠玲：《宋金时期安多藏族部落佛教的兴盛及其原因》，《广西
　　民族学院学报》2005 年第 1 期。

汤开建、杨惠玲：《宋金时期安多藏族部落与中原地区的马贸易》，《中国
　　藏学》2006 年第 2 期。

汤开建、杨惠玲：《宋金时期安多藏族人口的数据与统计——兼谈宋金时
　　期安多藏族人口发展的原因》，《西北民族研究》2007 年第 3 期。

汤开建、杨惠玲：《宋金时期安多藏族部落包家族考述》，《民族研究》
　　2006 年第 1 期。

汤开建：《宋代甘青藏族人口发展及其原因》，《民族研究》1988 年第

5 期。

汤开建：《唃厮啰家族世系考述》，《青海社会科学》1982 年第 1 期。

祝启源：《唃厮啰政权形成初探》，《西藏研究》1982 年第 2 期。

祝启源：《唃厮啰政权史话》，《中国西藏》1989 年第 4 期。

祝启源：《宋代西北地区吐蕃与西夏关系研究》，《甘肃民族研究》1988
　年第 3、4 期。

祝启源：《唃厮啰政权对维护中西交通线的贡献》，《中国藏学》1998 年
　第 1 期。

顾吉辰：《就唃厮啰家族世系的一些问题与汤开建同志商榷》，《青海社会
　科学》1983 年第 1 期。

顾吉辰：《唃厮啰编年事辑》，《西藏研究》1986 年第 4 期。

顾吉辰：《宋代蕃官制度考述》，《中国史研究》1987 年第 4 期。

顾吉辰：《宋与唃厮啰政权交往考述》，《西藏民族学院学报》1987 年第
　1 期。

顾吉辰：《北宋奉使邈川唃厮啰政权使者刘涣事迹编年》，《西藏研究》
　1988 年第 1 期。

顾吉辰：《从夷坚志一条史料考唃厮啰之兄的后裔》，《青海社会科学》
　1991 年第 5 期。

顾吉辰：《邈川首领董毡编年事辑》，《西藏研究》1984 年第 3 期。

顾吉辰：《邈川首领董毡生卒年考》，《西藏研究》1983 年第 4 期。

顾吉辰：《〈宋史〉吐蕃纪事辨误》，《史学月刊》1984 年第 4 期。

顾吉辰：《北宋时期吐蕃政权与周邻的关系》，《西藏研究》1991 年第
　1 期。

唐嘉弘：《一个宋代墓志铭的研究——关于唃厮啰的历史》，《青海社会科
　学》1983 年第 2 期。

黎宗华：《论唃厮啰政权》，《西北民族研究》1988 年第 1 期。

杜建录：《潘罗支西吐蕃》，《宁夏大学学报》1991 年第 1 期。

钱伯泉：《凉州六谷蕃部的兴衰》，《甘肃民族研究》1992 年第 1 期。

钱伯泉：《唃厮啰生于高昌磨榆国辩正》，《民族研究》1990 年第 2 期。

马泓波：《〈宋史·吐蕃传〉辨误》，《西藏研究》2004 年第 4 期。

汪天顺：《北宋前中期的西北边疆经略》，《甘肃理论学刊》2004 年第

6 期。

任树民：《北宋缘边吐蕃部族保卫盐井及反盐税斗争》，《西藏研究》1995
年第 1 期。

任树民：《宋代蕃部对西北边疆的开发》，《西藏民族学院学报》1998 年
第 2、3 期。

任树民：《宋代缘边吐蕃风俗文化嬗变之考略》，《西藏民族学院学报》
1996 年第 3 期。

李峰：《唃厮啰的交换贸易及货币形态》，《中国藏学》1994 年第 3 期。

魏贤玲、洲塔：《唃厮啰及其政权考述》，《中国边疆史地研究》2006 年
第 4 期。

陈守忠：《北宋时期秦陇地区吐蕃各部族及其各居地考》（上、下），《西
北师大学报》1996 年第 2、3 期。

陈新海：《唃厮啰首府青唐城试探》，《中国藏学》2000 年第 3 期。

徐晓光：《唃厮啰政权的"立文法"与宋朝藏汉关系立法》，《西藏民族
学院学报》2004 年第 4 期。

才让吉：《唃厮啰政权和藏传佛教后弘期》，《青海民族研究》2005 年第
3 期。

刘艳霞：《唃厮啰政权在 11 世纪中外贸易中的角色》，《西藏研究》2005
年第 1 期。

乔春：《论唃厮啰政权兴起之因》，《青海师专学报》2006 年第 5—6 期。

吕海华：《简论宋代河湟地区社会发展特点》，《齐齐哈尔师范高等专科学
校学报》2007 年第 2 期。

刘建丽：《两宋时期西北少数民族政权特色述论》，《西域研究》2007 年
第 3 期。

刘建丽：《略论宋代西北吐蕃与周边政权的关系》，《西藏研究》2004 年
第 4 期。

刘建丽：《略论西北吐蕃与北宋的关系》，《兰州大学学报》2002 年第
6 期。

刘建丽：《宋代西北吐蕃的手工业》，《西北师大学报》1997 年第 4 期。

孟楠：《略论唃厮啰政权与周边民族的联姻》，《青海社会科学》1998 年
第 4 期。

姚兆余：《论北宋对西北地区少数民族的政策》，《甘肃社会科学》1995年第 3 期。

姚兆余：《论唐宋元王朝对西北地区少数民族的羁縻政策》，《甘肃社会科学》1997 年第 5 期。

李智信：《青唐城小议》，《青海民族学院学报》2007 年第 1 期。

蒲文成：《宋代河湟开发述略》，《青海民族学院学报》2005 年第 4 期。

佟建荣：《宋夏缘边叛服蕃部考》，《固原师专学报》2006 年第 2 期。

连菊霞、刘建丽：《西北吐蕃对北宋的军事影响》，《西北史地》1998 年第 4 期。

何耀华：《西北吐蕃诸部与五代、宋朝的历史关系》，《云南社会科学》1999 年第 6 期。

侃本：《也谈唃厮啰的族源、身世及其它》，《青海民族学院学报》2003 年第 1 期。

李清凌：《北宋的西北人口》，《河西学院学报》2002 年第 4 期。

［日］铃木隆一：《"唃厮啰"——青唐吐蕃王国和王号》，秦永章译，《西藏研究》1990 年第 2 期。

［日］岩崎力著，李大龙译，古清尧校：《西凉府政权的灭亡与宗哥族的发展》，《西北史地》1991 年第 2 期。

吴均：《论邈川、宗哥、安儿三城及省章、安儿、青唐三峡的位置》，《中国历史地理论丛》1994 年第 1 期。

孙尔康：《北宋时期与西北吐蕃之关系——兼评"熙河之役"》，《甘肃民族研究》1982 年第 3 期。

齐德舜：《从〈清史稿〉的一则错误考唃厮啰家族世系——唃厮啰家族世系表辨误与补遗》，《中国边疆史地研究》2009 年第 1 期。

齐德舜：《吐蕃政权的传统军事思想初探》，《西藏研究》2008 年第 1 期。

白自东、任树民：《宋代藏族人口蠡测》，《宋史研究论文集》，河南大学出版社 1993 年版。

洲塔、樊秋丽：《唃厮啰遗城"雍仲卡尔"考释》，《中国藏学》2010 年第 1 期。

顾颉刚：《从古籍中探索我国的西部民族——羌族》，《边政论丛》1944 年第 3 卷第 1 期。

安瓦尔:《关于"吐蕃"一词的词语考证》,《新疆社会科学》1982 年第
　3 期。

黄纯艳:《宋朝对境外诸国和政权的册封制度》,《厦门大学学报》2013
　年第 4 期。

蔡副全:《石门沟古栈道遗址与宋代茶马贸易》,《农业考古》2014 年第
　2 期。

后　记

　　这本专著是在我的博士后出站报告《〈宋史·吐蕃传〉笺证》的基础上修改完成的，我对《宋史·吐蕃传》的关注是从 2007 年着手写作博士论文《唃厮啰家族世系史》之时开始的。在搜集宋代吐蕃资料的过程中我发现《宋史·吐蕃传》里面竟然存在非常多的错误，尽管一些前辈学者对其中的一些错误进行了辨误，但是大量未被订正的错误还是被一些学者不加辨别拿来即用，以讹传讹的情况屡见不鲜。汤开建先生在他的《宋金时期安多吐蕃部落史研究》一书的序言中说他曾经写过一本《〈宋史·吐蕃传〉笺证》，汤先生的专著倘能问世确是学界之盛事，遗憾的是至今都没有出版。从那时起我就下决心要对《宋史·吐蕃传》进行一次完整的研究，理清其中的错误，做到真正的去伪存真。后来由于写作博士论文，这项工作暂时搁置，但是搜集宋代藏汉文吐蕃史料的前期工作却从来都没有停止。2010 年我进入河南大学历史文化学院博士后科研流动站，师从著名宋史学家程民生先生，我把在站期间的工作想法告诉他之后，他非常支持，认为十分有必要，于是这项工作正式启动，并于2012 年完成初稿顺利出站。

　　两年的博士后研究工作虽然短暂，但我在那两年中的收获却是巨大的。博士后在站的两年当中，2011 年我的博士论文《唃厮啰家族世系史》由母校兰州大学西北少数民族研究中心资助，民族出版社出版。2012 年我又先后获得教育部青年基金和国家社科青年基金的资助，一年中能够同时争取到教育部和国家社科基金两项资助非常不易。这些收获均离不开诸多师友的鼓励和支持。我的合作导师程民生先生，自我进站的那一天起就时刻关心着我的学术动态和生活状况，他以自己勤奋好学的工作作风和严谨求实的治学精神以及他所取得的卓越学术成就让我深感敬仰，他诲人不倦和宽厚博爱的高尚情操让我非常敬佩，在我的眼中，程先生就是一位兼具史学家和教育家双重身份的前辈学者，是值得我用一生去学习的榜样。

感谢历史文化学院的马玉臣副院长，作为分管科研的副院长，他时刻关心我的科研工作，帮助我选题，给我修改申报基金的标书，让我在基金申报的路上少走了很多弯路，也使我能在最短的时间内拿到教育部和国家社科基金的资助。不幸的是，马院长竟然在2013年年初英年早逝，天妒英才，让人深感痛惜。感谢历史文化学院的展龙副院长，他是我所见过的最有才气和灵气的文科博士，短短几年的时间他能够争取到近百万元的科研经费，这在科会科学是很难想象的。同时，也要感谢河南大学马克思主义学院及民族研究所的各位同仁，这几年的时间里他们给了我许多帮助，由衷地谢谢他们！此外，河南大学历史文化学院2012级本科生宫正同学为本书的完成搜集了将近4万字的文献资料，陇南师专的蒋月锋协助完成本书第一章6万余字的文稿，对他们的付出表示感谢！

感谢我的导师洲塔先生，从兰州大学毕业后他仍然时刻惦念着我，一两个星期我就用电话向他汇报自己的学术情况，几年时间中他不断地给我鼓励，在许多人都劝我改行时他鼓励我要坚持下去，最终让我坚持到了收获的季节。真心地希望恩师和师母能够健康长寿！

感谢我所有的同学和朋友，这些年来，他们一直在不断帮助着我，潍坊市府的吕志方和市农行的姚文山，在我穷困潦倒的时候给了我很多金钱上的支持，还有李绪良同学、姜寒同学……他们都早已事业有成，却一直没有忘记帮扶我这位老同学。遗憾的是，这几年回老家的次数越来越少，一直都没有机会报答他们，只能真诚地祝福他们能够幸福快乐！

最后还要感谢我的家人特别是我的爱人李金英女士，几年的时间里，她为我做出了巨大的牺牲，不仅承担了大部分家务，让我可以专心于科研工作，闲暇之余她还帮我搜集了很多资料，我的成绩有一半是归功于她的。

齐德舜

2014年11月26日于河南大学